roro ro computer
Herausgegeben von Ludwig Moos

Java ist eine einfach zu erlernende objektorientierte Programmiersprache, deren Syntax der von C++ ähnlich ist. Mit ihr lassen sich sowohl eigenständige Programme als auch Applets für das Internet entwickeln. Die Vorteile von Anwendungen unter Java sind die Ersparnis an Zeit und Kosten, die Unabhängigkeit von der Plattform, die hohe Sicherheit und die Möglichkeit, sie leicht über Netzwerke zu laden. Dieser Grundkurs erläutert in leicht verständlicher Form Aufbau und Anwendung der Programmiersprache Java. Die Sprachelemente und Bibliotheksklassen lassen sich ohne Vorkenntnisse systematisch erlernen. Schon bald kann man eigene Applets und Anwendungen erstellen. Die vielen praxisnahen Beispiele und Übungen erleichtern das Verständnis und machen das Buch auch für fortgeschrittene Programmierer interessant.

Helmut Erlenkötter arbeitet als DV-Berater und führt Seminare über Projektmanagement, Datenbank und Programmierung im Bereich der Erwachsenenausbildung durch.

In der Reihe rororo computer hat er außerdem veröffentlicht: JavaScript (61201), Java-Applikationen (19898), C – Programmieren von Anfang an (60074), C++ – Objektorientiertes Programmieren von Anfang an (60077), C++ – Objektorientiertes Programmieren für Windows (61205), C# (61204) und HTML (60085).

Helmut Erlenkötter

Java

Programmieren
von Anfang an

Grundkurs
Computerpraxis

Rowohlt Taschenbuch Verlag

4. Auflage 2008

*Originalausgabe
Veröffentlicht im Rowohlt
Taschenbuch Verlag,
Reinbek bei Hamburg, September 2001
Copyright © 2001 by
Rowohlt Taschenbuch Verlag GmbH,
Reinbek bei Hamburg
Umschlaggestaltung Walter Werner
Satz Stone Serif und Stone Sans PostScript,
QuarkXPress 4 bei UNDER/COVER, Hamburg
Gesamtherstellung CPI – Clausen & Bosse, Leck
Printed in Germany
ISBN 978 3 499 61203 9*

Inhalt

Editorial 11

1 Prolog 12

- 1.1 Was ist Java? 12
- 1.1.1 Die Programmiersprache 13
- 1.1.2 Die Plattform 15
- 1.1.3 JavaScript, JScript und Co. 15
- 1.2 Wie funktioniert Java? 16
- 1.2.1 Der Entwicklungsprozess 16
- 1.2.2 Applications und Applets 18
- 1.2.3 JIT-Compiler 21
- 1.3 Wie geht es weiter? 21
- 1.3.1 Was brauchen Sie? 22
- 1.3.2 Weitere Informationen zu Java 22

2 Einfache Klassen 24

- 2.1 Wie erstelle ich ein Java-Programm? 24
- 2.2 Mit Java können Sie rechnen 26
- 2.2.1 Die Programmklasse 29
- 2.2.2 Die Funktion main 30
- 2.2.3 Die Ausgabefunktionen 30
- 2.2.4 Allgemeine Regeln 31
- 2.3 Welche Datentypen kennt Java? 34
- 2.3.1 Datentypen 34
- 2.3.2 Operatoren 38
- 2.3.3 Mathematische Funktionen 38
- 2.3.4 Literale 40
- 2.3.5 Konstante Variablen 41
- 2.3.6 Typumwandlungen 41

2.3.7	Übungen 43	
2.4	Eine weitere Funktion 43	
2.4.1	Rückgabewerte 45	
2.4.2	Regeln für Funktionen 46	
2.4.3	Übung 46	
2.5	Bedingte Anweisungen 47	
2.5.1	Vergleichs- und Gleichheitsoperatoren 48	
2.5.2	Logische Operatoren 50	
2.5.3	Übung 51	
2.6	Zählschleifen 52	
2.7	Zusammenfassung 56	
2.8	Übungen 57	

3 Weitere Kontrollstrukturen 59

3.1	Bedingungsschleifen 59	
3.1.1	Die while-Schleife 59	
3.1.2	Die do-Schleife 62	
3.2	Mehrfachverzweigungen 63	
3.3	Schleifen aussetzen 67	
3.4	Fehler behandeln 70	
3.4.1	Fehler deklarieren 71	
3.4.2	Fehler behandeln 73	
3.5	Zusammenfassung 76	
3.6	Übungen 77	

4 Datenklassen 79

4.1	Arrays 79	
4.2	Zeichenketten 83	
4.2.1	Die Klasse String 84	
4.2.2	Die Klasse StringBuffer 89	
4.3	Programmparameter 92	
4.4	Hüllklassen 95	
4.4.1	Umwandlungen 95	
4.4.2	Grenzwerte 98	
4.4.3	Analysen und Vergleiche 99	
4.5	Datumsangaben 102	
4.5.1	Computeruhr abfragen 103	
4.5.2	Datum formatieren 105	

4.5.3	Zeitzonen benutzen	107
4.5.4	Eigene Formate festlegen	110
4.5.5	Zeitberechnungen	112
4.6	Zusammenfassung	116
4.7	Übungen	117

5 Klassen 119

5.1	Klassen, Instanzen und Objekte	119
5.2	Klassen definieren	121
5.3	Der Konstruktor	125
5.3.1	Der Standardkonstruktor	125
5.3.2	Konstruktor definieren	126
5.3.3	Konstruktor überladen	128
5.4	Methoden überladen	129
5.5	Klassen erweitern	132
5.6	Methoden überschreiben	135
5.7	Klasseneigenschaften	137
5.8	Klassenmethoden	140
5.9	Garbage Collection	142
5.10	Interfaces	143
5.10.1	Interface definieren	144
5.10.2	Interface implementieren	145
5.11	Zusammenfassung	147
5.12	Übungen	148

6 Paket 149

6.1	Java-Packages	149
6.2	Eigene Pakete anlegen	152
6.3	Klassenbibliotheken	154
6.4	Zusammenfassung	156
6.5	Übung	156

7 Applets fürs WWW 157

7.1	Ein Miniaturapplet	157
7.2	Einsatz im WWW	159
7.2.1	Die HTML-Marke APPLET	160
7.2.2	Die Browser	161

7.2.3	Die Web-Server	162
7.3	Zusammenfassung	163
7.4	Übungen	163

8 Die Kommandozentrale 165

8.1	Informationen bereitstellen	165
8.2	Parameter übergeben	168
8.3	Eigenschaften initialisieren	172
8.4	Applets starten und stoppen	173
8.5	Das Ende eines Applets	175
8.6	Zusammenfassung	176
8.7	Übungen	176

9 Ereignisse verarbeiten 178

9.1	Das Konzept	178
9.1.1	Ereignisse	178
9.1.2	Ereignishandler	179
9.2	Der Fokus wechselt	180
9.3	Die Maus wird benutzt	182
9.3.1	Die Maus kommt und geht	183
9.3.2	Malen mit der Maus	185
9.4	Tasten werden gedrückt	197
9.5	Ereignisse delegieren	199
9.6	Zusammenfassung	203
9.7	Übungen	204

10 Multithreading 205

10.1	Threads und Prozesse	205
10.2	Ein Kaleidoskop	206
10.3	Threads pausieren	212
10.4	Synchronisierung	214
10.5	Anzeige stabilisieren	216
10.6	Bildanimationen	217
10.7	Hintergrundmusik	226
10.8	Zusammenfassung	228
10.9	Übungen	228

11 Das Package AWT 229

- 11.1 Kontrollelemente 229
- 11.1.1 Kontrollelemente erzeugen 229
- 11.1.2 Ereignisse behandeln 235
- 11.2 Layoutvarianten 240
- 11.3 Panel 247
- 11.4 Fenster 250
- 11.5 Menüs 252
- 11.5.1 Menüs erzeugen 253
- 11.5.2 Befehle verarbeiten 255
- 11.6 Appletanwendungen 259
- 11.7 Zusammenfassung 264
- 11.8 Übungen 265

12 Was ist Swing? 266

- 12.1 Swing und AWT 266
- 12.2 ContentPane und GlassPane 269
- 12.3 Komponentenlayout 271
- 12.4 Alternatives Design 275
- 12.5 Zusammenfassung 280

13 Anhang 281

- 13.1 Reservierte Wörter 281
- 13.2 Datentypen 281
- 13.3 Operatoren und Rangfolge 282
- 13.4 Namenskonventionen 284
- 13.4.1 Paketnamen 284
- 13.4.2 Klassen- und Interface-Namen 284
- 13.4.3 Methodennamen 284
- 13.4.4 Namen für Datenfelder 285
- 13.4.5 Namen von Konstanten 285
- 13.4.6 Lokale Variablen und Parameternamen 285
- 13.5 Listener-Methoden 285
- 13.6 JDK-Hilfsprogramme 287
- 13.6.1 Java Plug-in 287
- 13.6.2 Javadoc 289

13.6.3	JAR	295
13.7	Lösungen zu den Aufgaben	296
13.8	Glossar	322
13.9	Zeichensatztabelle	326
13.10	Sachwortregister	327

Editorial

Das Zusammenleben der Menschen wird immer stärker von informationsverarbeitenden Maschinen geprägt. Die meisten von uns werden direkt oder indirekt mit Computern zu tun haben. Eine besondere Rolle spielt dabei der millionenfach verbreitete Personalcomputer (PC). Schüler, Studenten und Angehörige aller Berufsgruppen spielen oder arbeiten schon heute mit diesem Gerät.
Der Einsatz des persönlichen Computers wird weniger von der Fähigkeit des Benutzers bestimmt, das Gerät in seiner Technizität (Hardware) zu verstehen, als vielmehr davon, es mit Hilfe der Computerprogramme (Software) zu bedienen.
Der «Grundkurs Computerpraxis» erklärt Informationsverarbeitung sehr konkret und auf einfache Weise. Dabei steht das, was den Computer im eigentlichen Sinne funktionieren lässt, im Vordergrund: die Software. Sie umfasst
- Betriebssysteme,
- Anwenderprogramme,
- Programmiersprachen.

Ausgewählt werden Programme, die sich hunderttausendfach bewährt und einen Standard gesetzt haben, der Gefahr des Veraltens also nur in geringem Maße unterliegen.
Im «Grundkurs Computerpraxis» wird das praktische Computerwissen übersichtlich gegliedert, auf das Wesentliche begrenzt und mit Grafiken, Beispielen und Übungen optimal zugänglich gemacht.
Dem «Grundkurs Computerpraxis» liegt ein didaktisches Konzept zugrunde, das von Dipl.-Hdl. Rudolf Hambusch, Referatsleiter im Landesinstitut für Schule und Weiterbildung Soest, entwickelt wurde. Es will das Computerwissen für jedermann verständlich machen. Die Autoren sind erfahrene Berufspädagogen, Praktiker oder Mitarbeiter in Weiterbildungsprojekten.

1 Prolog

Es gibt eine Vielzahl verschiedener Programmiersprachen. Sie unterliegen alle einer ständigen Weiterentwicklung. Von Zeit zu Zeit kommt es jedoch zu Entwicklungssprüngen, bei denen neue Dialekte oder ganz eigenständige Sprachen entstehen. Dies ist stets eine Reaktion auf neue Einsatzbereiche, Technologien oder Programmiertechniken gewesen. Bei Java war der Boom des Internet vielleicht nicht der Auslöser, jedoch mit Sicherheit Motor und Nährboden.
Um zu verstehen, was sich hinter Java verbirgt, beschreibt dieses Kapitel zuerst seine Entwicklung. Außerdem erläutert es weitere Begriffe, die im Zusammenhang mit Java immer wieder auftreten.

1.1 Was ist Java?

Java ist nicht nur eine Plattform oder eine Programmiersprache, sondern eine Philosophie. Auslöser für die Entwicklung war das Problem, Hunderte verschiedener Software-APIs (engl. Application Programming Interface) unter einen Hut zu bekommen und zu pflegen. Als Ausweg suchte man ein System, das auf den unterschiedlichsten CPUs und auch auf kleinen Geräten laufen konnte. Es sollte äußerst benutzerfreundlich und sicher in der Programmierung sein. Unter der Maxime *Write Once, Run Anywhere*™ entstand daraus Java. Die wesentlichen Meilensteine waren:

1990   Bei Sun Microsystems entwickelt eine Expertengruppe mit dem Codenamen *Green* ein Betriebssystem namens *Oak* zur Steuerung von Geräten der Haushaltselektronik.

1993   Die NCSA führt den Browser *Mosaic* ein; das WWW (World Wide Web) boomt.

1994   *Oak* wird zu einer Sprache und als eigenständiges Produkt im

Internet veröffentlicht; sie heißt jetzt *Java*, und aus dem Browser *WebRunner* von Sun wird *HotJava*.
1995 Der Durchbruch erfolgt, als die Firma Netscape bekannt gibt, dass ihr Web-Browser *Navigator 2.0* Java-Programme in Web-Seiten ausführen wird.
1997 Umfangreiche Erweiterungen und Veränderungen werden mit der Version 1.1 eingeführt.
1998 Die Java-2-Plattform mit dem Java SDK Version 1.2 wird freigegeben.

Das erste Gerät, das *Oak/Java* benutzte, war eine Art Fernbedienung und hieß **7* (sprich: Star Seven). Auf einem kleinen Bildschirm führte eine animierte Figur mit dem Namen *The Duke* durch die Bedienungsanleitung. Diese Figur wurde von da an zum Maskottchen der Java-Teams.

1.1.1 Die Programmiersprache

Java ist eine einfach zu erlernende, objektorientierte Programmiersprache. Viele ihrer Fähigkeiten und einen großen Teil der Syntax wurden von C++ übernommen. Im Gegensatz zu dieser ist sie jedoch nicht darauf ausgelegt, möglichst kompakte und extrem leistungsfähige Programme zu generieren. Java soll den Programmierer vielmehr vor allem dabei unterstützen, kleine zuverlässige und fehlerfreie Programmeinheiten zu erstellen. Daher sind auch einige der Fähigkeiten von C++ nicht übernommen worden, die zwar mächtig, aber auch fehlerträchtig sind. Als Vorteile der Sprache Java gelten:
- Ersparnis an Zeit- und Kostenaufwand
- Unabhängigkeit von der Plattform
- hohe Sicherheit
- leicht über Netzwerke zu laden

Die Zeit- und damit automatisch auch eine Kostenersparnis beruhen auf der syntaktischen Ähnlichkeit der Programmiersprache Java mit C++. Durch diese «Verwandtschaft» stand den Java-Projekten mit nur geringem Schulungsaufwand gleich ein großer Stamm an Programmierern zur Verfügung. Aber die Leser, die bereits C++ kennen, seien gewarnt: Nicht alles, was wie C++ aussieht, funktioniert auch so!
Plattformunabhängigkeit bedeutet, dass Sie im Quellcode eines Java-Programms keine Indizien dafür finden, auf welchem Computer das Pro-

gramm später laufen wird. Man denke bei C++ zum Beispiel nur einmal an Pfadangaben bei Programmaufrufen und Dateibezeichnungen. Während unter Windows das Zeichen \ benutzt wird, muss unter Unix der normale Schrägstrich / angegeben werden. Erreicht wird diese Plattformunabhängigkeit durch die Einführung einer virtuellen Maschine, kurz VM genannt. Das ist meistens ein plattformabhängiges Programm, das die Java-Programme ausführt. Es simuliert für Java auf jeder Hardware denselben Computertyp. Diese VM stellt auch die Sicherheit her, indem vor jeder Befehlsausführung die Zulässigkeit überprüft wird.

Wie Sie sehen werden, besteht eine Java-Anwendung aus einer Vielzahl kleinerer binärer Dateien im Gegensatz zu den Dinosaurierprogrammen von Standard-Office-Paketen, bei denen bereits die Startdateien mehrere Megabytes groß sind. Aufgrund dieser Portionierung kann ein Java-Programm bereits früher starten, denn die erste Komponente lässt sich wesentlich schneller übertragen. Außerdem werden immer nur die Zusatzdateien übers Netz transportiert, die auch wirklich vom Anwender gerade aufgerufen werden.

JDK-Versionen
Der jeweils verfügbare Sprachumfang für ein Java-Entwicklungssystem wird durch die Versionsnummer des korrespondierenden JDK beschrieben. JDK heißt Java Development Kit und ist der Name für die Entwicklungsumgebung, die von der Firma Sun bzw. Javasoft hergestellt wird. Drei Hauptversionen sind hervorzuheben:

Das JDK 1.0 ist im Internet weit verbreitet und verfügt bereits über viele Plattformen. Nachteile sind jedoch eine inflexible Ereignissteuerung und die zwangsläufige Mischung von GUI (engl. Graphical User Interface) und Anwendung (2-Tier-Modell).

Beim JDK 1.1 wurden neue Features hinzugefügt, die Performance deutlich verbessert und die Anwendungsfunktionalität vom GUI sauber getrennt (3-Tier-Modell). Es ist damit die erste für komplexere Java-Anwendungen geeignete Version.

Das JDK 1.2 unterstützt eine Sicherheitspolitik für die Zugriffskontrollen auf Computerressourcen, integriert Swing mit neuen GUI-Komponenten und der Möglichkeit, das «Look & Feel» der grafischen Oberfläche zur Laufzeit zwischen beispielsweise der Windows- und Macintosh-Optik umzuschalten. Erstmals unterstützt es auch CORBA (engl. Common Object Request Broker Architecture) für plattformübergreifende Client-Server-Anwendungen.

Mit dem JDK 1.3 wurden unter anderem eine neue Plattformspezifikation, eine Sound-Engine, Unterstützung mehrerer Monitore und weitgehende Anforderungen der Unternehmensanwendungen hinzugefügt.

1.1.2 Die Plattform

Eine Plattform ist die Hardware- und Softwareumgebung, in der ein Programm läuft. Die Laufzeitumgebung (JRE) der Java-Plattform besteht aus zwei Komponenten: der Java-VM und dem Java-API.
Bei der VM (engl. Virtual Machine) handelt es sich um den Teil der Plattform, der die Java-Programme ausführt. Jedes Java-Entwicklungssystem, die meisten Web-Browser und einige Betriebssysteme enthalten eine solche VM. Meistens wird sie softwaremäßig implementiert. Sie kann aber auch als Hardware realisiert werden.
Das Java-API umfasst eine Bibliothek an fertigen Softwarekomponenten für beispielsweise spezielle Datenstrukturen, grafische Komponenten und Netzwerkprotokolle.
Das JRE (engl. Java Runtime Environment) realisiert die Java-Plattform und muss auf Computern installiert sein, die Java-Anwendungen ausführen wollen.

Plattform-Versionen
Auch bei der Spezifikation der Java-Plattform wird eine Versionsnummer angegeben. Dies hat schon bei manchen zu einiger Verwirrung geführt. Dabei ist es eigentlich ganz einfach: Die Plattform-Spezifikation beschreibt die Ziele und das Konzept; die Software, das heißt JRE und SDK, implementieren diese. Und so gab es zu Java 1 die JRE/SDK-Versionen 1.0 bis 1.1 und zu Java 2 bis jetzt die Versionen 1.2 bis 1.3 der JRE und des Java SDK.

1.1.3 JavaScript, JScript und Co.

Es gibt Begriffe, die mit Java tatsächlich in Zusammenhang stehen, und auch solche, die damit irrtümlich in Zusammenhang gebracht werden, so beispielsweise die Programmiersprachen JavaScript bzw. das ähnliche Produkt JScript von Microsoft. Sie haben mit Java aber fast genauso viel gemeinsam wie Java mit C++. Sie sind eben auch Programmiersprachen. JavaScript ist ein Produkt der Firma Netscape und ähnelt in der Syntax Java. Wie aber der Name schon zum Ausdruck bringt, handelt es sich bei den Programmen um Skripte, die nicht kompiliert, sondern nur interpretiert werden. Sie sind als vollständiger Quellcode in den HTML-Seiten enthalten, werden so im Internet verbreitet und von den Browsern ausgeführt. Für JScript gilt bis auf den Hersteller das Gleiche. Diese Sprache wird von Microsoft als Pendant zu JavaScript benutzt.

Anders ist dies bei Begriffen wie beispielsweise JavaBeans und Javadoc. Sie stehen für bestimmte Java-Technologien und -Tools. JavaBeans sind fertige, meist parametrisierte Softwarekomponenten, die in verschiedene Anwendungen eingebaut werden können. Javadoc ist ein Dokumentationstool (siehe Anhang), das aus dem Quellcode strukturierte Dokumentationen erstellt.

1.2 Wie funktioniert Java?

Das Besondere an Java ist, dass das geladene Programm nicht selber lauffähig ist, sondern von einem speziellen Programm interpretiert werden muss. Dadurch erreicht Java seine Plattformunabhängigkeit, denn die Programme werden nicht direkt vom Betriebssystem ausgeführt, sondern von einem anderen Programm interpretiert.

1.2.1 Der Entwicklungsprozess

Grafisch lassen sich der Entstehungsprozess und die Ausführung eines Java-Programmes folgendermaßen darstellen:

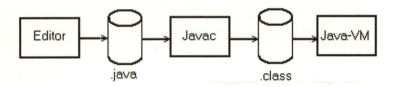

1. Zuerst wird mit einem beliebigen Editor ein Java-Programm eingegeben. Dies kann ein komfortabler Editor einer Entwicklungsumgebung sein, der die Syntax farbig hervorheben kann, aber auch das DOS-Programm *EDIT* und das Windowsprogramm *Editor*. Gespeichert wird das Programm mit der Namenserweiterung *Java*, was von den Java-spezifischen Entwicklungstools automatisch übernommen wird. Bei anderen muss man selbst darauf achten.

Wie funktioniert Java?

```
class Zaehlen {
    public static void main(String[] args)
            throws java.io.IOException {
        int count = 0;
        System.out.print("Eingabe (RETURN=Ende): ");
        while (System.in.read() != 13)
            count++;
        System.out.println("Eingabe hat " + count + " Zeichen.");
    }
}
```

2. Dieser Quellcode wird dann von einem Java-Compiler übersetzt, zum Beispiel dem JAVAC aus dem JDK. Das Ergebnis ist eine Datei mit der Namenserweiterung *Class*. Diese enthält jetzt binäre Informationen, den so genannten *Byte Code*. Einen Link-Vorgang wie bei anderen Programmiersprachen gibt es bei Java nicht!

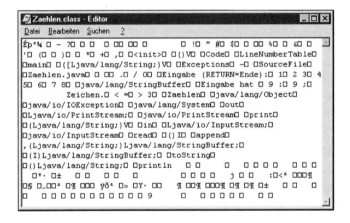

3. Das Besondere am Byte Code ist, dass er nicht auf einer tatsächlich existierenden Maschine laufen kann, sondern für eine «virtuelle Maschine» erzeugt wurde. Das ist das spezielle Programm, das den Code interpretiert, nämlich die so genannte *Java Virtual Machine* (JVM). Diese Software lädt die Datei und führt sie aus. In Web-Browsern, wie zum Beispiel *HotJava*, *Navigator* und *Internet Explorer*, und dem JDK-Tool *Appletviewer* sind spezielle JVM integriert, die aber nicht alle Programme ausführen können, sondern nur so genannte Applets. Andere JVM sind beispielsweise die Programme *JAVA* von Sun

und *JVIEW* von Microsoft. Diese können wiederum keine *Applets*, sondern nur *Applications* starten.

Durch dieses Verfahren erreicht man, dass nur noch ein einziges Java-Programm für alle erdenklichen Rechner und Betriebssysteme benötigt wird. Der Byte Code ist immer identisch, nur die JVM auf der jeweiligen Plattform ist eine andere. Dadurch muss man Programme nicht mehr an die verschiedensten Hard- und Softwareumgebungen anpassen. Der erzeugte Byte Code ist außerdem sehr kompakt. Dadurch verringert man besonders die Ladezeiten über ein Netzwerk. Außerdem kann die JVM überprüfen, ob das Programm verbotene Zugriffe ausführen möchte. In einem solchen Fall kann sie das verhindern, da sie ja den Code interpretiert und erst dann ausführt, wenn alle Prüfungen erfolgreich verlaufen sind. Diese Fähigkeit ist natürlich dann besonders wichtig, wenn man über das Internet Programme lädt, denen man nicht unbedingt vertrauen kann.

1.2.2 Applications und Applets

Eine weitere Eigenart von Java ist es, dass ein Java-Programm entweder als Application oder als Applet erzeugt werden kann.

Application
Eine Application ist ein Programm, das zwar auch durch einen Interpreter ausgeführt wird, ansonsten aber eine eigenständige Anwendung ist. Das Programm JAVA.EXE aus dem SDK dient dazu, eine solche Application auszuführen. Aufgerufen wird es beispielsweise unter Windows im Fenster der MS-DOS-Eingabeaufforderung.
In den ersten Kapiteln dieses Buches werden nur Applications erstellt. Erst im zweiten Teil lernen Sie die Erweiterungen für grafische Oberflächen und somit auch die Applets kennen. Ein Ausnahme bildet das Kapitel 11.6, in dem ein Programm vorgestellt wird, das sowohl als Applet als auch als Application benutzt werden kann.

Applets

Ein Applet ist Bestandteil einer Internetseite und wird meist in einen Browser geladen und dort ausgeführt. Hinter den Applets steckt die Idee, auf Web-Seiten nicht nur statische Texte oder Bilder anzuzeigen, sondern auch Animationen und kleinere Anwendungen zu ermöglichen. Um Applets zu starten, muss man also eine Web-Seite erstellen. Außerdem benötigt man einen Browser.

Application und Applet sind beides Java-Programme. Sie unterscheiden sich jedoch in einigen Details voneinander. Welche das im Einzelnen sind, erfahren Sie im weiteren Verlauf des Buches.

WWW

Das WWW (engl. World Wide Web) ist ein grafikorientierter Dienst im Internet. Über das WWW, oder kurz das *Web*, kann man Informationen zu allen erdenklichen Themen bekommen. Dabei werden die Informationen auf Servern in Form von abrufbaren Seiten bereitgehalten.

Finanziert wird das Ganze durch Hochschulen, Regierungsstellen, Industrieunternehmen oder in den letzten Jahren immer stärker durch Werbung auf den Seiten. Eine weitere Finanzierungsmöglichkeit besteht darin, sich die Informationen und Dienstleistungen vom Kunden direkt bezahlen zu lassen. Zu diesem Zweck kann man den Zugriff auf die entsprechenden Seiten mit User-ID und Passwort schützen.

Ursprünglich wurde das Web konzipiert, um den Austausch von Dokumenten zwischen Wissenschaftlern zu vereinfachen. Diese Dokumente sollten über das Internet sekundenschnell von einer Stelle der Welt an eine andere transportiert werden. Eine Schwierigkeit bestand darin, die Dokumente auf alle erdenklichen Rechnern in einer möglichst einheitlichen Form darzustellen. Die Lösung des Problems bilden Dokumente im so genannten HTML-Format (engl. Hypertext Markup Language).

HTML

HTML-Dokumente kann man mit jeder beliebigen Textverarbeitung erstellen. Die Texte enthalten dabei zusätzlich Kommandos, die Angaben zur Formatierung des Textes darstellen. Ein Beispiel sehen Sie im folgenden Bild.

```
<!DOCTYPE HTML PUBLIC "-//W3C//DTD HTML 4.0//EN">
<HTML>
  <HEAD>
    <TITLE>Meine Web-Seite</TITLE>
  </HEAD>
  <BODY>
    <H2>Eine gro&szlig;e &Uuml;berschrift</H2>
    <P ALIGN="CENTER">Dies ist mein erster Text!
      <BR>Das ist auch schon das Ende!</P>
  </BODY>
</HTML>
```

Damit man einen solchen Text betrachten kann, benötigt man einen so genannten Browser. Das ist ein Programm, das diese Kommandos versteht und in die entsprechende Darstellung umsetzt. Neben den Texten können beispielsweise auch Bilder angezeigt werden.
Die folgende Abbildung zeigt, wie dieses HTML-Dokument dargestellt wird.

Das Besondere der meisten Browser ist, dass sie eben auch in der Lage sind, Java-Programme auszuführen. Im HTML-Dokument kann das beispielsweise so aussehen:

```
...
<APPLET CODE="HalloWelt.class"
            WIDTH=250
            HEIGTH=100>
</APPLET>
...
```

Das hier aufgeführte Programm *HalloWelt.class* wird dann über das Internet geladen und vom Browser ausgeführt.
Eine ausführliche Beschreibung zu HTML finden Sie unter anderem auch in meinem Buch *HTML – Von der Baustelle bis JavaScript*, erschienen im Rowohlt Taschenbuch Verlag.

1.2.3 JIT-Compiler

Die Abkürzung JIT steht für *Just In Time*. Dahinter verbirgt sich eine Technik, bei der der Byte Code nicht mehr ausschließlich interpretiert, sondern bei seinem ersten Aufruf in den plattformabhängigen Maschinencode, den so genannten *Native Code,* übersetzt wird. Die JVM startet dann den Maschinencode, der viel schneller abläuft als der Java Byte Code. Auf diese Weise kann man die Plattformunabhängigkeit bewahren und gleichzeitig eine Steigerung der Geschwindigkeit erreichen, ohne die Ladezeiten wesentlich zu erhöhen.
JIT-Compiler sind keine Bestandteile der Entwicklungsumgebungen, sondern Zusatzfunktionen der VM.

1.3 Wie geht es weiter?

Zunächst einige Hinweise zur Handhabung dieses Buches. Befehle werden als komplette, durch Schrägstriche getrennte Aufruffolgen aufgeführt, wie beispielsweise

Datei/Speichern
Start/Programme/MS-DOS-Eingabeaufforderung

Dialogelemente und Programmausgaben sind so hervorgehoben:

```
Ihre Eingabe bitte
```

Die Programmbeispiele sind mit einem Rahmen versehen. Ein Rahmen entspricht dabei in der Regel einer Datei.
Programmteile, die erläutert werden, sind mit einem Raster unterlegt:

```
public static void main ( String[] args )
```

Damit im Text darauf Bezug genommen werden kann, enthalten die Programmbeispiele Zeilennummern in der Form

// (1)

Diese Nummern sind, wie alles, was den doppelten Schrägstrichen folgt, Kommentare und können beim Eingeben der Programme weggelassen werden.

1.3.1 Was brauchen Sie?

Damit Sie die Beispielprogramme ausprobieren und die Aufgaben lösen können, benötigen Sie eine Entwicklungsumgebung für Java, wie zum Beispiel
- JDK von Sun/Javasoft
- JBuilder von Borland
- Visual Cafe von Symantec
- Visual J++ von Microsoft

Solange das JDK noch kostenlos zum Download im Internet angeboten wird, bietet es wohl die billigste und auch einfachste Möglichkeit, Java-Programme zu erstellen. Sie können auch die anderen Produkte verwenden, jedoch werden in diesem Buch herstellerspezifische Erweiterungen außer Acht gelassen. Es beschreibt nur das Standard-API.

Tipp:
Wenn Sie Ihr Entwicklungssystem noch nicht richtig beherrschen, dann suchen Sie in seinem Installationsverzeichnis nach JAVA\BIN. Wenn dieser Unterordner vorhanden ist, dann dürfte er die Programme des JDK enthalten. Damit können Sie alle Beispiele so wie im Buch beschrieben nachvollziehen. Eventuell notwendige Anpassungen schlagen Sie bitte im Anhang nach.

1.3.2 Weitere Informationen zu Java

Neben der stetig wachsenden Zahl von Büchern zum Thema Java ist speziell das WWW eine riesige Fundgrube für neue Entwicklungen. Ganz besonders gilt das natürlich für die «Heimat» von Java bei Sun. Unter der Adresse *java.sun.com* oder *www.javasoft.com* finden Sie immer die aktuellsten Informationen zu diesem Thema.
Außerdem können Sie sich das JDK von hier auf Ihren Rechner herunterladen.

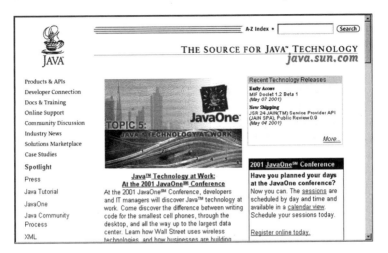

Warenzeichen

Fast alle in diesem Buch genannten Produkt- und Firmennamen sind gesetzlich geschützt. Ein fehlender ausdrücklicher Hinweis hierauf kann nicht zu der Annahme führen, dass keine Schutzrechte bestehen.

Hinweis

Autor, Herausgeber und Verlag haben sämtliche Angaben, Hinweise und Beispiele, die in diesem Buch aufgeführt sind, sorgfältig geprüft. Dennoch können Fehler nicht vollständig ausgeschlossen werden. Autor, Herausgeber und Verlag können deshalb keine Gewährleistung für die einwandfreie Funktion aller Angaben, Hinweise und Beispiele übernehmen. Für etwaige Folgeschäden an Geräten und Programmen, die durch die Benutzung der Inhalte dieses Buches entstehen können, wird keine Haftung übernommen.

Hinweise auf Fehler und Verbesserungsvorschläge werden dankbar angenommen.

Download

Die Beispiele und Lösungen zu den Aufgaben stehen im Internet auf den Seiten von *www.erlenkoetter.de* und *www.rowohlt.de* zum Download bereit. Achten Sie auf entsprechende Hinweise.

2 Einfache Klassen

Dieses Kapitel beschäftigt sich ausführlich mit den Grundlagen der Programmiersprache Java. Wie Sie in Kapitel 1 bereits gesehen haben, kann ein JAVA-Programm als eigenständiges Programm – eine so genannte *Application* – entwickelt werden oder als *Applet*. Im letzteren Fall läuft es nicht wie ein konventionelles Programm ab, sondern innerhalb eines Browsers oder eines anderen Programms, das Applets ausführen kann. Bis einschließlich Kapitel 6 werden nur Applications erstellt, Applets folgen ab Kapitel 7. Sie sollten die ersten Kapitel jedoch auf jeden Fall durcharbeiten, da sie die Grundlage auch für das Erstellen von Applets sind.

2.1 Wie erstelle ich ein Java-Programm?

Inzwischen gibt es eine recht große Zahl von Java-Entwicklungssystemen, die sich in ihrer Bedienung mehr oder weniger unterscheiden. Sie verwenden jedoch meistens im Hintergrund das Java Development Kit der Firma Sun Microsystems. Deshalb wird hier nur die Arbeit mit dem Java SDK 1.3 Standard Edition beschrieben. An dieser Stelle soll auch erwähnt werden, dass es eine ganze Reihe von Share- bzw. Freeware-Produkten mit recht komfortablen Editoren in diesem Bereich gibt, die das JDK einfach einbinden.

Betrachten Sie nun zunächst einmal den Ablauf, wie Programme mit dem JDK erstellt und gestartet werden. Er besteht aus nur drei Arbeitsschritten:

1. Geben Sie als Erstes mit einem beliebigen Editor den Quellcode für ein Java-Programm ein:

```
class MeinErstes {
  public static void main(String[] args) {
    System.out.print(
      "\nMit 'print' und 'println' kann");
    System.out.println(
      " man schreiben\nund rechnen:");
    System.out.
      println("6 * 7 = \t" + 6 * 7);
  }
}
```

Speichern Sie das Programm vorerst immer unter dem Namen, der hinter dem Schlüsselwort *class* steht, hier also *MeinErstes.java*. Beachten Sie dabei die Groß-/Kleinschreibweise und dass die Endung *.java* lautet!

2. Kompilieren Sie das Programm mit dem Java-Compiler. In der MS-DOS-Eingabeaufforderung beispielsweise lautet das Kommando für *JAVAC*:

```
javac MeinErstes.java
```

Dieser Befehl setzt voraus, dass sich das JDK-Verzeichnis auf dem Suchpfad befindet (siehe Anhang). Achten Sie auch hier auf die exakte Schreibweise. Für *JAVAC* wird immer der Dateiname angegeben. Der Compiler erzeugt jetzt aus dem Quelltext *MeinErstes.java* eine Datei mit der Endung *.class*. Diese Datei enthält den Java Byte Code. Wenn Sie sich den Inhalt des Arbeitsverzeichnisses ansehen, finden Sie diese Datei. Ihre Größe beträgt weniger als 1 KB.

3. Im letzten Schritt wird die Application mit der Virtual Machine *JAVA* ausgeführt:

```
java MeinErstes
```

Beachten Sie auch hier wiederum die Groß-/Kleinschreibung. Für *JAVA* wird nur der «Programmname», kein Dateiname angegeben! Das Beispielprogramm liefert die folgende Ausgabe.

```
Mit 'print' und 'println' kann man schreiben
und rechnen:
6 * 7 = 	42
```

Das Schreiben und Kompilieren von Applets erfolgt genauso, nur die Ausführung erfolgt anders (siehe Kapitel 7).

Java ist so ausgelegt, dass die kompilierten Programme auf allen möglichen Plattformen laufen können. Das Besondere daran ist, dass man den kompilierten Programmcode, der auch Byte Code genannt wird, für alle Rechnersysteme gleich halten kann, da erst die *Java Virtual Machine* (JVM) die Ausführung des Programms auf einer bestimmten Maschine übernimmt. Die JVM kann zum Beispiel in einem Browser integriert sein, oder sie steht in Form der Programme JAVA, JVIEW oder anderer zur Verfügung.

Die JVM beginnt damit, dass sie eine Klasse – hier *MeinErstes* – lädt und versucht, die Funktion *main* zu finden und auszuführen. Dieser Funktion können Kommandozeilenparameter übergeben werden (siehe Kapitel 4.3). Bevor das Programm dann endgültig ausgeführt wird, werden noch eine ganze Reihe von Überprüfungen, Initialisierungen etc. durchgeführt, und erst nachdem alle Kontrollen fehlerfrei durchgeführt worden sind, wird der Programmcode ausgeführt. In der Regel werden die anderen Klassen eines Programms geladen, sobald sie benötigt werden. Und auch für sie werden die entsprechenden Initialisierungsschritte durchgeführt, bevor sie starten.

Welche Klassen die JVM benutzen kann und wie sie sie findet, wird genauer im Kapitel 6 beschrieben.

2.2 Mit Java können Sie rechnen

Wenden wir uns jetzt unserem ersten Java-Programm zu. Im weiteren Verlauf des Buches werden die Programme immer in dieser Form dargestellt und beschrieben. Alles, was innerhalb einer Zeile hinter doppelten Schrägstrichen // steht, wird von Java als Kommentar betrachtet. In den Beispielen werden diese Kommentare benutzt, um mit einer Nummer auf einzelne Zeilen innerhalb des Textes verweisen zu können. Diese Kommentare müssen natürlich nicht mit eingegeben werden, wenn Sie die Programme ausprobieren.

```
class MeinErstes {                              //(1)
  public static void main(String[] args) {      //(2)
    System.out.print(                           //(3)
      "\nMit 'print' und 'println' kann");      //(4)
```

```
    System.out.println(                            //(5)
       " man schreiben\nund rechnen:");            //(6)
    System.out.
       println("6 * 7 = \t" + 6 * 7);              //(7)
  }                                                //(8)
}                                                  //(9)
```

Diese Datei wird unter *MeinErstes.java* gespeichert. Kompilieren und starten Sie das Programm (siehe Kapitel 2.1)! Hier noch einmal die Ausgabe des Programms:

```
Mit 'print' und 'println' kann man schreiben
und rechnen:
6 * 7 =          42
```

An diesem ersten Programm kann man bereits viele Eigenschaften der Programmiersprache Java erläutern:

(1) Java-Programme bestehen aus Klassen. Jede Klassendefinition wird mit dem Schlüsselwort *class* eingeleitet. Dahinter folgt der Name der Klasse. In diesem Beispiel ist das *MeinErstes*. Falls Ihnen der Begriff *Klasse* noch nichts sagt: In Kapitel 5.1 werden die Hintergründe genauer erläutert. Die Definition einer Klasse beginnt mit einer geöffneten geschweiften Klammer { und endet mit ein geschlossenen geschweiften Klammer }. Die Klammern dienen zur Bildung eines Blocks von Anweisungen.

(2) Damit eine Application starten kann, muss mindestens eine Funktion namens *main* vorhanden sein. Die Wörter *public*, *static* und *void* müssen hier in dieser Reihenfolge erscheinen. Ihre Bedeutung wird an gegebener Stelle ausführlicher erklärt. Hier mag Folgendes genügen: *public* sagt etwas darüber aus, welche Teile eines Programms diese Funktion benutzen dürfen, *static* besagt, dass die Funktion zu einer Klasse gehört und nicht zu individuellen Objekten, und *void* bedeutet, dass die Funktion *main* keinen Wert zurückliefert. Der Ausdruck *String[] args* definiert ein Feld von Zeichenketten (siehe Kapitel 4.1). In diese Zeichenketten werden die Kommandozeilenparameter eingestellt, die beim Aufruf des Programms angegeben wurden. Ein Beispiel dazu finden Sie im Kapitel 4.3). Genau wie die Klasse selbst durch geschweifte Klammern begrenzt ist, kann man auch innerhalb der Klasse damit weitere

Blöcke bilden. Die Klammern in Zeile (2) und (8) begrenzen die Funktion *main*.

(3) Diese Zeile hätte man auch zusammen mit (4) in einer Zeile schreiben können. Nur aus Platzgründen ist sie hier getrennt worden. Ein Java-Programm kann man fast beliebig gestalten. So zeigt das folgende Listing unser Beispielprogramm in einer anderen, wenn auch wahrscheinlich weniger lesbaren Form.

```
class
MeinErstes     {
public
static void
main                    (String[] args)
{
System.out.print
       ("\nMit 'print' und 'println' kann");
System
  .out.
     println
(" man schreiben\nund rechnen:");
System.
out.
println("6 * 7 = \t" + 6 * 7);
}}
```

Dem Compiler ist es gleichgültig, in welcher Form das Programm erscheint. Sie sollten sich jedoch eine vernünftig lesbare Form angewöhnen.

(4) Da sich der Compiler wegen dieser Formatfreiheit nicht am Zeilenende orientieren kann, muss man ein spezielles Zeichen benutzen, um das Ende einer Anweisung zu markieren. Hierzu dient – wie in C/C++ und Pascal – das Semikolon (;).

(5) Die Zeilen (3) bis (7) dienen dazu, etwas auf dem Bildschirm auszudrucken. Die Funktion dazu lautet *System.out.print* bzw. *System.out.println*. Der Unterschied zwischen den beiden liegt darin, dass *println* nach dem gedruckten Text einen Zeilenvorschub ausführt, während *print* an der aktuellen Bildschirmposition stehen bleibt. Der auszugebende Text steht in Anführungszeichen. Innerhalb des Textes kann man zusätzlich Zeichen, so genannte *Escapesequenzen* einfügen. Die Escapesequenzen werden durch einen Backslash (\) eingeleitet, der von einem Buchstaben gefolgt wird.

So bedeutet \n beispielsweise «new line» (der Cursor springt an den Anfang der nächsten Zeile), \t führt einen Tabulatorsprung aus. Die folgende Tabelle zeigt, welche Escapesequenzen man in eine Zeichenkette einbauen kann.

\ b	Backspace (Rückschritt) BS
\ t	Horizontal Tab HT
\ n	New Line (line feed) LF
\ f	Form Feed FF
\ r	Carriage Return CR
\ "	Anführungszeichen "
\ '	Hochkomma '
\ \	Backslash \
\uNNNN	Unicodezeichen, z. B. \u0041 (hex.) für A

(6) Auch hier wurde die Anweisung nur aus Platzgründen in zwei Zeilen geschrieben.
(7) In dieser Zeile erfolgt die eigentliche Berechnung. Die Zeichenkette und die numerischen Werte werden durch ein Pluszeichen (+) miteinander zu einer Zeichenkette verbunden. Dabei wird der numerische Wert automatisch in eine Zeichenkette umgewandelt.
(8) Das Ende des Anweisungsblocks der Funktion *main* wird durch die schließende geschweifte Klammer angezeigt.
(9) Mit dieser Klammer wird die Klassendefinition beendet.

2.2.1 Die Programmklasse

Das folgende Programmfragment zeigt noch einmal die Grundelemente eines Java-Programms. Wirklich Pflicht sind nur die fett gedruckten Teile.

```
class .... {

    ....

}
```

Sie legen selbst die Namen und Anweisungen bei den Auslassungspunkten fest.

Außerhalb einer Klasse akzeptiert Java keine Anweisungen, sondern nur Kommentar, *package*- (siehe Kapitel 6.2) und *import*-Klauseln (siehe Kapitel 6.1).

2.2.2 Die Funktion main

Innerhalb der Programmklasse steckt die Definition der Funktion *main*, wie das nächste Programmfragment noch einmal deutlich macht.

```
// Ein erstes Beispiel: MeinErstes.java

class MeinErstes {
  public static void main(String[] args) {
    ....
  }
}
```

Sie ist der Startpunkt Ihrer Anwendung. Sie muss exakt so definiert werden, denn ihr Aufruf ist in der VM fest vorprogrammiert. Lediglich für die Programmparameter (siehe Kapitel 4.3) dürfen Sie statt *args* einen anderen Namen verwenden. Denken Sie vor allen Dingen jedoch an die Schreibweise!

Statt *String[] args* kann man auch *String args[]* schreiben. Diese Schreibweise ist wegen der syntaktischen Ähnlichkeit zu C/C++ möglich und outet eingefleischte C/C++-Programmierer.

2.2.3 Die Ausgabefunktionen

Die beiden Aufrufe *System.out.print* und *System.out.println* verdeutlichen zwei Eigenschaften von Java:
- Java ist ausschließlich objektorientiert,
- außerhalb von Klassen gibt es weder Funktionen noch Daten.

Objektorientierte Sprachen bilden die Umgebung im Programm ab. Das bedeutet, dass beispielsweise auch das Objekt Bildschirm im Programm wiederzufinden ist. Des Weiteren werden solche Objekte mani-

puliert, indem ihre Funktionalitäten, man sagt auch Methoden, aufgerufen werden. Dies geschieht in der Punktschreibweise:
- Tür.schließen
- Hammer.zuschlagen
- Fenster.öffnen

oder, wenn zum Beispiel nicht irgendeine Tür gemeint ist, in folgender Form:
- MeinHaus.Tür.schließen

So lässt sich der Aufruf *System.out.print* leicht verstehen. Das Objekt ist *System.out*. Man könnte es auch *Computer.standardausgabe* nennen. Das ist der Bildschirm. Eine seiner Fähigkeiten heißt *anzeigen*, und der Aufruf *Computer.standardausgabe.anzeigen* lautet für Java eben *System.out.print*.

Jetzt wird vielleicht auch verständlich, warum es nicht einfach *print* oder *out.print* heißt. Wer soll denn etwas anzeigen? Wessen Standardausgabe soll dann benutzt werden? Deshalb muss bei Java alles zu einer Klasse gehören, wie beispielsweise *main* zur Programmklasse.

2.2.4 Allgemeine Regeln

Groß- und Kleinschreibung

Java unterscheidet zwischen Groß- und Kleinschreibung. Das bedeutet, dass in unserem Beispiel der Klassenname *MeinErstes* etwas ganz anderes ist als *meinerstes* oder *MEINERSTES*. Die Funktion zur Bildschirmausgabe muss daher auch *System.out.println* lauten und nicht etwa *System.Out.Println* oder *system.out.println*. Meldet der Compiler also, dass er irgendeinen Ausdruck nicht kennt, sollte Sie nach eventuellen Schreibfehlern suchen.

Namenskonventionen

Sie können Ihre Klassen benennen, wie Sie wollen, jedoch haben sich gewisse Regeln eingespielt, die Sie nach Möglichkeit beachten sollten. Dadurch erleichtern Sie nämlich anderen Programmierern, Ihre Programme zu verstehen. Beachten Sie also nach Möglichkeit Folgendes:
- Namen können eine beliebige Länge haben. Sie dürfen mit Buchstaben, dem Unterstrich _ oder einem Dollarzeichen $ beginnen und Ziffern enthalten. Und da Java *Unicode* verwendet, sind auch alle

Zeichen aus dem Unicode-Zeichensatz inklusive Umlaute bei der Namensvergabe erlaubt.
- Namen beginnen grundsätzlich mit einem Kleinbuchstaben. Beispiele dafür sind *args*, *main*, *grundkurs* und *lang*.
- Eine Ausnahme sind Klassennamen. Sie beginnen mit einem Großbuchstaben, wie beispielsweise *MeinErstes*.
- Zur besseren Lesbarkeit wird ein neuer Wortstamm wieder mit einem Großbuchstaben begonnen, zum Beispiel *MeinErstes*.
- Die ungarische Notation, bei der Namen mit einer Typabkürzung beginnen, ist bei Java nicht üblich, obwohl der Software-Marktführer sie praktiziert. Klassennamen beginnen demnach mit einem C, z. B. CMeinErstes. Da der Compiler dies jedoch nicht überprüft, können auch falsche Abkürzungen benutzt werden. Weil Programmierer dadurch zu falschen Rückschlüssen kommen können, bringt diese Konvention wenig Nutzen.

Kommentare

Als Kommentarzeichen haben Sie bereits // kennen gelernt. Java kennt weiterhin die Kombinationen /* und */ sowie /** und */.

- Die Zeichen // dienen dazu, einzeilige Kommentare zu erzeugen. Alles, was hinter // steht, wird bis zum Zeilenende ignoriert.
- Mit /* kann man einen Kommentar beginnen, der über mehrere Zeilen geht und mit */ beendet wird. Schachteln darf man diese Kommentare allerdings nicht. Beispiel:

```
/* Die folgenden Zeilen
   stellen einen Kommentar dar,
   der über mehrere Zeilen geht
*/
```

Manchmal werden solche Kommentare auch mit weiteren Sternchen am Zeilenanfang versehen, zum Beispiel:

```
/* Die folgenden Zeilen
** stellen einen Kommentar dar,
** der über mehrere Zeilen geht
*/
```

Diese sind jedoch reine Kosmetik. Auch die Zeichenfolgen /* und */ müssen nicht unbedingt am Zeilenanfang stehen.

■ Ein Kommentar, der mit /** beginnt und mit */ endet, ist ein so genannter Dokumentationskommentar und wird ebenfalls nicht vom Compiler berücksichtigt.

```
/** MeinErstes demonstriert ein einfaches Java-
 *** Programm. Es zeigt die notwendigen
 *** Grundelemente einer Anwendung.
 */
```

Aus diesen Kommentaren können mit Hilfe des Programms *javadoc.exe* automatisch HTML-Dokumentationen generiert werden. Eine ausführliche Beschreibung finden Sie in Kapitel 13.6.2.

Formatkonventionen
Das erste Programmbeispiel benutzt auch die übliche Formatierung von Java-Programmen. Dies macht das folgende Bild deutlich. Die senkrechten Linien verbinden Anfang und Ende eines zusammengehörigen Blocks.

```
// Ein erstes Beispiel: MeinErstes.java
|
public class MeinErstes {
| public static void main(String[] args) {
| | System.out.print(
| | | "\nMit 'print' und \"println\" kann");
| | System.out.println(
| | | " man schreiben\nund rechnen:");
| | System.out.println(
| |   "6 * 7 = \t" + 6 * 7);
| }
}
```

■ Nach jeder öffnenden geschweiften Klammer werden die folgenden Anweisungen eingerückt. Die Einrückungstiefe ist dabei frei wählbar.
■ Jede Anweisung steht in einer eigenen Zeile. Nur wenn das Verständnis durch einen automatischen Zeilenumbruch beim Druck erschwert wird, benutzt man mehrere Zeilen.

■ Anweisungen eines Blocks beginnen an der gleichen Spaltenposition.
■ Jede schließende geschweifte Klammer wird wieder ausgerückt und steht auf der gleichen Spaltenposition wie die Anweisung mit der korrespondierenden öffnenden Klammer. Dies machen die senkrechten Striche im Bild deutlich.

2.3 Welche Datentypen kennt Java?

Die Informationen, die ein Programm verarbeitet, liegen in Form von konstanten Werten, Literale genannt, und veränderlichen Daten vor. Für die Letzteren benutzt man, wie in der Mathematik, Variablen als Platzhalter. Das sind benannte Speicherplätze, die je nach Struktur und Größe nur ganz bestimmte Angaben aufnehmen können. Dies wird durch ihren so genannten Datentyp festgelegt. Während viele Programmiersprachen über eine Vielzahl mehr oder weniger komplexer Typen und Strukturen verfügen, kennt Java nur einfache Variablen und Objekte.

Zahlen und einzelne Zeichen sind wohl fast für jede Sprache die einfachsten Daten. Schauen wir uns zunächst an, wie Java diese speichert und verarbeitet.

2.3.1 Datentypen

Das nächste Programm zeigt, wie Java mit ganzen Zahlen umgeht.

```
class Typen01 {                                    //(1)
  public static void main(String[] args) {
    int ersteZahl;                                 //(2)
    long zweiteZahl = 999999;                      //(3)

    ersteZahl = 999999;                            //(4)

    System.out.println(ersteZahl * ersteZahl);     //(5)
    System.out.print(ersteZahl * zweiteZahl);      //(6)
  }
}
```

Das Programm erzeugt die folgende Ausgabe auf dem Bildschirm:

```
-729379967
999998000001
```

(1) Der Klassenname legt wieder den Dateinamen fest. Wenn Sie das Programm eingegeben haben, speichern Sie es deshalb als *Typen-01.java*.
(2) Eine Variable wird deklariert, indem man zuerst ihren Typ angibt und dahinter ihren Namen schreibt. Sie muss deklariert sein, bevor man sie verwenden kann. Die Programmierer fassen Variablen in der Regel am Anfang eines Programmblocks zusammen. Man kann sie aber auch an beliebiger Stelle im Programm definieren, kurz bevor sie benötigt werden.
(3) Bei der Deklaration kann man Variablen auch gleichzeitig mit einem Wert initialisieren, wie hier durch das numerische Literal 999999. Auch solche Konstanten verfügen über einen Datentyp, den Java allerdings in diesem Fall automatisch als *int* zuweist. Haben mehrere den gleichen Typ, dann kann man sie auch in einer Zeile, durch Komma getrennt, auflisten und gegebenenfalls initialisieren, beispielsweise

```
int zahl1,zahl2,zahl3=123,zahl4;
```

(4) Die Wertzuweisung erfolgt durch ein Gleichheitszeichen =. Im Gegensatz dazu wird ein doppeltes Gleichheitszeichen verwendet, wenn man zwei Ausdrücke auf Gleichheit testen will (a == b). Beachten Sie, dass alle so genannten lokalen Variablen vor ihrer Benutzung initialisiert werden müssen!
(5) Dass die Funktion *println* rechnen kann, haben Sie bereits im vorherigen Programm gesehen. Das Interessante an dieser Ausgabe ist das Ergebnis! Angeblich soll 999.999 mal 999.999 gleich −729.379.967 sein. Auch bei einem nur flüchtigen Blick erkennt man das falsche Resultat. Der Grund für diese Ausgabe ist folgender: Da der Datentyp der Variablen *ersteZahl Integer* ist, sieht Java für das Ergebnis ebenfalls *Integer* vor. Derartige Variablen können jedoch nur Werte von −2.147.483.648 bis 2.147.483.647 annehmen. Das tatsächliche Ergebnis ist daher zu groß für diesen Datentyp und führt zu einem Überlauf. Die restlichen Bits werden als Resultat interpretiert und ergeben hier eine negative Zahl.

36 Einfache Klassen

(6) Anders ist dies beim Produkt *ersteZahl* * *zweiteZahl*. Da es sich bei der Variablen *zweiteZahl* um eine *long*-Variable handelt, wandelt Java die *Integer*-Variable *ersteZahl* automatisch in *long* um. Für das Ergebnis wird ein temporärer Speicher bereitgestellt, der ebenfalls den Typ *long* erhält. Somit kann es auch korrekt dargestellt werden. Die Umwandlung von einem Typ in einen anderen kann, wie hier, automatisch erfolgen oder vom Programmierer explizit durch einen so genannten *Cast* erzwungen werden. Ein Beispiel dazu finden Sie in Kapitel 2.3.6.

Die folgende Tabelle zeigt die Typen, die Java für ganze Zahlen kennt. Auf eine Besonderheit seien speziell C-Programmierer hingewiesen: Der Wertebereich für eine *Integer*-Variable ist *nicht* von der Maschine abhängig, auf der das Programm läuft! Unter C/C++ war es nötig, mit dem Operator *sizeof* festzustellen, wie groß *int* auf einem speziellen System war. Java hingegen definiert diesen Typ für alle Systeme gleich.

Integrale Datentypen

Typ	Bit	von	bis einschließlich
boolean	8	false	true
byte	8	–128	127
short	16	–32.768	32.767
int	32	–2.147.483.648	2.147.483.647
long	64	–9.223.372.036.854.775.808	9.223.372.036.854.775.807
char	16	0	65.535

Alle Datentypen sind grundsätzlich vorzeichenbehaftet. Es gibt keine Möglichkeit, den Wertebereich durch Eliminieren des Vorzeichens für positive Zahlen zu verdoppeln, wie dies in C/C++ möglich ist. Der *char*-Typ dient dazu, einzelne Zeichen, das heißt Buchstaben, Ziffern und Symbole, zu speichern. Java benutzt als Zeichensatz Unicode, deshalb reicht der Zeichencode von 0 bis 65.535. Außerdem verfügt Java mit dem Datentyp *boolean* über echte logische Werte, die durch die reservierten Literale *true* und *false* dargestellt werden.

> *Hinweis:*
> Obwohl jedes Unicodezeichen aus 16 Bit besteht, benutzt *System.out* nur die unteren acht. Umlaute erscheinen also unter Umständen verstümmelt. In der grafischen Oberfläche werden die char-Daten jedoch korrekt angezeigt.

Neben den Ganzzahlen kennt Java Fließkommazahlen. Die folgende Tabelle zeigt die beiden Typen mit der Genauigkeit, mit der sie Werte darstellen können.

Fließkomma-Datentypen

Typ	Größe	Genauigkeit
float	32 Bit	6–7 Stellen
double	64 Bit	15–16 Stellen

Beachten Sie, dass beispielsweise der Wert 3.122.234.344.087,6709 nicht mehr korrekt gespeichert werden kann, da er eine Genauigkeit von 17 Stellen benötigt. Java bietet mit speziellen Klassen dafür jedoch eine Lösung an.

Variablennamen

Die Bezeichnungen für Variablen sollten zwar nicht zu lang, aber dennoch verständlich sein. Sie sollten auf jeden Fall mit einem Kleinbuchstaben beginnen. Ein neuer Wortstamm kann dann wieder mit einem Großbuchstaben geschrieben werden. Einige Beispiele sind:

- mehrwertsteuer
- halberSteuersatz
- telefonDesKunden

Verwenden Sie nur allgemein übliche Abkürzungen und keine Eigenkonstruktionen. Nur für bestimmte Zwecke werden Namen aus nur einem Buchstaben benutzt, wie:

- *f* allgemein für Fensterobjekte
- *i, j, k* usw. für Zähler
- *o* für Objekte aller Art
- *x, y, z* für Koordinatenangaben

2.3.2 Operatoren

Um Ausdrücke zu addieren, zu multiplizieren usw., kennt Java die folgenden arithmetischen Operatoren:
+ Addition
− Subtraktion
* Multiplikation
/ Division
% Modulo

Bei der Auswertung von Ausdrücken wie *2 + 5 * 5* wird grundsätzlich von links nach rechts ausgewertet und dabei die Regel «Punktrechnung geht vor Strichrechnung» angewendet. Somit ergibt der vorige Ausdruck den Wert 27 und nicht etwa 35. Durch runde Klammern, zum Beispiel (2 + 5) * 5, kann man diese Auswertungsfolge verändern. Klammern werden zuerst berechnet.
Der Modulo-Operator berechnet den Rest einer Ganzzahldivision. Beispiele:

10 % 5 = 0   10/5 = 2, geht glatt auf
12 % 5 = 2   10/5 = 2, Rest 2

Er wird jedoch meistens nicht dazu benutzt, den Rest zu errechnen, sondern nur, um zu prüfen, ob überhaupt ein Rest übrig bleibt, indem sein Ergebnis mit null verglichen wird.

2.3.3 Mathematische Funktionen

Mathematische Berechnungen, für die kein Operator zur Verfügung steht, werden mit Hilfe der Methoden der Klasse *java.lang.Math* erledigt. Dazu zählen die Potenzrechnung, die Bestimmung von Minimum und Maximum, die Winkelfunktionen, die Quadratwurzelberechnung usw. Das folgende Programm zeigt ein paar Beispiele.

```
class Rechnen01 {
   public static void main (String[] args) {
      int radius = 10;
      double flaeche = Math.pow(radius,2)
         * Math.PI;                                //(1)
```

```
    double umsatzSteuer = 34506.78;
    System.out.println(flaeche);
    System.out.println(Math.floor(
        umsatzSteuer*10)/10);                    //(2)
    System.out.println(Math.min(
        300,flaeche));                           //(3)
    System.out.println(Math.abs(
        -umsatzSteuer));                         //(4)
    System.out.println(Math.sqrt(2));            //(5)
  }
}
```

Seine Ergebnisse lauten:

```
314.1592653589793
34506.7
300.0
34506.78
1.4142135623730951
```

(1) Hier wird eine Kreisfläche berechnet. Dazu wird die Methode *Math.pow* eingesetzt, um das Quadrat des Radius zu ermitteln. Diese Funktion berechnet quasi *radius^2*. Sie kann aber auch für andere Potenzrechnungen eingesetzt werden: *Math.pow(a,b)* liefert a^b. Die Konstante π verbirgt sich hinter *Math.PI*.

(2) Ein Beispiel für Rundungen zeigt hier *Math.floor*. Alle Rundungsverfahren dieser Klasse liefern ganze Zahlen. Will man also Nachkommastellen runden, so muss man den Wert zuerst mit 10, 100, 1000 usw. multiplizieren, bis sich die zu rundende Stelle genau hinter dem Komma befindet. Anschließend wird das Ergebnis wieder durch den Multiplikationsfaktor dividiert. Hier wird auf 10 Cent gerundet, und zwar durch *Math.floor* immer gegen null.

(3) Die größere bzw. kleinere von zwei Zahlen ermitteln *Math.min* bzw. *Math.max*. Diese Anweisung benutzt *Math.min*, um den kleineren Wert von 300 und der Kreisfläche festzustellen.

(4) Den Absolutwert, also vorzeichenlosen Wert einer Zahl kann *Math.abs* berechnen.

(5) Quadratwurzeln können Sie mit *Math.sqrt* ziehen. Wie Sie sehen, wird die Wurzel aus 2 korrekt angegeben.

> *Hinweis:*
> Seit dem JDK 1.3 gibt es auch die Klasse *StrictMath* mit den gleichen Methoden. Sie liefern auf allen Plattformen nicht nur gleiche Resultate, sondern darüber hinaus gleiche Bitdarstellungen der Ergebnisse.

2.3.4 Literale

Konstante Werte bezeichnet man als Literale.

Ganze Zahlen kann man als Oktalzahl, als Hexadezimalzahl und natürlich als Dezimalzahl eingeben. Für den Wert 4711 bestehen also folgende Möglichkeiten:
- 035   oktale Werte beginnen mit 0
- 0x1C hexadezimale Werte beginnen mit 0x
- alles andere wird dezimal interpretiert

Diese Literale werden automatisch als 32-Bit-Werte interpretiert. Das heißt, sie sind *int*-Datentypen. Werte größer als 0x7FFFFFFF sind *long*-Literale. Um kleinere Konstanten bereits als *long* zu definieren, wird l oder L angehängt, zum Beispiel 23L.

Gleitkommazahlen benutzen einen Dezimalpunkt. Im folgenden Beispiel sehen Sie ein und denselben Dezimalwert, der auf drei unterschiedliche Arten definiert worden ist:
- 13.
- 1.3E1
- 0.13E2

Dies sind automatisch *double*-Konstante. Ein angehängtes f oder F legt den Wert als *float*-Typ fest. Die Buchstaben d und D definieren entsprechend *double*-Werte.

Char-Werte werden von einfachen Hochkommas eingeschlossen, zum Beispiel:
- 'A'
- '\u0041'

> *Achtung:*
> Verwenden Sie nur einfache Hochkommas! Anführungszeichen definieren Zeichenketten, und das sind bei Java keine primitiven Daten (siehe Kapitel 4.2)!

2.3.5 Konstante Variablen

Wenn in einem Programm recht häufig immer ein und derselbe Wert benutzt werden muss, wie beispielsweise der Mehrwertsteuersatz, eine Versionsnummer oder ein Produktzeichen, dann ist es oft vorteilhafter, ihn in einer Variablen zu speichern, statt ihn jedes Mal als Literal einzusetzen. Gerade bei Änderungen macht sich dies positiv bemerkbar, denn an Stelle eines Suchens und Ersetzens muss jetzt nur der Inhalt der Variablen geändert werden.

Normalerweise können Sie ihr im Programm beliebig oft einen neuen Wert zuweisen. Dies kann jedoch durch das Schlüsselwort *final* unterbunden werden. Folgende Anweisungen sind in einem Programm zulässig:

```
final float mehrwertsteuer = 16.0;
final char euro;

euro = '€';
```

Wurde der Wert einer *final*-Variablen einmal festgelegt, dann ist eine spätere Änderung nicht mehr möglich. Auf diese Weise kann also eine Variable wie eine Konstante eingesetzt werden mit dem Vorteil, dass das Programm bei Änderungen nur an einer Stelle korrigiert und anschließend natürlich kompiliert werden muss.

2.3.6 Typumwandlungen

Sobald zwei unterschiedliche Datentypen an einer Operation beteiligt sind, wandelt Java immer den kleineren in den größeren Typ um (engl. promoting). Aber selbst wenn die Datentypen eines Ausdrucks gleich, jedoch kleiner als *Integer* sind, wird das Resultat immer mindestens ein *Integer*-Wert sein. Dies demonstriert das nächste Programmbeispiel:

```
class Typen02 {
  public static void main(String[] args) {
    byte aZahl = 2;                                    // (1)
    byte bZahl = 5;
    byte cZahl;

//  cZahl = aZahl * bZahl;         FEHLER!            // (2)
//  cZahl = (byte) aZahl * bZahl;  FEHLER!            // (3)

    cZahl = (byte) (aZahl * bZahl);                   // (4)
    bZahl *= aZahl;                                   // (5)
    System.out.println(cZahl);
    System.out.println(bZahl);
  }
}
```

(1) Die Werte, die das Programm verwendet, sind alle vom Datentyp *byte*. Die Variable *cZahl* wird für das Ergebnis benötigt.

(2) Obwohl zu erwarten wäre, dass das Ergebnis von zwei *byte*-Zahlen wiederum als *byte*-Wert berechnet wird und das Produkt der beiden Zahlen (= 10) in den gültigen Wertebereich fällt, meldet der Compiler einen Fehler, wie etwa

```
Typen02.java:7: possible loss of precision
found    : int
required : byte
              cZahl = aZahl * bZahl;
                            ^
1 error
```

Offensichtlich ist das Ergebnis vom Typ *Integer*, das als *byte*-Wert gespeichert werden soll.

(3) Der eingeklammerte Datentyp *(byte)* ist ein so genannter Cast. Er wird in Anweisungen benutzt und legt den neuen Typ fest. Von dieser Zwangsumwandlung ist hier jedoch nur die Variable *aZahl* betroffen, die aber sowieso schon als *byte* definiert ist.

(4) Dieser Cast wird korrekt angewendet. Zuerst wird aufgrund der Klammerung das Produkt gebildet, wodurch ein *Integer*-Ergebnis entsteht. Dieses erhält den neuen Typ *byte*. Bei diesen erzwungenen Typumwandlungen per Cast sind natürlich die Programmierer

dafür verantwortlich, dass das Ergebnis den zulässigen Wertebereich nicht überschreitet.

(5) Hier wird ein neuer Operator benutzt. Diese Multiplikationszuweisung lässt sich auch als *bZahl = bZahl * aZahl* schreiben. Der Operator *= ist jedoch keine bloße Abkürzung, sondern eine effektivere Anweisung, denn hier wird kein Zwischenergebnis mehr gebildet. Deshalb ist auch kein Cast notwendig. Neben *= gibt es die Operatoren -=, +=, /= und %=.

Der Versuch, einen Wert mit größerem Datentyp einer Variablen mit einem kleineren zuzuweisen, führt **immer** zu einem Compilerfehler. Nur ein Cast erzwingt dann eine Umwandlung.

2.3.7 Übungen

Aufgabe 1

Was ist an der folgenden Zeile fehlerhaft?

```
public static void Main(string[] args)
```

Aufgabe 2

Welche Escapesequenzen muss man in die Zeichenkette der folgenden Anweisung einfügen,

```
System.out.println("abcdefg");
```

damit diese Ausgabe angezeigt wird?

aceg

2.4 Eine weitere Funktion

Die beiden ersten Beispiele begnügten sich mit einer einzigen Funktion. Dies war die Funktion *main*, die als einzige auch mindestens vorhanden sein muss. Es spricht aber nichts dagegen, beliebige weitere Funktionen in ein Programm einzubauen. Am Beispiel der Funktion *drucken* wird demonstriert, wie man weitere Funktionen in sein Programm einfügt.

```
class Funktion01 {                                          //(1)
  public static void main(String[] args) {
    System.out.
      print("\nMit 'print' und 'println' kann");
    System.out.
      println(" man schreiben\nund rechnen:");
    drucken("6 * 7 = \t" + 6 * 7);                          //(2)
  }

  public static void drucken(String satz) {                 //(3)
    System.out.println(satz);                               //(4)
  }
}
```

Das Programm liefert die folgende Ausgabe auf dem Bildschirm:

```
Mit 'print' und 'println' kann man schreiben
und rechnen:
6 * 7 =      42
```

Wie man sieht, entspricht das Ergebnis dem, was bereits *MeinErstes* ausgegeben hat. Das Ergebnis ist jedoch auf eine andere Weise erreicht worden.

(1) Wenn Sie das Programm eingegeben haben, speichern Sie es mit dem Namen *Funktion01.java*.

(2) An dieser Stelle wird die Funktion *drucken* aufgerufen. Weil ihre Definition (3) zu dieser Klasse gehört, wird nur ihr Name, gefolgt von den runden Klammern, angegeben. Als Anweisungsende steht natürlich wieder ein Semikolon. Soll die Funktion in anderen Klassen bzw. Programmen aufgerufen werden, dann lautet die Anweisung *Funktion01.drucken(...)*. Beachten Sie, dass das Funktionsargument aus einer Zeichenkette ("6 * 7 = \t") und einem numerischen Ausdruck (6 * 7) besteht. Da das Ergebnis des numerischen Ausdrucks jedoch durch das Plus-Zeichen (+) in eine Zeichenkette umgewandelt und angehängt wird, erhält die Funktion nur eine einzige Zeichenkette.

(3) In dieser Zeile wird eine zweite Funktion namens *drucken* definiert.

Wie bei *main* stehen auch hier wieder die Schlüsselwörter *public static void* vor dem Namen. Die genaue Bedeutung von *public* und *static* erläutert das Kapitel 5. Durch *void* wird festgelegt, dass die Methode kein Ergebnis liefert, sondern nur Anweisungen ausführt. Das Gegenteil davon zeigt das Kapitel 2.4.1 Hinter den runden Klammern leitet eine geschweifte Anweisung den Code der Funktion ein. Die Funktion liefert also keinen Wert zurück (*void*) und benötigt eine Zeichenkette (*String*) namens *satz* als Parameter.

(4) Diese Zeile enthält die eigentliche Funktion. Sie soll den Parameter *satz* ausdrucken.

2.4.1 Rückgabewerte

In *Funktion01* hatten Sie die Funktion *drucken* als vom Typ *void* deklariert und damit festgelegt, dass sie keinen Wert zurückgeben soll. Im nächsten Beispiel schreiben Sie eine Funktion, die einen *double*-Wert zurückliefern soll.

```
class Funktion02 {
  public static void main(String[] args) {
    System.out.println(mwSt(150,16));            //(1)
  }

  public static double mwSt(double wert,
            double prozent)
  {
    double mwStBetrag;
    mwStBetrag = wert / 100 * prozent + wert;
    return mwStBetrag;                           //(2)
  }
}
```

Die Funktion *mwSt* soll zu einem Nettobetrag einen Mehrwertsteuersatz hinzufügen. Das Programm liefert die folgende Ausgabe:

174.0

(1) Hier wird die Funktion *mwSt* mit zwei numerischen Parametern aufgerufen.
(2) In dieser Zeile wird der berechnete Mehrwertsteuerbetrag mit Hil-

fe der Anweisung *return* zurückgegeben. Statt den berechneten Wert einer Variablen zuzuweisen und diese dann als Rückgabewert zu benutzen, hätte man das Ganze auch etwas einfacher gestalten können:

```
return wert / 100 * prozent + wert;
```

2.4.2 Regeln für Funktionen

- In Java müssen Funktionen innerhalb einer Klasse definiert werden. Man kann Funktionen nicht wie in C++ außerhalb der Klasse schreiben.
- Die Funktion kann an beliebiger Stelle mit Hilfe der Anweisung *return* verlassen werden. Ist keine *return*-Anweisung vorhanden, wird die Funktion verlassen, wenn die schließenden geschweiften Klammern erreicht werden.
- Liefert die Funktion einen Wert zurück, dann wird eine *return*-Anweisung benötigt. Der Rückgabewert wird hinter der *return*-Anweisung aufgeführt (z. B.: *return testWert * 4711;*).
- Die Argumente einer Funktion werden in einer Parameterliste aufgeführt. Für jeden Parameter werden wie bei jeder Variablendeklaration Typ und Name angegeben. Dabei werden einzelne Werte durch Komma getrennt. Hat die Funktion keinen Parameter, bleibt die Parameterliste leer. Sie enthält dann auch **kein** *void*.

2.4.3 Übung

Aufgabe 3

Schreiben Sie ein Programm, dass eine Methode namens *malNehmen* besitzt, die zwei numerische Parameter entgegennimmt.

```
class Aufgabe3 {
  public static void main(String[] args) {
    System.out.print(malNehmen(11,22));
  }

  public ...
  {
    ...
```

```
    }
}
```

Diese beiden Parameter sollen multipliziert und an die aufrufende Stelle zurückgegeben werden.

2.5 Bedingte Anweisungen

Wie jede andere Programmiersprache verfügt auch Java über Kontrollstrukturen, die den Programmablauf steuern. Dazu müssen logische Ausdrücke ausgewertet werden, deren Ergebnis quasi die Weichen stellt. Die einfachste Form der Programmsteuerung sind so genannte bedingte Anweisungen. Das sind einzelne oder auch mehrere Methodenaufrufe, die nur unter ganz bestimmten Voraussetzungen ausgeführt werden. Der Aufbau einer solchen bedingten Anweisung sieht folgendermaßen aus:

if (*ausdruck*) {
    anweisungen
    ...
}
else {
    anweisungen
    ...
}

Der *ausdruck* wird bewertet. Ergibt er wahr (*true*), werden die Anweisungen direkt hinter dem *if* ausgeführt. Ergibt der Ausdruck falsch (*false*), werden die Anweisungen hinter dem *else* ausgeführt.
Man kann eine *if*-Anweisung auch ohne den *else*-Zweig schreiben. Ist in einem solchen Fall der Ausdruck falsch, wird der geklammerte Anweisungsblock übersprungen, und das Programm wird hinter der geschlossenen Klammer fortgeführt.
Ein Beispiel zeigt die folgende Klasse.

```
class If01 {
  public static void main (String[] args) {
    int x=2, y=3, z=4;
    if ( x*x >= z) {
      System.out.println("blau");
    }
    else {
      System.out.println("rot");
    }
  }
}
```

Der Programmabschnitt gibt den Text «blau» aus, da die eingeklammerte Bedingung *x*x größer oder gleich z* wahr ist.

2.5.1 Vergleichs- und Gleichheitsoperatoren

Im Ausdruck *x*x >= z* wird ein Vergleich durchgeführt. Das Ergebnis eines solchen Vergleiches ist entweder wahr oder falsch. Die Zeichenkombination >= ist ein so genannter Vergleichsoperator und legt fest, welche Art von Vergleich durchgeführt werden soll.
Java kennt die folgenden Vergleichs- bzw. Gleichheitsoperatoren:

Zeichen	Bedeutung
<	kleiner als
>	größer als
<=	kleiner oder gleich
>=	größer oder gleich
==	gleich
!=	ungleich
instanceof	Typvergleich

Beachten Sie, dass für den Identitätsvergleich das doppelte Gleichheitszeichen benutzt wird. Ein einfaches Zeichen ist eine Zuweisung!
Die gleichen Vergleichsoperatoren benutzen viele andere Programmiersprachen. Eine Ausnahme bildet jedoch *instanceof*. Ein Beispiel für seine Anwendung finden Sie im Kapitel 13.7.

Der folgende Programmausschnitt zeigt eine *if*-Anweisung ohne *else*-Zweig.

```
int x=2, y=3, z=4;
if ( x*x < y){
  System.out.println("blau");
}
```

In diesem Fall wird gar nichts ausgegeben, denn die Bedingung stimmt nicht und für diesen Fall fehlen Anweisungen.

Das nächste Beispiel zeigt eine Variante der *if-else*-Anweisung. Hierbei wird mit einer Folge von *else if* eine Kette von Abfragen aufgebaut. Ist weder der Ausdruck hinter dem *if* bzw. dem *else if* richtig, wird die abschließende *else*-Anweisung ausgeführt.

Statt dieser geschachtelten *if*-Anweisungen verwendet man häufig die *switch*-Anweisung (siehe Kapitel 3.3).

```
class If02 {
  public static void main (String[] args)  {
    int x=2, y=3, z=4;
    if ( z == 1) {
      System.out.println("Z = 1");
    }
    else if ( z == 2) {
      System.out.println("Z = 2");
    }
    else if ( z == 3) {
      System.out.println("Z = 3");
    }
    else {
      System.out.println("Z ist < 1 oder > 3");
    }
  }
}
```

Die Ausgabe lautet

Z ist < 1 oder > 3

Keiner der drei anderen Ausdrücke ist nämlich wahr.

2.5.2 Logische Operatoren

Wenn Sie Ausdrücke zusammenstellen, müssen oft mehrere Vergleiche zusammengefasst werden. Das nächste Beispiel zeigt, wie man mehrere Bedingungen verknüpfen kann:

```
class If03 {
  public static void main (String[] args)  {
    int x=2, y=3, z=4;
    if (x == 2 && y < 3) {
       System.out.println("wahr!");
    }
    else {
       System.out.println("falsch!");
    }
  }
}
```

Der Ausdruck *(x == 2 && y < 3)* untersucht, ob *x* gleich 2 ist **und** ob *y* kleiner als 3 ist. Erst wenn beide Bedingungen **gleichzeitig** erfüllt sind, wird die Anweisung hinter dem *if* ausgeführt, ansonsten die Anweisung hinter dem *else*.

Java kennt die folgenden logischen Operatoren:

Operator	Bedeutung
!	NICHT
&&	UND
||	ODER

Neben dem UND- und dem ODER-Operator, die auf zwei Operatoren wirken, gibt es den NICHT-Operator, der auch Negation genannt wird. Er wird durch ein Ausrufezeichen ! dargestellt und dreht den Wahrheitswert einer Aussage um:

Beispiel: ! (x == y)

Falls die Bedingung x gleich y *wahr* ist, macht der NICHT-Operator daraus ein *falsch*, beziehungsweise ein *wahr*, wenn die Aussage *falsch* ist. Ähnlich wie bei den Grundrechenarten gibt es auch bei den logischen

Operatoren eine Rangfolge bei der Auswertung. Sie entspricht genau der Reihenfolge der Operatoren in der vorherigen Tabelle.
Es können beliebig viele Aussagen durch logische Operatoren verknüpft werden. Daher ist die folgende Zeile durchaus möglich:

```
(x == 2 || y != 2 && z >= 16)
```

Bei der Auswertung dieses Ausdrucks muss die Reihenfolge genau beachtet werden, in der die einzelnen Teile des Ausdrucks bearbeitet werden. Sie wird durch die Rangfolge der Operatoren festgelegt. Will man sie ändern, kann man Klammern um die Teile setzen, die zuerst bearbeitet werden sollen. Grundsätzlich werden als Erstes immer die Vergleiche ausgewertet. Für das Beispiel bedeutet dies:

x == 2   (*true*)
y != 2   (*false*)
z >= 16   (*true*)

Anschließend werden die Ergebnisse eingesetzt und die logischen Verknüpfungen ausgeführt.

wahr ODER falsch UND wahr

Da die &&-Verknüpfung einen höheren Rang hat, wird sie als Erstes ausgewertet, und ihr Ergebnis wird durch ODER mit dem ersten Wahrheitswert verknüpft:

wahr ODER falsch

Das Ergebnis lautet also *true*.

2.5.3 Übung

Aufgabe 4

Welche Ergebnisse liefert das folgende Programm, wenn man an der markierten Stelle für die Pünktchen jeweils die Programmzeilen a–e einsetzt?

52 Einfache Klassen

```
class Aufgabe4 {
  public static void main(String[] args) {
    int x=2, y=3, z=4;
    ... {
      System.out.println("wahr!");
    }
    else {
      System.out.println("falsch!");
    }
  }
}
```

a) if (x == 2 && y <= 3)
b) if (x == 2 || y != 2 && z * z >= 16)
c) if (y == 3 && !(z == 1))
d) if (x != 2 && y > 3)
e) if (x < y || x > z)

2.6 Zählschleifen

Um Teile eines Programms mehrfach auszuführen, benutzt man Schleifen, auch Iterationen genannt. Ein möglicher Typ ist die Zählschleife, die durch das Schlüsselwort *for* beschrieben wird. Bereits zu Beginn dieser Schleife muss man wissen, wie oft sie durchlaufen werden soll. Java bietet auch andere Schleifenkonstruktionen, bei denen die Anzahl der Durchläufe variabel sein kann (siehe Kapitel 3.1). Die allgemeine Form einer *for*-Anweisung sieht so aus:

for (*startwert; bedingung; schrittweite*) {
    anweisungen
    ...
}

In den Klammern hinter dem Schlüsselwort *for* wird festgelegt, wie oft die *anweisungen* wiederholt werden. Zuerst wird der *startwert* initialisiert. Dann wird die *bedingung* überprüft. Ist sie wahr, werden die *anweisungen* durchlaufen. Nach ihrem Ende wird die *schrittweite* berechnet. Von da an werden immer wieder *bedingung* – *anweisungen* – *schrittweite* abgearbeitet, bis die *bedingung* falsch wird.

Dazu ein Beispiel:

```
class For01 {
  public static void main (String[] args)  {
    int i;                                              //(1)
    for (i = 1; i <= 10; i = i + 1) {                   //(2)
      System.out.print(i + "  ");                       //(3)
    }
    System.out.println("\n" + i);                       //(4)
  }
}
```

Auf dem Bildschirm erscheint die folgende Ausgabe:

1 2 3 4 5 6 7 8 9 10
11

(1) Die Zählvariable muss ganzzahlig sein und wird hier deklariert.
(2) Hier wird die Schleifensteuerung beschrieben. Ihre Funktionsweise wird durch die umseitige Grafik verdeutlicht.
(3) Der Schleifenblock besteht hier nur aus einer einzigen Anweisung, die den aktuellen Wert der Zählvariablen gefolgt von zwei Leerstellen ausgibt.
(4) Nachdem alle Schleifendurchläufe abgeschlossen sind, wird noch einmal der Wert der Variablen *i* angezeigt. Er beträgt dann 11.

Sehen Sie sich nun die Anweisung *for(i = 1; i <= 10; i = i + 1)* einmal etwas genauer an. Sie steuert den gesamten Ablauf.

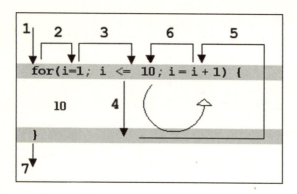

1. Das Programm arbeitet zunächst sequenziell und erreicht dann die *for*-Anweisung.
2. Als Nächstes wird die Zuweisung *i=1* ausgeführt. Damit das Programm feststellen kann, wie viele Durchläufe bereits stattgefunden haben, wird eine Variable benutzt, die jeden Schleifendurchlauf mitzählt. Der Ausdruck *i=1* setzt diese Zählvariable auf einen Startwert (hier den Wert 1).
3. Daraufhin wird der nächste Ausdruck *x<=10* ausgewertet. Er entscheidet, ob die Schleife zu durchlaufen ist. Diese Entscheidung wird so lange mit *ja* beantwortet, wie in dem Beispiel *i* kleiner oder gleich (<=) *10* ist. Durch den Wert *10* wird also der Maximalwert der Zählvariablen festgelegt.
4. Nach jeder erfolgten positiven Auswertung der Bedingung wird der eigentliche Schleifenkörper, das heißt die zu wiederholenden Anweisungen, durchlaufen.
5. Nach der schließenden geschweiften Klammer wird immer die dritte Anweisung des *for*-Ausdrucks ausgeführt. Die Zuweisung *i=i+1* sorgt dafür, dass nach jedem Schleifendurchlauf der Wert der Zählvariablen *i* um 1 erhöht wird. Die Zählvariable muss jedoch nicht immer um 1 hochgezählt werden; man kann beliebige Zählintervalle verwenden, um rauf- oder runterzuzählen!
6. Anschließend wird wieder die Bedingung überprüft. Solange sie wahr ist, wiederholen sich die Schritte 4–6. Die Differenz aus Maximal- und Startwert und das Zählintervall bestimmen die Anzahl der Durchläufe.

7. Ist *i<=10* schließlich nicht mehr erfüllt, also wenn *i* den Wert *11* hat, wird das Programm hinter der geschlossenen geschweiften Klammer fortgeführt.

Die *for*-Schleife wird typischerweise immer dann eingesetzt, wenn zu Beginn einer Schleife bekannt ist, wie oft sie ausgeführt werden soll.

Inkrement und Dekrement
Statt bei der Erhöhung des Schleifenwertes den Ausdruck *i=i+1* zu benutzen, können Sie in Java auch *i++* schreiben. Der so genannte Inkrementoperator ++ erhöht den Wert einer Variablen immer um 1. Sein Gegenstück ist der Dekrementoperator --. Der Dekrementoperator vermindert den Wert einer numerischen Variablen immer um eins.
Das folgende Programmsegment zeigt einen Schleifenwert, der mit Hilfe eines Inkrementoperators bei jedem Schritt um 1 erhöht wird.

```
...
  for (int i = 1; i <= 10; i++) {
    System.out.print(i + " ");
  }
// Fehler! -> System.out.println("\n" + i);
  System.out.println("\n");
...
```

Es zeigt eine zweite Änderung gegenüber dem letzten Beispiel. Sie finden sie ebenfalls in der *for*-Anweisung *for (int i = 1; i <= 10; i++)*. In dieser Zeile ist die Deklaration der Variablen *i* in die Klammer gewandert. Die Variable wird also gleichzeitig initialisiert und deklariert. Ein Vorteil dieser Technik liegt darin, dass man im Code direkt bei der Schleife sehen kann, welchen Typ die Variable hat und, was vielleicht noch interessanter ist, dass die Variable nur innerhalb der Schleife gültig ist. Diese Tatsache spiegelt sich in den letzten beiden Zeilen des Beispiels wider. Hier ist die vorletzte Zeile auskommentiert, da sie einen Compilerfehler ergibt. Da die Variable *i* nur innerhalb der Schleife bekannt ist, kann man auch außerhalb der Schleife nicht mehr auf sie zugreifen.
Zählschleifen können auch geschachtelt werden:

```
class For02 {
  public static void main (String[] args) {
  for(int x=1; x<=3; x++) {
```

```
      for(int y=1; y<= 5; y++) {
        System.out.print(x*y + "\t");
      }
      System.out.println();
    }
  }
}
```

Werfen wir zum Schluss nochmals einen kurzen Blick auf die Inkrement- und Dekrementoperatoren. Beide Operatoren gibt es als so genannte *Präfix-* und *Postfix*-Operatoren. Steht der Operator vor der Variablen (++i), wird die Operation angewandt, **bevor** der Wert des Ausdrucks zurückgegeben wird, ansonsten (i--) **nachher**. Ein Beispiel für die beiden Formen des Inkrement- bzw. Dekrementoperators finden Sie im folgenden Programm:

```
class InkDekOp {
  public static void main(String[] args) {
    int i = 4711;
    System.out.println(i++ + " " + ++i + " " + i);
    System.out.println(i-- + " " + --i + " " + i);
  }
}
```

Es erzeugt die folgende Ausgabe:

4711 4713 4713
4713 4711 4711

Durch das erste *i++* wird erst der aktuelle Wert (4711) ausgegeben und dann der Wert erhöht. Er beträgt danach 4712. Das folgende *++i* erhöht ihn jetzt zunächst auf 4713 und gibt ihn erst danach aus. Entsprechend arbeiten *i--* und *--i*.

2.7 Zusammenfassung

- Java-Programme bestehen nur aus Klassen.
- Java ist *case-sensitive*. Das bedeutet, dass zwischen Groß- und Kleinschreibung unterschieden wird.
- Jede *Application* benötigt eine Funktion mit Namen *main*. Diese Funktion dient als Startpunkt für das Programm.

- Lokale Variablen müssen initialisiert werden, bevor man sie benutzen kann.
- In diesem Kapitel haben Sie Vergleichsoperatoren (<, >, <=, >=, ==, !=), logische Operatoren (!, &&, ||) und Inkrement- bzw. Dekrementoperatoren (++, --) kennen gelernt.
- Beachten Sie den Unterschied zwischen einer Zuweisung (*int x = 4711*) und einem Vergleich (*if(x == 4711)*)!
- Operatoren haben eine Rangfolge, die bestimmt, welche zuerst bearbeitet werden. Haben Operatoren die gleiche Rangfolge, wird von links nach rechts bewertet.
- Die Anweisung zur Programmverzweigung ist das *if*.
- Die *for*-Anweisung wird benutzt, um eine Schleife zu programmieren, wenn man im Voraus weiß, wie oft sie durchlaufen werden soll.

2.8 Übungen

Aufgabe 5

Schreiben Sie ein Programm, das die folgende Ausgabe liefert:

1	2	3	4	5
2	4	6	8	10
3	6	9	12	15
4	8	12	16	20
5	10	15	20	25
6	12	18	24	30
7	14	21	28	35
8	16	24	32	40
9	18	27	36	45
10	20	30	40	50

Benutzen Sie eine geschachtelte *for*-Schleife.

Aufgabe 6

Schreiben Sie ein Programm, das alle ungeraden Zahlen von 1 bis 10 addiert. Verwenden Sie dazu eine *for*-Schleife.

58 Einfache Klassen

Aufgabe 7

Schreiben Sie ein Programm, das die ganzen Zahlen von 1 bis 4 miteinander multipliziert. In der Mathematik heißt dieses Produkt Fakultät, geschrieben n!.
4! entspricht also 1*2*3*4 = 24.

Aufgabe 8

In dieser Aufgabe sollen Sie den Gebrauch des Modulo-Operators (%) üben. Schreiben Sie dazu ein Programm, das in einer *for*-Schleife insgesamt 100 Sternchen (*) hintereinander ausdruckt. Eine Integer-Variable *n* legt fest, dass nach 25 Zeichen ein Zeilenvorschub erfolgen soll.
Im Folgenden finden Sie zugehörige Bildschirmausgabe.

```
*************************
*************************
*************************
*************************
```

3 Weitere Kontrollstrukturen

Dieses Kapitel vermittelt Ihnen die noch fehlenden Bausteine für die wesentlichen Sprachelemente von Java. Dazu gehören die wichtigen Bedingungsschleifen, die Mehrfachverzweigung und Sprunganweisungen. Ein wichtiger Punkt sei gleich vorweggenommen: Java benutzt kein *goto*!

3.1 Bedingungsschleifen

Während bei Zählschleifen der Durchlauf vom Wert einer einzigen Ganzzahl-Variablen abhängt, werten die folgenden Schleifen jeden beliebigen Ausdruck aus, der einen logischen Wert *true* oder *false* liefert.

3.1.1 Die while-Schleife

Die *while*-Schleife ist eine Struktur, mit der man Programmteile so lange wiederholen kann, bis eine Bedingung nicht mehr zutrifft. Die allgemeine Form einer while-Anweisung sieht so aus:

while (*ausdruck*) {
    anweisungen
    ...
}

Der *ausdruck* wird bewertet. Ist er logisch wahr (*true*), werden die Anweisungen direkt hinter dem *while* ausgeführt. Ist der Ausdruck logisch falsch (*false*), wird die Programmausführung direkt hinter der schließenden Klammer weitergeführt. Wenn der *ausdruck* bereits beim ersten Mal falsch ist, wird die Schleife überhaupt nicht durchlaufen. Um sie zu verlassen, muss man innerhalb der Schleife dafür sorgen, dass irgendwann die Bedingung nicht mehr erfüllt ist. Sonst liegt eine Endlosschleife vor, und das Programm reagiert nicht mehr.

Eine übliche Technik, die Schleife zu beenden, sieht folgendermaßen aus:

```
...
  int x = 0;                                            //(1)
  while(x < 10) {
    System.out.println(x);
    x++;                                                //(2)
  }
...
```

(1) Vor Beginn der *while*-Schleife definiert man eine Variable und initialisiert sie so, dass das Programm beim ersten Mal in die Schleife hineinläuft. Dazu muss der Bedingungsausdruck *true* liefern.

(2) Am ihrem Ende sorgt man dafür, dass sich diese Variable ändert. Irgendwann muss sie einen Wert erreichen, der dafür sorgt, dass der Bedingungsausdruck nicht mehr wahr ist.

Das folgende Programm benutzt eine *while*-Schleife, um Zahlen zu addieren, beginnend ab einem eingegebenen Wert und fallend bis 0.

```
class BedSchl01 {
  public static void main(String[] args)
      throws java.io.IOException {                      //(1)
    int summe = 0, eingabe = 0;                         //(2)
    System.out.print("\nZifferntaste drücken >");
    eingabe = System.in.read();                         //(3)
    eingabe = Character.digit(
              (char)eingabe,10);                        //(4)
    while (eingabe > 0) {                               //(5)
      System.out.print(eingabe+" + ");                  //(6)
      summe = summe + eingabe;                          //(7)
      eingabe--;                                        //(8)
    }
    System.out.print(eingabe+" = "+summe);              //(9)
  }
}
```

Ein beispielhafter Programmlauf sieht folgendermaßen aus:

```
Zifferntaste dr3cken >7
7 + 6 + 5 + 4 + 3 + 2 + 1 + 0 = 28
```

Hier wurde bei der Eingabeaufforderung die Ziffer 7 eingetippt. Der Buchstabe ü wird von *System.out* fehlerhaft ausgegeben (siehe Kapitel 2.3.1).

(1) Hier steht zwischen der schließenden runden Klammer der Funktion und der öffnenden geschweiften Klammer des Funktionsblocks etwas Neues. Fehlt der Zusatz *throws java.io.IOException*, dann liefert der Compiler eine Fehlermeldung:

```
BedSchl01.java:6: unreported exception java.io.IOException;
must be caught or declared to be thrown
            eingabe = System.in.read();
                      ^
```

Ursache dieses Fehlers ist also die Anweisung in der Zeile 6, nämlich *System.in.read()* (siehe Marke ^). Weil dieser Aufruf potenziell Fehler erzeugen kann, muss die Java-VM wissen, wie in einem solchem Fall verfahren werden soll. Durch den Zusatz wird hier der mögliche Fehler nur deklariert, wie es die Meldung als Alternative vorsieht. Näheres zur Fehlerbehandlung folgt im Kapitel 3.5).

(2) Die Variable *summe* soll die Gesamtsumme aller Zahlen aufnehmen. Den eingegebenen Wert soll *eingabe* aufnehmen.

(3) Das Pendant zu *System.out*, dem Bildschirm, ist die Tastatur *System.in*. Ihre Funktion *read* liefert als Rückgabewert den Tastencode eines einzelnen Anschlages. Wird beispielsweise die Taste 0 gedrückt, dann lautet er 48 (siehe Anhang). Damit diese Anweisung abgeschlossen wird, muss ⏎ gedrückt werden.

(4) Wie bereits mehrfach erwähnt wurde, arbeitet Java nur mit Klassen. Eine kleine Ausnahme bilden die Basisdatentypen wie zum Beispiel *short*, *int*, *double*, *char* etc., die keine Klassen sind. Um dennoch die Vorteile von Klassen auch bei den einfachen Typen nutzen zu können, gibt es für jeden von ihnen eine so genannte Hüllklasse (engl. *wrapper class*). Mit Hilfe dieser *wrapper* kann man Methoden und Datenfelder für die einfachen Datentypen an ei-

nem gemeinsamen Ort zusammenfassen. So liefert *Character.digit* den numerischen Wert eines Zeichens im angegebenen Zahlensystem. Im ersten Parameter der Funktion wird das Zeichen *((char) eingabe)*, im zweiten das dezimale Zahlensystem (10) übergeben. Weil *read* den Code eines Zeichens liefert, muss hier der Cast *(char)* eingesetzt werden, um die Umwandlung ins entsprechende Zeichen zu erzwingen. Weitere Beispiele für *Character.digit* sind:

Aufruf	Rückgabe
Character.digit('1',2)	1
Character.digit('7',8)	7
Character.digit('A',16)	10

Weitere Erläuterungen zu den Hüllklassen finden Sie in Kapitel 4.4.

(5) Solange der Wert von *eingabe* größer als null ist, soll die Schleife weiter durchlaufen werden.
(6) Der aktuelle Wert wird gefolgt von einem Pluszeichen ausgegeben. So wird Zug um Zug die Ausgabezeile aufgebaut.
(7) Dem augenblicklichen Betrag von *summe* wird der jeweilige Wert von *eingabe* hinzuaddiert.
(8) Danach wird dieser durch den Inkrementoperator um eins reduziert. Diese beiden Anweisungen kann man auch zu einer zusammenfassen: *summe = summe + eingabe--* (siehe Kapitel 2.6).
(9) Nach Abschluss der Schleife wird der letzte Wert von *eingabe* und das Ergebnis der Addition an die Ausgabe angefügt.

3.1.2 Die do-Schleife

Die *do*-Schleife ist eng mit der *while*-Schleife verwandt. Der Unterschied zwischen den beiden besteht im Zeitpunkt der Prüfung, ob weitergemacht werden soll oder nicht. Bei *do* findet die Prüfung am Ende der Schleife statt; die Schleife wird daher mindestens einmal durchlaufen, während es bei der *while*-Schleife vorkommen kann, dass sie überhaupt nicht durchlaufen wird.

Die allgemeine Form einer *do*-Schleife sieht so aus:

do {
    anweisungen
    ...
} **while** (*ausdruck*);

Sehen Sie sich dazu das folgende Beispiel an.

```
class BedSch102 {
  public static void main(String[] args) {
    int i=0;
    do {
      System.out.print(i++ + " ");
    } while ( i <= 10);
    System.out.println();
  }
}
```

Die Programmausgabe lautet:

0 1 2 3 4 5 6 7 8 9 10

(1) *do* leitet die Schleife ein.
(2) Die Ausgabe der Variablen *i* ist mit einem Inkrementoperator gekoppelt. Sie dient gleichzeitig dazu, die Schleife nach einer bestimmten Anzahl von Durchläufen beenden zu können.
(3) Beachten Sie das Semikolon hinter *while*!

Die *do*-Schleife wird seltener benutzt als die *while*-Schleife. Sie wird hauptsächlich dann eingesetzt, wenn sichergestellt werden soll, dass die Anweisungen in der Schleife mindestens einmal ausgeführt werden.

3.2 Mehrfachverzweigungen

Die letzte Kontrollstruktur ist die *switch*-Anweisung. Sie hat ähnliche Aufgaben wie eine Reihe von *if*- und *else if*-Anweisungen, ist aber übersichtlicher. Die allgemeine Form einer *switch*-Anweisung sieht so aus:

switch (*ausdruck*) {
> **case** *konstante1*:
>> *anweisungen*
>>
>> ...
>>
>> **break;**
>
> **case** *konstante2*:
>> *anweisungen*
>>
>> ...
>>
>> **break;**
>
> ...
>
> ...
>
> **default:**
>> *anweisungen*
>>
>> ...

}

Zuerst wird der *ausdruck* hinter dem Schlüsselwort *switch* ausgewertet. Dabei muss der Typ dieses Ausdrucks *char, byte, short* oder *int* sein; ansonsten meldet der Compiler einen Fehler. Der ermittelte Wert wird dann mit jedem der konstanten Ausdrücke hinter den *case*-Anweisungen verglichen. Unter einem konstanten Ausdruck wird ein Ausdruck verstanden, den man zur Übersetzungszeit berechnen kann.

Wird ein passender Ausdruck gefunden, wird die Programmausführung an dieser Stelle fortgeführt und läuft bis zum Ende der *switch*-Anweisung oder bis zum nächsten *break*. Wenn kein Fall zutrifft, wird die Anweisung hinter dem *default* ausgeführt. Existiert auch keine *default*-Anweisung, wird das Programm hinter der letzten schließenden Klammer der *switch*-Anweisung fortgesetzt.

Beachten Sie, dass eine *break*-Anweisung am Ende eines *case* nicht nötig ist. Auf diese Weise kann man dafür sorgen, dass für mehrere Fälle die gleichen Anweisungen gelten.

Dazu das folgende Beispiel:

```
class Switch01 {
  public static void main(String[] args)
      throws java.io.IOException {
    System.out.print("Ziffer eingeben: ");
    int i = Character.digit(
           (char)System.in.read(),10);            //(1)
```

```
    switch(i) {                                    //(2)
      case 0:                                      //(3)
      case 2:
      case 4:
      case 2*3:                                    //(4)
      case 8:
        System.out.
          println("Gerade Zahl!");                 //(5)
        break;                                     //(6)
      case 1: case 3: case 5:                      //(7)
      case 7:
      case 9:
        System.out.println("Ungerade Zahl!");
        break;
      default:                                     //(8)
        System.out.println("Keine Ziffer!");
    }
  }
}
```

Sehen Sie sich dazu das Programmlisting im Detail an.

(1) In dieser Zeile liest das Programm den Integer-Wert ein, der untersucht werden soll. Im Unterschied zu *BedSchl01* erfolgt dies hier in einer einzigen Anweisung, indem die Rückgabe von *System.in.read* direkt als erster Parameter verwendet wird.

(2) Die *switch*-Anweisung vergleicht die Variable *i* mit den nun folgenden konstanten Ausdrücken, um zu ermitteln, welchen Wert *i* hat.

(3) Diese und die weiteren *case*-Anweisungen werden mit *i* verglichen. Hat *i* beispielsweise den Wert 2, verzweigt *switch* zu den Anweisungen hinter *case 2:*. Die nun folgenden *case*-Anweisungen werden überlesen, bis die Zeile (5) kommt.

(4) Statt *case 2*3:* hätte man normalerweise *case 6:* geschrieben. Die hier gewählt Schreibweise soll nur nochmals verdeutlichen, was in einer *switch*-Anweisung unter einem konstanten Ausdruck zu verstehen ist; nämlich ein Ausdruck, der zur Übersetzungszeit berechnet werden kann.

(5) Diese Zeile wird ausgeführt, wenn *i* entweder 0, 2, 4, 6 oder 8 ist.

(6) Die *break*-Anweisung unterbricht die Programmausführung und springt hinter die *switch*-Anweisung. Dieses *break* ist hier auch unbedingt nötig, da das Programm sonst in die nächsten *cases*

gelaufen wäre und auch noch den Text *Ungerade Zahl* ausgegeben hätte.
(7) In dieser Zeile wird demonstriert, dass man die *case*-Anweisungen auch innerhalb einer Zeile anordnen kann. Diese Schreibweise hat keine Auswirkungen auf den Programmfluss, sie kann das Programm aber vielleicht übersichtlicher machen.
(8) Das Schlüsselwort *default* ist nicht zwingend nötig. Es wird aber in vielen *switch*-Anweisungen eingesetzt, da man auf diese Weise sicher sein kann, dass auch Fälle behandelt werden, die man nicht explizit berücksichtigt hat.

Im folgenden Programm untersucht die *switch*-Struktur eine Zeichenvariable (*char*) auf ihren Inhalt und unterscheidet zwischen Ziffern, Satzzeichen und anderen Zeichen.

```
class Switch02 {
  public static void main(String[] args)
      throws java.io.IOException {
    System.out.print("Zeichen eingeben: ");
    char b = (char)System.in.read();
    switch(b) {                                      //(1)
      case '0': case '1': case '2': case '3':
      case '4': case '5': case '6': case '7':
      case '8': case '9':                            //(2)
        System.out.println("Ziffer!");
        break;
      case '.': case ',': case ';':
      case '?': case '!': case ':':
        System.out.println("Satzzeichen!");
        break;
      default:
        System.out.println(
          "Buchstabe/Sonderzeichen!");
    }
  }
}
```

(1) Die zu testende Variable enthält ein einzelnes Zeichen und hat den Typ *char*.
(2) Die Konstanten bei den *case*-Angaben müssen daher als Character-Literale angegeben werden, die bekanntlich zwischen Apostrophen stehen (siehe Kapitel 2.3.4).

3.3 Schleifen aussetzen

Die Schlüsselwörter *break* und *continue* ermöglichen es, Anweisungsblöcke zu verlassen. Eine Anwendung für das *break* haben Sie bereits in der *switch*-Anweisung kennen gelernt. Grundsätzlich kann man mit *break* die innerste *for-*, *while-*, *do-* oder *switch*-Anweisung verlassen. Ein Beispiel dafür finden Sie im nachstehenden Programm:

```
class Break01 {
  public static void main(String[] args) {
    for(int i = 1; i < 1000000; i++) {                //(1)
      System.out.println(i);
      if (i > 5)                                      //(2)
        break;
    }
  }
}
```

(1) Laut Anweisung soll diese Schleife eine Million Mal durchlaufen werde.
(2) Wenn *i* den Wert fünf überschreitet, wird das *break* ausgeführt. Die Verarbeitung springt hinter das Ende der *for*-Schleife. Wie Sie sehen, verwendet der *if*-Block keine geschweiften Klammern. Diese können immer dann auch bei Schleifen weggelassen werden, wenn nur eine einzige Anweisung auszuführen ist.

Die *break*-Anweisung erlaubt es, ohne großen programmtechnischen Aufwand aus einer Schleife zu springen. Das *break* ähnelt damit einem *goto*-Befehl aus anderen Programmiersprachen. Der Befehl *goto* steht übrigens in Java **nicht** zur Verfügung.

Im vorigen Programm haben wir gesehen, dass man mit *break* aus der innersten Schleife springen kann. Oft kommt es jedoch vor, dass man aus geschachtelten Schleifen herausspringen will. Mit einem einfachen *break* könnte das mühselig werden. Daher gibt es eine Variante, die aus beliebig tief geschachtelten Schleifen springen kann. Hierbei wird ein so genanntes *Label* benutzt, um anzuzeigen, wohin der Sprung gehen soll. Ein Label besteht aus einem Java-Bezeichner, an den ein Doppelpunkt gehängt ist:

MeinLabel:

Das nachfolgende Programm demonstriert die Verwendung eines Labels, um eine Schleife zu verlassen.

```
class Break02 {
  public static void main(String[] args) {
TestSchleife:                                              //(1)
    for(int i = 1; i < 1000000; i++) {
      for(int j = 1; j < 1000000; j++) {
        System.out.println(i + j);
        if (j > 5)
          break TestSchleife;                              //(2)
      }
    }                                                      //(3)
  }
}
```

(1) Das Label in dieser Zeile dient **nicht** als Sprungziel für das *break*. Vielmehr gibt das Label der folgenden Schleife einen Namen.
(2) Die *break*-Anweisung springt **hinter** die Schleife, die den Namen *TestSchleife* trägt.
(3) Das Programm wird hinter dieser Zeile fortgesetzt.

Der nächste Programmausschnitt verdeutlicht nochmals, wie eine *break*-Anweisung mit einem Label wirkt:

```
class Break03 {
  public static void main(String[] args) {
TestSchleife:                                              //(1)
    for(int i = 1; i < 3; i++) {
NochEinLabel:                                              //(2)
      for(int j = 1; j < 10; j++) {
        System.out.println(i + j);
        if (j > 2)
          break NochEinLabel;                              //(3)
      }                                                    //(4)
    }
  }
}
```

Das Programm liefert die folgende Ausgabe:

2
3
4
3
4
5

(1) Dieses Label benennt die äußere Schleife.
(2) Die innere Schleife hat das Label *NochEinLabel*.
(3) Die Anweisung *break* beendet hier die innere Schleife.
(4) Das Programm wird nach dieser Zeile fortgesetzt.

Die letzten Beispielprogramme in diesem Kapitel stellen Ihnen die Anweisung *continue* vor. Im Gegensatz zu *break* beendet *continue* die Schleife nicht, sondern überspringt die restlichen Anweisungen innerhalb der Schleife, um den nächsten Durchlauf zu starten.

```
class Cont01 {
   public static void main(String[] args) {
      int zahl = 12;
      while (zahl > 0) {                        //(1)
         zahl --;
         if(zahl % 3 == 0)                      //(2)
            continue;                           //(3)
         System.out.println("zahl = " + zahl);
      }
   }
}
```

Das Programm liefert folgende Ausgabe:

```
zahl = 11
zahl = 10
zahl = 8
zahl = 7
zahl = 5
zahl = 4
zahl = 2
zahl = 1
```

(1) Die Schleife soll so lange durchlaufen werden, wie *zahl* größer als 0

ist. Damit keine Endlosschleife entsteht, muss die Variable innerhalb der Schleife also reduziert werden.

(2) Diese Bedingung überprüft, ob die Variable *zahl* ohne Rest durch 3 teilbar ist.
(3) Die *continue*-Anweisung sorgt dafür, dass das Programme an das Ende der umgebenden Schleife springt und von da aus zu Zeile (1). Hier wird die Schleifenbedingung überprüft, und die Schleife läuft von da an weiter.

Die *continue*-Anweisungen können wie das *break* mit einem Label ergänzt werden. In diesem Fall geht die Programmkontrolle nicht an die umgebende Schleife, sondern an diejenige, die mit dem Label bezeichnet ist.

```
class Cont02 {
  public static void main (String[] args) {
Weiter:
  for (int i=1; i <= 10; i++) {
    int zahl = 12;
    while (zahl > 0) {
      zahl--;
      if(zahl % 3 == 0)
        continue Weiter;
      System.out.println("zahl = " + zahl);
    }
  }
  }
}
```

3.4 Fehler behandeln

Programmfehler sind in Java ebenfalls Objekte, das heißt, sie verfügen über Eigenschaften und Methoden. Grundsätzlich gibt es zwei verschiedene «Familien» von Fehlern:

Exception ist ein «normale» Fehler, der vom Programm noch kontrolliert werden kann.

Error ist ein abnormer Fehler, der nicht auftreten sollte und vom Programm auch nicht kontrolliert werden kann.

Java-Programme können nur mit *Exceptions* arbeiten. Dieses Kapitel soll nur einen Überblick über die Fehlerbehandlung in Java liefern und dabei den Einsatz von *try*- und *catch*-Blöcken erläutern. Mehr zur Fehlerbehandlung, insbesondere wie man spezielle Fehlertypen behandeln kann, lernen Sie im Kapitel 3.5.2 kennen.

3.4.1 Fehler deklarieren

Die folgenden beiden kleinen Programme bringen zwei unterschiedliche Arten von Exceptions ins Spiel.

Kontrollierte Fehler
Das erste Programm soll einen Tastaturanschlag einlesen und den Zeichencode wieder ausgeben (siehe auch Kapitel 3.1.1).

```
class Ex01 {
  public static void main(String[] args) {
    int tastenCode;
    tastenCode = System.in.read();
    System.out.println(tastenCode);
  }
}
```

Obwohl dieses Programm fehlerfrei erscheint, gibt der Compiler die folgende Fehlermeldung aus:

```
Ex01.java:4: unreported exception java.io.IOException; must be
caught or declared to be thrown
            tastenCode = System.in.read();
                         ^
```

Die Ursache liegt in der Deklaration der Methode *read*:

*public int read()**throws IOException***

Sie gibt eine so genannte *checked Exception* an. Das bedeutet, dass innerhalb der Methode *read* direkt oder indirekt ein Fehler der angegebenen Klasse *IOException* auftreten kann. Das sind Fehler, die bei Ein- und Ausgabeoperationen auftreten, zum Beispiel Lesefehler, unerwartetes Dateiende usw. Solche kontrollierten Fehler müssen bei Java entweder von den aufrufenden Funktionen behandelt oder deklariert werden.

Laufzeitfehler

Das nächste Programm soll Zahlen, die als Zeichenketten vorliegen, in numerische Typen umwandeln. Dies ist auch dann immer erforderlich, wenn Zahlen einem Programm beim Aufruf oder per Dialog eingegeben werden.

```
class Ex02 {
  public static void main (String[] args)  {
    String s1 = "12", s2 = "5", s3 = "x";                //(1)
    int zahl1, zahl2, zahl3;
    zahl1 = Integer.parseInt(s1);                         //(2)
    zahl2 = Integer.parseInt(s2);
    zahl3 = Integer.parseInt(s3);
  }
}
```

(1) Hier werden drei Zeichenketten definiert. Ihr Typ ist *String*. Nur zwei enthalten jedoch eine Zahl.

(2) Damit der Wert in einer Variablen vom Typ *int* gespeichert werden kann, muss sein Typ umgewandelt werden. Dies erledigen Funktionen der bereits erwähnten Hüllklassen. Mittels *Integer.parseInt* wird aus der Zeichenkette *s1* eine *int*-Zahl, die zurückgegeben wird. Das klappt natürlich nur, wenn die Zeichenkette ausschließlich aus Ziffern besteht und nicht, wie bei *s3*, Buchstaben enthält.

Der Compiler meldet diesmal keine Probleme. Erst zur Laufzeit tritt ein Fehler mit folgender Meldung auf:

```
Exception in thread "main" java.lang.NumberFormatException: x
    at java.lang.Integer.parseInt(Integer.java:405)
    at java.lang.Integer.parseInt(Integer.java:454)
    at Ex02.main(Ex02.java:7)
```

Diese Meldung besagt, dass ein Fehler vom Typ *java.lang.NumberFormatException* aufgetreten ist und vom Buchstaben *x* hervorgerufen wurde. Im Quellcode ist dies in Zeile 405 der Datei *Integer.java* passiert, innerhalb der Funktion *java.lang.Integer.parseInt*. Aufgerufen wurde diese Stelle in der Zeile 454 der gleichen Quellcodedatei. Diese wurde wiederum in der Zeile 7 der Datei *Ex02.java* innerhalb der Funktion *main* aufgerufen. Diese Aufruffolge wird *Stacktrace* genannt.

Dieser Fehler wird erst zur Laufzeit entdeckt, da *s3* einen Buchstaben enthält und erst jetzt auf Ziffern untersucht wird. Die Klasse *NumberFormatException* gehört zur «Familie» *RuntimeException*. Diese und alle Mitglieder definieren keine *checked Exceptions*. Sie müssen im Programm weder von den Funktionen deklariert noch behandelt werden, wenn sie solche Fehler produzieren können. Diese Fehler können entweder durch logische Prüfungen, aber bei Bedarf auch durch Fehlerbehandlung vermieden werden.

Fehlerdeklaration
Jede Methode muss bei Java durch *throws* alle Fehlerklassen angeben, deren Objekte auftreten können. Dabei ist es egal, ob sie in der Methode direkt oder in den von ihr aufgerufenen Methoden erzeugt werden. Jede weitere Methode, die diese dann aufruft, muss die Fehler dann ebenfalls deklarieren oder sie behandeln.
Deshalb verlangt der Compiler für die Klasse *Ex03* die folgende Deklaration:

```
class Ex03 {
  public static void main(String[] args)
          throws java.io.IOException {              //(1)
    int tastenCode;
    tastenCode = System.in.read();
    System.out.println(tastenCode);
  }
}
```

(1) Da *main* die Methode *read* aufruft, deren Deklaration den Zusatz *throws java.io.IOException* enthält, und sie den Fehler nicht behandelt, wird er bei der Funktionsdefinition nach der Parameterliste durch *throws* erneut deklariert. Er wird also durch die Funktion quasi zur weiteren Entscheidung an die aufrufende Stelle weitergereicht. Das ist in diesem Fall die VM, die beim Auftreten von Fehlerobjekten immer das Programm abbrechen und die Fehlermeldung sowie den *Stacktrace* ausgeben wird.

3.4.2 Fehler behandeln

Als Alternative zur Deklaration bietet der Compiler ... *must be caught* an. Damit ist die Bearbeitung der Fehler durch Kombination von einem *try* mit einem oder mehreren *catch*-Codeblöcken gemeint. Das folgende Programm reagiert auf den Laufzeitfehler des Programms *Ex02*.

```
class Ex04 {
  public static void main (String[] args)  {
    String s1 = "12", s2 = "5", s3 = "x";
    int zahl1 , zahl2, zahl3;
    zahl1 = zahl2 = zahl3 = 0;
    try {                                             //(1)
      zahl1 = Integer.parseInt(s1);
      zahl2 = Integer.parseInt(s2);
      zahl3 = Integer.parseInt(s3);
    }
    catch (
      java.lang.NumberFormatException e) {            //(2)
      System.out.println("Uups");                     //(3)
    }
    System.out.println(zahl1 * zahl2);                //(4)
    System.out.println(zahl1 + zahl3);
  }
}
```

Die Ausgabe besteht aus den drei Zeilen:

Uups
60
12

(1) Das Schlüsselwort *try* leitet einen Block ein, der durch die geschweiften Klammern begrenzt wird. Er legt den Programmbereich fest, der überwacht wird und für den die ihm noch folgenden Fehlerroutinen zuständig sind. Fehler, die in diesem Block auftreten können, müssen jetzt nicht mehr zwingend durch *throws* deklariert werden.

(2) Sofort hinter dem *try*-Block muss mindestens ein *catch*-Block folgen. Dieser definiert die Programmanweisungen für Fehler eines bestimmten Typs. Ein einziger Parameter wird an diesen Block übergeben: ein Fehlerobjekt. Durch Angabe des Fehlerklasse wird nicht nur der Typ des Parameters deklariert, sondern auch festgelegt, für welche Fehler dieser Block zuständig ist. Er wird aufgeru-

fen, wenn das aktuelle Fehlerobjekt zur angegebenen «Familie» gehört. Mehr dazu erläutert das Kapitel 5.5.

(3) Innerhalb eines *catch*-Blocks kann jeder gültige Java-Code stehen. Dadurch kann man versuchen, den Fehler zu beheben, oder, wie hier, Meldungen ausgeben. Dies sollte beispielsweise mittels *System.err.println* auf der Standardfehlerausgabe *err* erfolgen. Das ist normalerweise auch der Bildschirm. Der Datenstrom *err* kann aber auch beispielsweise in eine Datei umgeleitet werden.

(4) Nachdem ein *catch*-Block durchlaufen wurde, wird die Programmausführung am Ende aller eventuell noch vorhandenen *catch*-Blöcke fortgesetzt.

Wenn einem *try*-Block mehrere *catch*-Blöcke folgen, dann ist ihre Reihenfolge besonders wichtig. Es wird nämlich Block für Block der Reihe nach geprüft, ob ihm aufgrund der angegebenen Fehlerklasse das Objekt übergeben werden kann. Der erste passende *catch*-Block wird dann ausgeführt.

> *Hinweis*:
> Fehlerbehandlungen können auch verschachtelt werden. Innerhalb eines *try*- oder eines *catch*-Blocks darf wieder eine **vollständige Kombination** aus *try* und *catch* verwendet werden.

finally
Fehlerbehandlungen haben in anderen Programmiersprachen oft den Nachteil, dass der gleiche Code mehrfach geschrieben werden muss. Dies ist beispielsweise dann der Fall, wenn die gleichen Aktionen sowohl im Normalfall als auch bei aufgetretenen Fehlern durchgeführt werden müssen, wie beispielsweise das Schließen von Dateien.

Java bietet zusätzlich zu den *catch*-Blöcken den *finally*-Block. Dieser wird in jedem Fall ausgeführt, und zwar unabhängig von auftretenden Fehlern. In diesem Block werden typischerweise Dateien geschlossen.

Ein Beispiel:

```
...
   try {
   }
   catch (java.lang.NumberFormatException e1) {
   }
   ...
   catch (java.lang.Exception e2) {
   }
   finally {
     if (pStr != null) {
       System.out.println("Closing PrintStream");
       pStr.close();
     } else {
       System.out.println("PrintStream not open");
     }
   }
...
```

Der *finally*-Block wird in jedem Fall durchlaufen, egal ob ein Fehler auftritt oder nicht. Er wird sogar auch dann durchlaufen, wenn im *try*-Block eine *return*-Anweisung auftritt. Erst nach Abschluss von *finally* wird vom *return* zur aufrufenden Stelle zurückgekehrt.

3.5 Zusammenfassung

- Die *while*-Schleife ist eine so genannte kopfgesteuerte Schleife. Da hier die Überprüfung, ob die Schleife fortgesetzt werden soll, zu Beginn steht, kann es vorkommen, dass sie kein einziges Mal durchlaufen wird.
- Die *do*-Schleife ist fußgesteuert. Sie wird mindestens einmal durchlaufen.
- Die *switch*-Anweisung kann Ausdrücke vom Typ *char*, *byte*, *short*, oder *int* auswerten. Als Alternative zum *switch* kann man auch eine Reihe von *else if* benutzen, um verschiedene Bedingungen abzuprüfen. Eine *else if*-Konstruktion ist jedoch meist langsamer als ein *switch*.
- Label können benutzt werden, um mit *break* oder *continue* aus geschachtelten Schleifen zu springen.

- Java kennt keinen *goto*-Befehl.
- Java kennt normale Fehlerklassen, die *Exceptions*, und anormale, die *Errors*. Nur *Exceptions* werden von Anwendungen eingesetzt.
- Auftretende Fehler müssen entweder durch *throws* von den Methoden deklariert oder durch *try*- und *catch*-Blöcke behandelt werden.
- Die Fehlerüberwachung erfolgt im *try*-Block, die -behandlung in *catch*-Blöcken.
- Den *catch*-Blöcken kann ein *finally*-Block folgen, der in jedem Fall als letzter ausgeführt wird.

3.6 Übungen

Aufgabe 9

Wie oft wird der Text *Hallo Welt* von folgendem Programm gedruckt?

```
class Aufgabe9 {
  public static void main(String[] args) {
    long x1=5, x2=4 ;
    while ( x1 <= 10 && x2 % 3 != 0) {
      System.out.println("Hallo Welt");
      x1++;
      x2++;
    }
  }
}
```

Aufgabe 10

Notieren Sie die folgenden Aussagen als Bedingung für eine *while*-Schleife.

a) Solange *summe* ungleich 24
b) Solange *zahl* größer oder gleich *x*
c) Solange *x* minus *y* ungleich 234
d) Solange der Rest von *a* durch *b* ungleich 0

Aufgabe 11

Schreiben Sie ein Programm mit einer Funktion namens *zeigeTage*, die am

Bildschirm ausgibt, wie viel Tage ein Monat hat. Als Parameter erwartet sie zuerst den Monat (1–12), dann das Jahr. Das Jahr wird vierstellig eingegeben. Testen Sie die Funktion innerhalb von *main* durch folgende Aufrufe:

```
zeigeTage(7, 1999);
zeigeTage(12, 2000);
zeigeTage(2, 1999);
zeigeTage(2, 2000);
```

Zur Berechnung des Schaltjahres gilt folgende Regel: Ein Schaltjahr (ein Jahr, in dem der Februar 29 Tage hat) ist jedes Jahr, das sich ohne Rest durch 4 teilen lässt. Eine Ausnahme sind Jahre, die sich ohne Rest durch 100 teilen lassen. Als weitere Ausnahme gilt die Regel, dass ein Jahr, das durch 100 glatt teilbar ist, dennoch ein Schaltjahr ist, wenn es glatt durch 400 teilbar ist. Diese Regel bewirkt, dass z. B. 1900 kein Schaltjahr ist, dafür aber das Jahr 2000.
Benutzen Sie eine *switch*-Anweisung, um diese Regel zu programmieren. Überprüfen Sie außerdem, ob bei der Eingabe ein gültiger Wert für den Monat eingegeben wurde.

Aufgabe 12

Verändern Sie das Programm *Switch02* (siehe Kapitel 3.3), indem Sie die *throws*-Anweisung entfernen und dafür einen *try*- und *catch*-Block angeben. Im Fehlerfall soll das Programm mit einer Fehlermeldung beendet werden.
Tipp: Denken Sie daran, dass alle Funktionen mittels *return* verlassen werden können.

4 Datenklassen

Neben Zahlen, Zeichen und logischen Werten müssen Programme auch mit anderen Daten arbeiten können, die wir Menschen im Alltag verwenden. Da gibt es beispielsweise Zeichenketten, mit denen so manche Programmiersprache ihre Probleme hat. Datumsangaben sind spätestens seit dem Jahrtausendwechsel als beachtenswerter Datentyp erkannt worden. Außerdem gilt es immer wieder mit unterschiedlichen Listen zu arbeiten. Für all diese besonderen Typen definiert Java Klassen, deren Eigenschaften und Methoden dem Programmierer helfen, solche Daten zu verwalten und zu manipulieren. Sogar für die «primitiven» Typen stellt Java zusätzlich Klassen bereit, die so genannten Hüllklassen (engl. wrapper classes).

4.1 Arrays

Stellen Sie sich vor, Sie müssten die Temperaturen für jeden Tag eines Monats speichern. Mit den Techniken, die Sie bisher kennen gelernt haben, hätten Sie nur die Möglichkeit, für jeden Tag eine Variable anzulegen, beispielsweise *april1*, *april2* usw. Abgesehen von der anfallenden Schreibarbeit wäre so etwas auch recht ungeeignet, wenn man beispielsweise die Durchschnittstemperatur für den Monat errechnen will: *(april1+april2+...+april30)/30*. Für jeden Monat müsste eine neue Formel angegeben werden. Die Lösung für solche Problemstellungen liefern Felder (engl. array). Ein Feld ist eine Sammlung von Daten ein und desselben Typs, die man unter einem gemeinsamen Namen ansprechen kann. Das folgende Beispiel zeigt, wie man ein Feld deklariert.

```
double temperatur[];
```

Die eckigen Klammern hinter dem Variablennamen *temperatur* weisen darauf hin, dass es sich hier um ein Feld mit einer unbestimmten Anzahl Daten handelt. Eine alternative – und für Java bessere Schreibweise – setzt die eckigen Klammern hinter den Variablentyp.

```
double[] temperatur;
```

Dies ist für Java auch die gebräuchlichere Form, denn sie macht deutlich, dass *temperatur* der Name und *double[]* der Typ ist, nämlich ein *double*-Array (*double[]*). Die zuerst genannte Schreibweise lässt «unverbesserliche» C++-Programmierer erkennen.
Felder sind bei Java auch Objekte. Als solche müssen sie erzeugt werden, bevor Daten gespeichert werden können. Das geschieht zum Beispiel mit der folgenden Zeile:

```
temperatur = new double[31];
```

Man kann die beiden Zeilen auch zu einer zusammenfassen:

```
double[] temperatur = new double[31];
```

Jedes Mal wird ein Feld für 31 Fließkommazahlen erzeugt. Die Anzahl der Elemente des Feldes ist damit festgelegt und kann sich nicht mehr ändern! Um im Programm auf die einzelnen Werte zuzugreifen, setzt man den Index in eckigen Klammern hinter den Namen der Variablen. Die Temperatur des vierten Tages wird dabei mit

```
temperatur[3] = 33.2;
```

gespeichert. Trotz der *[3]* wird der vierte Wert belegt, denn Java beginnt beim Index mit dem Wert 0. Das bedeutet, dass unser Beispielfeld von *temperatur[0]* bis *temperatur[30]* läuft.
Falls Sie vorher bereits mit C bzw. C++ programmiert haben, werden Sie eines besonders schätzen lernen: Java überprüft beim Zugriff auf ein Feld die Feldgrenzen! Das bedeutet, dass Sie zum Beispiel nicht *temperatur[99]* benutzen können, wenn das Feld nur 31 Komponenten enthält. Bei solchen Anweisungen bricht ein Java-Programm mit einer Meldung ab, die diesen Fehler anzeigt:

```
java.lang.ArrayIndexOutOfBoundsException
```

Dies ist für C/C++-Programmierer ungewohnt, denn sie mussten selbst darauf achten, dass Feldgrenzen nicht überschritten werden. Java demonstriert hiermit, dass bei der Entwicklung in erster Linie auf Sicherheit geachtet wurde.

Nun aber zum ersten Beispiel für Felder.

```
import java.util.Arrays;                              //(1)

class Array01 {
  public static void main(String[] args) {
    final int ANZAHL_TAGE = 31;                       //(2)
    double[] temperatur;                              //(3)
    temperatur = new double[ANZAHL_TAGE];             //(4)
    System.out.println(temperatur.length);            //(5)
    Arrays.fill(temperatur,0.0);                      //(6)
    temperatur[0] = 25.0;                             //(7)
    temperatur[1] = 33.2;
    temperatur[30] = 18.7;                            //(8)
    System.out.println(temperatur[3]);                //(9)
  }
}
```

Die zwei Ausgabeanweisungen produzieren die folgende Bildschirmanzeige:

31
0.0

(1) Diese Zeile ist notwendig, damit die Anweisung in (6) keinen Fehler produziert. Durch die *import*-Klausel wird der vollständige Name einer Klasse angegeben und damit auch, wo Compiler und VM diese finden können. Näheres dazu erläutert Kapitel 6. Eine oder mehrere *import*-Anweisungen dürfen außerhalb der Klasse angegeben werden.

(2) Diese Zeile hat zwar nicht direkt etwas mit Feldern zu tun, wird aber oft auch in diesem Zusammenhang verwendet. Mit der Variablen ANZAHL_TAGE soll die Größe des Feldes *temperatur* festgelegt werden. Durch das Schlüsselwort *final* darf die Variable im Programm nicht mehr geändert werden. Der Versuch, eine *final*-Variable zu verändern, wie beispielsweise

```
ANZAHL_TAGE = 28;
```

resultiert in einer Fehlermeldung. Sie haben somit eine Konstante deklariert. Es ist üblich, die Namen solcher Konstanten komplett groß zu schreiben. Neben Variablen kann man auch Klassen und Methoden als *final* kennzeichnen.

(3) Ein Feld von *double*-Variablen mit Namen *temperatur* wird deklariert. Das Array wird dadurch jedoch noch nicht erzeugt.

(4) Hier wird es angelegt. Dabei wird Speicher für 31 Variablen bereitgestellt.

(5) Da Felder Objekte sind, haben sie auch Methoden und Datenfelder. Eines dieser Datenfelder heißt *length*. Es enthält die Größe des Feldes, das heißt die Anzahl der möglichen Elemente in diesem Array. Mit *temperatur.length* wissen Sie also, wie viel Temperaturen gespeichert werden können.

(6) Die Klasse *Arrays*, genauer *java.util.Arrays* (siehe *import*) stellt eine Methode bereit, mit der alle Elemente eines Feldes einfach initialisiert werden können. Durch *Arrays.fill* werden alle Elemente des im ersten Parameter angegebenen Arrays mit dem zweiten Wert gefüllt.

(7) Die Initialisierung eines Elementes des Feldes erfolgt über den Index, der in eckigen Klammern steht. Sein niedrigster Wert ist 0.

(8) Der höchste erlaubte Index ist immer *length – 1*. Das entspricht hier der 30.

(9) Auch das Auslesen eines Feldwertes erfolgt per Index. Wie die Ausgabe hier zeigt, ist der Wert durch *fill* korrekt initialisiert worden.

Im nächsten Programm wird eine andere Technik vorgestellt, um Felder mit Werten zu initialisieren.

```
import java.util.Arrays;

class Array02 {
  public static void main(String[] args) {
    int[] beispiel = { 23,9,7,43,92,9,12 };      //(1)
    System.out.println(beispiel[0]);             //(2)
    System.out.println(beispiel[6]);
    Arrays.sort(beispiel);                       //(3)
    System.out.println(beispiel[0]);             //(4)
    System.out.println(beispiel[6]);
```

```
    }
}
```

Wenn Sie das Programm starten, erscheint folgendes Ergebnis:

```
23
12
7
92
```

(1) In dieser Zeile werden zwei Fliegen mit einer Klappe erschlagen. Als Erstes erzeugt diese Anweisung ein Objekt mit 7 Elementen, ohne dass man den Befehl *new* explizit angeben muss. Und zweitens werden die Werte direkt zugewiesen.
(2) Die beiden Ausgabeanweisungen bestätigen dies. Offensichtlich sind die Werte in genau der aufgeführten Reihenfolge gespeichert worden.
(3) Die Methode *sort* der Klasse *java.util.Arrays* ordnet die Zahlen in steigender Reihenfolge im Feld an.
(4) Unter dem kleinsten Index ist danach also der kleinste Wert verfügbar.

4.2 Zeichenketten

Zeichenketten (engl. string) sind in Java Objekte und weder Variablen, noch Felder, wie dies in anderen Sprachen oft der Fall ist. Was können Sie sich nun unter einem Objekt vorstellen?
Die Antwort darauf klingt recht einfach: Ein Objekt ist ein besonderer Speicherbereich im Programm, der Daten und Funktionen enthält. Der Aufbau wird durch seinen Bauplan bestimmt, der Klassendefinition. Die Details dazu behandelt das Kapitel 5.
Bei der Arbeit mit Zeichenketten muss man berücksichtigen, dass es zwei unterschiedliche Klassen von Strings gibt. Als Erstes verfügt Java über eine Klasse mit Namen *String*. Objekte dieser Klasse sind nur mit Einschränkung veränderbar und stellen Zeichenketten mit fester Länge dar. Die zweite Klasse heißt *StringBuffer*. Diese Zeichenketten können zur Laufzeit des Programms verkürzt oder verlängert werden und verfügen über viele Methoden zur Textbearbeitung.

4.2.1 Die Klasse String

Das Programm *Text01* stellt einige Techniken vor, die beim Arbeiten mit der Klasse *String* benutzt werden können.

```
class Text01 {
  public static void main(String[] args) {
    String nachname = "Schmitz";                    //(1)
    String vorname = new String("Peter");           //(2)
    System.out.println(vorname + ", "
            + nachname);                            //(3)
    String meinName = "";                           //(4)
    meinName = meinName.concat("Name = ");          //(5)
    meinName = meinName.concat(vorname);
    meinName = meinName.concat(" ");
    meinName = meinName.concat(nachname);
    System.out.println(meinName);
    System.out.println(meinName.length());          //(6)
  }
}
```

Das Programm liefert diese Ausgabe:

```
Peter, Schmitz
Name = Peter Schmitz
20
```

(1) Diese Zeile ähnelt einer Variablendefinition. Statt eines Datentyps steht hier jedoch ein Klassenname. Dadurch wird eine so genannte Referenz definiert. Hier ist *nachname* eine Referenz auf Objekte der Klasse *String*. Sie enthält nicht das Objekt selbst, sondern nur die Adresse, wo es sich im Arbeitsspeicher befindet. Initialisiert wird *nachname* mit einem Zeichenkettenliteral, das bei Java von Anführungszeichen (") eingeschlossen wird. Auch diese konstanten Zeichenketten werden vom Compiler als Objekte der Klasse *String* angelegt. In *nachname* wird hier also die Adresse der vorhandenen konstanten Zeichenkette gespeichert.

(2) Diese Anweisung bewirkt fast genau das Gleiche. Sie definiert ebenfalls eine Referenz auf ein Objekt vom Typ *String*. Allerdings wird *vorname* mit einem neuen initialisiert. Dies wird durch das Schlüsselwort *new* zusammen mit der Funktion *String*() erzeugt.

Diese Funktionen, die immer den Namen der Klasse tragen und Objekte erzeugen, heißen Konstruktoren (siehe Kapitel 5.3). Das neu erzeugte Objekt übernimmt als Zeichenkette eine Kopie des konstanten *String*-Literals, das der Funktion als Parameter übergeben wird. Weil diese Anweisung zusätzlich zu dem Literal eine überflüssige Kopie mit gleichem Inhalt erstellt, ist die vorherige Methode effektiver und sollte bevorzugt werden, wenn *String*-Objekte mit Literalen initialisiert werden.

(3) Wenn man es genau nimmt, wird in dieser Zeile ebenfalls ein weiteres Objekt zusätzlich zu den beiden Referenzen *vorname* und *nachname* und dem Literal ", " erzeugt. Das geschieht hier durch das Verknüpfungszeichen (+).

(4) Durch Zuweisung von zwei Anführungszeichen wird ein *Leerstring*-Objekt erzeugt.

(5) In dieser und den folgenden Zeilen wird die Methode *concat* benutzt, um eine Zeichenkette mit einer anderen zu verknüpfen. Sie erzeugt ein neues Objekt, dessen Inhalt aus dem des alten, *meinName*, und dem Funktionsparameter besteht.

(6) Die letzte Methode der Zeichenkettenklasse, die in diesem Beispiel vorgestellt wird, ist die Methode *length*. Sie ermittelt die Anzahl Zeichen, also die Länge, der Zeichenkette.

Die weiteren Methoden, die für *String*-Objekte aufgerufen werden können, ermöglichen hauptsächlich Zeichenkettenvergleiche. Es gibt aber auch solche, die Teilketten bilden oder Zeichen umwandeln. Diese erzeugen in jedem Fall immer ein neues Objekt. Das Original wird nicht manipuliert. Das folgende Beispielprogramm zeigt mit Hilfe der Ausgabeanweisung *System.out.println* die Ergebnisse der wichtigsten *String*-Methoden an.

```
class Text02 {
  public static void main (String[] args) {
    String text1 = "Text fürs Testen";
    String text2 = new String("text fürs testen");
    System.out.println(text1.charAt(3));              //(1)
    System.out.println(
      text1.endsWith("Testen"));                      //(2)
    System.out.println(
      text1.endsWith("testen"));
    System.out.println(
```

86 Datenklassen

```
            text1.startsWith("T"));                    //(3)
    System.out.println(
            text1.equals(text2));                      //(4)
    System.out.println(
            text1.equalsIgnoreCase(text2));            //(5)
    System.out.println(
            text1.compareTo(text2));                   //(6)
    System.out.println(
            text1.regionMatches(true,10,
                text1,13,2));                          //(7)
    System.out.println(
            text1.replace('e','E'));                   //(8)
    System.out.println(
            text1.indexOf("t"));                       //(9)
    System.out.println(
            text1.lastIndexOf("te"));                  //(10)
    System.out.println(
            text1.lastIndexOf('t'));
    System.out.println(
            text1.lastIndexOf("t",4));
    System.out.println(
            text1.substring(3,7));                     //(11)
    System.out.println(text2.trim());                  //(12)
    System.out.println(
            text1.toUpperCase());                      //(13)
    }
}
```

Das Resultat dieser 16 Ausgaben sieht folgendermaßen aus:

```
t
true
false
true
false
true
-32
true
TExt fürs TEstEn
3
13
13
3
t fü
```

```
text fürs testen
TEXT FÜRS TESTEN
```

> *Hinweis:*
> Wenn die Umlaute nicht korrekt dargestellt werden, dann prüfen Sie, ob Ihr Programmeditor einen anderen Zeichensatz als das Eingabeaufforderungsfenster unter Windows benutzt. Die Konsolenausgabe über *System.out* gibt außerdem nur Bytes statt 16-Bit-Zeichen aus. Die obigen Zeilen geben jedoch die wahren Ergebnisse wieder.

Im Einzelnen arbeiten die in *Text02.java* verwendeten Methoden folgendermaßen:

(1) Mit Hilfe von *charAt* können Sie feststellen, welches Zeichen an einer bestimmten Stelle des Strings steht. Dazu geben Sie die abzufragende Position als Parameter der Methode an, wobei die Zählung mit 0 beginnt. Bei negativen Werten und solchen, die größer als die Zeichenkettenlänge sind, tritt ein Fehler auf.

(2) Die Methode *endsWith* prüft, ob das Objekt auf die im Parameter angegebene Zeichenkette endet. Dabei wird exakt die Schreibweise beachtet, weshalb bei der nächsten Anweisung auch *false* angezeigt wird.

(3) Durch *startsWith* können Sie den Parameter mit den Anfangszeichen des Strings vergleichen. Auch wenn Sie, wie hier, nur einen einzigen Buchstaben zum Vergleich verwenden, müssen Sie ihn als Zeichenkette angeben, also in Anführungszeichen (") und nicht in Apostrophe (') setzen. Das gilt natürlich auch für *endsWith*. Die Methode *startsWith* kann übrigens auch mit einem zusätzlichen Parameter aufgerufen werden, der festlegt, bei welchem Zeichen mit dem Vergleich begonnen werden soll.

(4) Zwei Zeichenketten werden unter Beachtung der Groß-/Kleinschreibung miteinander verglichen, indem Sie für eine von ihnen die Methode *equals* aufrufen und dabei die zweite als Parameter angeben. Verwenden Sie niemals den Vergleichsoperator == (siehe Kapitel 2.5.1), denn dadurch wird überprüft, ob es sich um das gleiche Objekt handelt. Sie können die beiden Referenzen *text1* und *text2* mit zwei Karteikarten aus einer Bibliothek vergleichen. Durch

den Vergleichsoperator == wird dann festgestellt, ob sie zum selben Buchexemplar gehören, während *equals* prüft, ob die entsprechenden Bücher inhaltlich gleich sind. Wenn das doppelte Gleichheitszeichen *true* liefert, gilt das natürlich auch für *equals*, jedoch nicht umgekehrt.

(5) Für die Methode *equalsIgnoreCase* gilt das Gleiche, jedoch wird beim Vergleich die Schreibweise nicht beachtet.

(6) Mit Hilfe von *compareTo* können Sie auch zwei Zeichenketten miteinander vergleichen. Das Ergebnis ist kein logischer, sondern ein numerischer Wert. Dadurch erhalten Sie nicht nur die Information, ob die Strings gleich sind, sondern bei Unterschieden auch, wie groß er ist. Die Zahl 0 bedeutet Übereinstimmung, und positive Werte zeigen an, dass das Objekt in der lexikalischen Sortierfolge dem Parameter folgt. Die −32 kommt hier folgendermaßen zustande: Im Zeichensatz folgen die Kleinbuchstaben den Großbuchstaben, also ist der jeweilige Anfangsbuchstabe *t* größer als *T*, und zwar unterscheiden sich die Codewerte genau um den Betrag 32. Das Minuszeichen zeigt an, dass *text2* größer ist als *text1*.

(7) Wenn Sie nicht ganze Zeichenketten miteinander vergleichen müssen, sondern nur feststellen wollen, ob sie ein und dieselbe gleiche Zeichenfolge enthalten, verwenden Sie *regionMatches*. Die Parameter dieser Methode bedeuten der Reihe nach: Groß-/Kleinschreibung missachten, Startposition des Vergleichs im Objekt, die zu vergleichende Zeichenkette, Startposition im Parameter für den Vergleich und Anzahl zu vergleichender Zeichen. Hier werden also 2 Zeichen in *text1* ab Position 10 mit *text1* selbst ab Position 13 ohne Beachtung der Schreibweise verglichen. Den ersten Parameter können Sie auch weglassen. Die Funktion vergleicht dann die exakte Schreibweise.

(8) Ein automatisches Suchen und Ersetzen für einzelne Zeichen ermöglicht die Methode *replace*. Normalerweise ist das Ergebnis ein neues Objekt, bei dem das erste gegen das zweite Zeichen ausgetauscht worden ist. Wenn jedoch kein Zeichen für den Tauschvorgang gefunden wurde, dann gibt die Funktion das Original zurück.

(9) Sie haben die Möglichkeit, mit Hilfe von *indexOf* festzustellen, ob und an welcher Stelle ein bestimmtes Zeichen im String vorkommt. Die Suche beginnt dabei an der Position 0, also beim ersten Zeichen. Wenn Sie an einer anderen Stelle starten wollen, dann geben Sie den gewünschten Wert als weiteren Parameter an.

(10) Auch *lastIndexOf* liefert die Position einer gesuchten Zeichenkette vom Anfang der Zeichenkette gezählt. Allerdings beginnt die Suche beim String-Ende oder an der Stelle, die durch den zweiten Parameter festgelegt wird. Diese wird auch wieder von vorn berechnet. Beide Methoden, *lastIndexOf* und *indexOf* arbeiten sowohl mit *String*-Objekten als auch einzelnen Zeichen (*char*) als Suchargument.

(11) Während *charAt* nur ein einzelnes Zeichen aus dem String liefert, erzeugt die Methode *subString* eine neue Zeichenkette, die aus einem Teil des Originals besteht. Die erste Zahl der Parameter legt die Anfangsposition fest, und die zweite bestimmt das erste nicht mehr dazugehörige Zeichen. Achtung: Fast alle Programmiersprachen benutzen Startposition und Länge als Parameter für derartige Funktionen. Java verwendet jedoch beide Male einen Index! Lassen Sie den zweiten Parameter weg, dann gilt das Ende des Originals als das Ende der gewünschten Teilkette.

(12) Enthält eine Zeichenkette am Anfang oder am Ende Leerzeichen, dann ermöglicht *trim,* sie zu entfernen. Diese Methode löscht an beiden Seiten alle Zeichen, deren Codewert kleiner oder gleich dezimal 32 liegt.

(13) Durch *toUpperCase* werden alle Zeichen in die korrespondierenden Großbuchstaben geändert. Zur Umwandlung in Kleinbuchstaben steht *toLowerCase* zur Verfügung.

4.2.2 Die Klasse StringBuffer

StringBuffer-Objekte ermöglichen es, die verkapselte Zeichenkette zu manipulieren. Die Methoden der Klasse dienen hauptsächlich dem Anhängen und Einfügen von Texten. Dabei wird der benötigte Speicherplatz automatisch in der Größe angepasst.

Im folgenden Programmbeispiel werden die wichtigsten Eigenschaften der *StringBuffer*-Objekte demonstriert.

```
class Text03 {
  public static void main (String[] args) {
    StringBuffer text1 = new StringBuffer();           //(1)
    StringBuffer text2 = new StringBuffer(
         40);                                          //(2)
    StringBuffer text3 = new StringBuffer(
```

```
                   "Sein");                              //(3)
        System.out.println(text1.length());              //(4)
        System.out.println(text1.capacity());            //(5)
        System.out.println(text2.length());
        System.out.println(text2.capacity());
        System.out.println(text3.length());
        System.out.println(text3.capacity());
        text3.append(text3);                             //(6)
        text3.insert(4," Oder nicht ");                  //(7)
        text3.setCharAt(5,'o');                          //(8)
        System.out.println(text3);
        text3.reverse();                                 //(9)
        System.out.println(text3);
    }
}
```

Es erzeugt drei verschiedene Objekte, zeigt ihre Größe an und verändert den Inhalt des dritten Objektes. Als Ausgabe erhalten Sie die folgenden Zeilen:

0
16
0
40
4
20
Sein oder nicht Sein
nieS thcin redo nieS

Die Anweisungen bewirken im Einzelnen:
(1) Hier wird ein leeres Objekt erzeugt. Es wird aber standardmäßig Speicherplatz für 16 Zeichen bereitgestellt.
(2) Dieses angelegte Objekt ist ebenfalls leer. Jetzt wird, abweichend vom Standard, Platz für 40 Zeichen geschaffen.
(3) Wenn eine Zeichenkette (*String*, kein *StringBuffer!*) angegeben wird, enthält das Objekt diesen Text und es verfügt über Platz für 16 weitere Zeichen.
(4) Wie bei Objekten der Klasse *String* kann auch bei denen von *StringBuffer* mit Hilfe der Methode *length* die Anzahl der enthaltenen Zeichen ermittelt werden.
(5) Objekte dieser Klasse haben nicht nur eine Länge, sondern auch eine Kapazität. Sie gibt den gesamten, also den belegten und freien

Speicherplatz an und kann durch *capacity* festgestellt werden. Diese Kapazität wird automatisch angepasst, wenn weitere Zeichen eingebaut werden. Man kann sie aber auch manuell einstellen (*ensureCapacity*).

(6) Durch *append* wird das Objekt vergrößert, indem der Parameter der Funktion ans Ende der Zeichenkette angehängt wird. Dabei kann es sich um *String*- und *StringBuffer*-Objekte handeln.

(7) Mit Hilfe von *insert* können Zeichenketten und primitive Datentypen an einer beliebigen Stelle eingefügt werden. Der erste Parameter der Funktion gibt die gewünschte Position an, wobei die 0 dem ersten Zeichen entspricht.

(8) Einzelne Zeichen werden durch *setCharAt* überschrieben. Die beiden Parameter geben der Reihe nach die zu verändernde Position und das neue Zeichen an. Auch hier wird für das erste Zeichen der Index 0 benutzt.

(9) Eine interessante, wenn auch vielleicht wenig nützliche Funktion stellt *reverse* dar. Sie dreht im Original die Reihenfolge der einzelnen Zeichen um.

Die Methoden *append*, *insert* und *reverse* verändern aber nicht nur das Original, sondern liefern es auch als Ergebnis an die aufrufende Stelle. Daher sind solche Kettenausdrücke wie im folgenden Programm möglich.

```
class Text04 {
  public static void main(String[] args) {
    StringBuffer puffer = new StringBuffer();
    puffer.append("Franz ").append("Maier");         //(1)
    System.out.println(puffer);
    puffer.insert(6,"Josef ");
    System.out.println(puffer);
    puffer.append(", ").append(1997);                //(2)
    System.out.println(puffer);
    puffer.delete(5,11);                             //(3)
    System.out.println(puffer);
  }
}
```

Als Resultat liefert das Programm die folgende Ausgabe:

```
Franz Maier
Franz Josef Maier
Franz Josef Maier, 1997
Franz Maier, 1997
```

(1) Mit der Methode *append* werden Werte an eine Zeichenkette anhängt. Der erste Aufruf, *puffer.append*, verändert das Original und liefert es als Ergebnis zurück. Er kann also anschließend durch *puffer* ersetzt werden. Der Ausdruck *puffer.append.append* wird dadurch zu *puffer.append*, und die Zeichenkette wird ein zweites Mal verändert.

(2) In dieser Zeile wird demonstriert, dass eben nicht nur Zeichenketten, sondern beispielsweise auch Zahlen an einen *StringBuffer* angehängt werden können.

(3) Natürlich gibt es nicht nur *append* und *insert*, sondern auch eine Methode *delete*. Sie löscht einen Bereich der Zeichenkette. Der erste Parameter der Funktion gibt die gewünschte Startposition für das erste zu löschende Zeichen und der zweite die Endposition an. Dieses letzte Zeichen wird nicht mehr gelöscht.

Von den Methoden, die Sie bei der Klasse *String* kennen gelernt haben, bietet *StringBuffer* nur die Funktionen *equals*, *length* und *charAt*. Bevor Sie beispielsweise *replace* oder *startsWith* verwenden können, müssen entsprechende *String*-Objekte erzeugt werden. Für das *StringBuffer*-Objekt *puffer* aus dem letzten Programm kann dies beispielsweise durch folgende Anweisung geschehen:

```
String text = new String(puffer);
```

4.3 Programmparameter

Nachdem Sie nun einige Methoden und Eigenschaften der Zeichenketten und Arrays kennen gelernt haben, sollten Sie sich einmal ansehen, wie eine Java-Application Kommandoparameter übernimmt. Das folgende Programm demonstriert diese Technik. Dabei soll sein Aufruf beispielsweise so lauten:

java Param01 35 Zangen 39.89

Er besteht aus dem Aufruf der VM und dem Namen der zu startenden Klasse, die ja die Startfunktion *main* enthält. Danach folgen die Daten, die an das Programm übergeben werden sollen.

```
class Param01 {
  public static void main(String[] args) {
    int anzahl;                                    // (1)
    String name;
    double preis;
    System.out.println(args.length
        + " Parameter");                           //(2)
    System.out.println(args[0].length()
        + " Zeichen");                             //(3)
    System.out.println(args[1].length()
        + " Zeichen");
    System.out.println(args[2].length()
        + " Zeichen");
    anzahl = Integer.parseInt(args[0]);            //(4)
    name = args[1];                                //(5)
    preis = Double.parseDouble(args[2]);           //(6)
    System.out.println(preis * anzahl);            //(7)
  }
}
```

Sie erhalten nach dem obigen Aufruf diese Anzeige:

3 Parameter
2 Zeichen
6 Zeichen
5 Zeichen
1396.15

(1) Diese Variablen werden später mit den Werten aus der Kommandozeile initialisiert.
(2) Im Gegensatz zu C/C++ wertet Java nur die Angaben der Kommandozeile hinter dem Klassennamen aus. Das folgende Bild veranschaulicht den Vorgang:

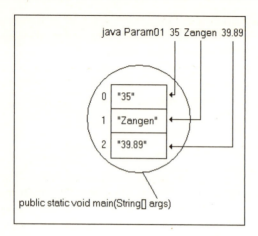

Leerzeichen und Tabulatoren wirken als Trennzeichen und teilen die Zeile in die einzelnen Angaben auf. Enthält ein Wert solche Trennzeichen, dann muss er in Anführungszeichen angegeben werden, wie beispielsweise *"Dies ist nur ein Parameter"*. Jeder einzelne Parameter wird dann in ein Zeichenkettenfeld gestellt. Im Programm wird hier die Eigenschaft *length* der Arrays benutzt, um die Anzahl der angegebenen Argumente festzustellen.

(3) Mit Hilfe der Methode *length()* der Klasse *String* kann für jedes Element von *args* die Anzahl Zeichen bestimmt werden, denn *args* ist ja ein Feld von Zeichenketten. Verwechseln Sie *length* nicht mit *length()*! Ersteres gilt nur für Felder und liefert die Anzahl der Feldelemente, und Letzteres gehört zu *String*-Objekten und berechnet ihre Länge.

(4) Die Umwandlung des *String*-Elementes in *int*-Werte erfolgt durch die Klassenmethode *Integer.parseInt* (siehe Kapitel 4.4.1).

(5) Zeichenketten müssen natürlich nicht umgewandelt werden.

(6) Für *double*-Werte wird eine Methode mit gleichem Namensmuster (*Typ.parseTyp*) aufgerufen (siehe Kapitel 4.4.1).

(7) Nach erfolgreicher Konvertierung kann gerechnet werden.

Sollten Sie zuwenig Parameter beim Aufruf angeben oder sie etwa ganz vergessen, bricht das Programm ab. Von der VM erhalten Sie dann beispielsweise folgende Fehlermeldung:

```
java.lang.ArrayIndexOutOfBoundsException: 2
at Param01.main(Param01.java:15)
```

Die Ursache liegt darin, dass das Programm in einem solchen Fall versucht, auf Bereiche außerhalb des Arrays *args* zuzugreifen. Das ist zwar mit C/C++, aber nicht bei Java möglich!

4.4 Hüllklassen

Für die normalen Datentypen benutzt Java Variablen und keine Objekte. Es gibt jedoch viele Fälle, in denen stattdessen ein Objekt gebraucht wird. Zu diesem Zweck existieren die so genannten Hüllklassen (engl. wrapper classes). Sie verkapseln eine Variable des zugehörigen Datentyps und verfügen über viele Methoden zur Umformung, Ausgabe usw.

4.4.1 Umwandlungen

Eine häufige Aufgabe im Zusammenhang mit Zeichenketten ist für Programmierer die Umwandlung von numerischen oder logischen Werten in alphanumerische (= *String*). Java ist so konzipiert, dass immer der Zieltyp, in den umgewandelt werden soll, auch die Methode dafür bereitstellt. Das folgende Programm demonstriert die Umwandlung primitiver Datentypen in Zeichenketten.

```
class Konvert01 {
  public static void main(String[] args) {
    String test = "";
    boolean boolVar  = true;
    short shortVar   = 4711;
    double doubleVar = 33.24;
    test = String.valueOf(boolVar);            //(1)
    System.out.println(test);
    test = String.valueOf(shortVar);
    System.out.println(test);
    test = String.valueOf(doubleVar);
    System.out.println(test);
  }
}
```

Das ist seine Ausgabe:

```
true
4711
33.24
```

(1) Um einen Wert in eine Zeichenkette umzuwandeln, benutzt man die *String*-Methode *valueOf*. Ihr Aufruf erfolgt, indem man den Namen der Klasse *String* dem Methodennamen voranstellt.

> *Hinweis*:
> Die im Programm vorgenommenen Umwandlungen sind für *print* und *println* nicht notwendig, sondern sollen nur die Technik demonstrieren. Diese Funktionen arbeiten auch direkt mit diesen simplen Typen.

Zu jedem primitiven Typ gibt es bei Java Hüllklassen. Dies sind:

boolean	↔	Boolean
byte	↔	Byte
char	↔	Character
double	↔	Double
float	↔	Float
int	↔	Integer
long	↔	Long
short	↔	Short

und sogar für

void	↔	Void

Im Gegensatz zu den primitiven Typen beginnen ihre Namen mit einem Großbuchstaben, beispielsweise *Double* statt *double,* und sind niemals abgekürzt.

Ein Haupteinsatzgebiet ist die Datentypkonvertierung. Das folgende Programm demonstriert ihren Einsatz für die Umwandlung von Zeichenketten. Es verwendet dabei auch ältere Aufrufe aus dem JDK 1.1, da sie immer noch benutzt werden.

```
class Konvert02 {
  public static void main(String[] args) {
    String test = "";
    boolean boolVar;
    short shortVar;
    double doubleVar;
    test = "false";                                   //(1)
    boolVar =
      Boolean.valueOf(
           test).booleanValue();                      //(2)
    System.out.println(boolVar);
    test = "567";
    shortVar = Short.parseShort(test);                //(3)
    System.out.println(shortVar);
    test = "8423.90321";
    doubleVar =
        Double.valueOf(test).doubleValue();           //(4)
    System.out.println(doubleVar);
  }
}
```

```
false
567
8423.90321
```

(1) Die Zeichenketten, die umgewandelt werden sollen, müssen natürlich gültige Daten enthalten, sonst treten Fehler auf. Bei Wahrheitswerten wird jedoch immer *false* herauskommen, wenn die Schreibweise nicht stimmt.

(2) Hier wird ein Kettenaufruf (siehe Bild Seite 115) benutzt. Zuerst liefert die Methode *valueOf* der Klasse *Boolean* ein Objekt vom Typ *Boolean* zurück. Die Methode *booleanValue* liefert dann zum Schluss den Wert als simplen Typ *boolean* zurück.

(3) Für Ganzzahltypen (*short*, *int*, *long*) gibt es seit eh und je eine einfachere Technik, eine Zeichenkette umzuwandeln. Die Methoden dazu lauten *Short.parseShort* bzw. *Integer.parseInt* oder *Long.parseLong*.

(4) Für *Double*-Objekte gab es zunächst keine einfache Methode ähnlich *parseInt* für *Integer*. Hier musste wieder die gleiche Technik benutzt werden wie für *Boolean*. Mit dem JDK 1.2 wurden dann jedoch auch hier die komfortablen Methoden *Double.parseDouble*

und *Float.parseFloat* eingeführt, sodass es hier auch *Double.parseDouble(test)* heißen kann.

> *Wichtig*:
> Mit den Hüllklassen können Sie nicht rechnen, weder mit Operatoren noch mit Klassenmethoden!

4.4.2 Grenzwerte

Hüllklassen definieren in Form von Eigenschaften auch die Maximal- und Minimalwerte, die für den jeweiligen Typ erlaubt sind. Die folgenden beiden Programme benutzen beispielhaft die Klassen *Integer*, *Double* und *Character*, um einige dieser Eigenschaften zu demonstrieren.

```
class Wrap01 {
  public static void main(String args[]) {
    System.out.println(Integer.MAX_VALUE);          //(1)
    System.out.println(Integer.MIN_VALUE);
    System.out.println(Double.MAX_VALUE);           //(2)
    System.out.println(Double.MIN_VALUE);
    System.out.println(Double.NEGATIVE_INFINITY);
    System.out.println(Double.POSITIVE_INFINITY);
    System.out.println(Double.NaN);                 //(3)
  }
}
```

Es produziert die folgenden Zeilen am Bildschirm:

```
2147483647
-2147483648
1.7976931348623157E308
4.9E-324
-Infinity
Infinity
NaN
```

(1) Die Hüllklassen definieren einige nützliche Konstanten, wie hier zum Beispiel die kleinst- und größtmöglichen Werte der Datentypen.
(2) Laut Anzeige ist 4.9E-324 der kleinste Wert für *Double*-Objekte. Das

bedeutet 4.9 * 10^{-324} bzw. 0,0000...0049. An Stelle des Auslassungszeichens stehen noch weitere 317 Nullen. Ein noch kleinerer Wert außer der Null selbst lässt sich nicht speichern.

(3) Die Eigenschaft *NaN* steht für «Not a Number» und stellt einen Fehlerwert dar.

```
class Wrap02 {
  public static void main (String[] args) {
    System.out.println(Character.MIN_RADIX);          //(1)
    System.out.println(Character.MAX_RADIX);
    System.out.println(Character.MIN_VALUE);
    System.out.println(Character.MAX_VALUE);
    System.out.println(Character.
        MATH_SYMBOL);                                 //(2)
    System.out.println(Character.CURRENCY_SYMBOL);
  }
}
```

Wrap02 liefert diese Ausgabe:

2
36

?
25
26

(1) Die Hüllklasse *Character* legt unter anderem durch *MIN_RADIX* die kleinste (2) und durch *MAX_RADIX* die größte Basis (36) für Zahlensysteme fest, mit denen Java arbeiten kann.
(2) Außerdem definieren andere Konstanten bestimmte Gruppen von Zeichen im Unicode, die für Vergleiche herangezogen werden (siehe Beispiel *Wrap04* auf Seite 101).

4.4.3 Analysen und Vergleiche

Neben einfachen Umwandlungen zwischen Zeichenketten und primitiven Datentypen ermöglichen die Hüllklassen auch komplexere Analysen bei der Konvertierung sowie Vergleiche und Tests.
Das folgende Programm zeigt diese Möglichkeiten beispielhaft für die Hüllklasse *Integer*.

100 Datenklassen

```
class Wrap03 {
  public static void main (String[] args) {
    Integer i=new Integer(10);                    //(1)
    Integer j=new Integer("10");                  //(2)
    System.out.println(i.toString());             //(3)
    System.out.println(Integer.
            toString(15));                        //(4)
    System.out.println(Integer.
            toString(22,2));                      //(5)
    System.out.println(Integer.
            parseInt("4230"));                    //(6)
    System.out.println(Integer.
            parseInt("101",2));                   //(7)
    System.out.println(Integer.
            toBinaryString(-8));                  //(8)
    System.out.println(Integer.
            toHexString(123));                    //(9)
    System.out.println(i.equals(j));              //(10)
    System.out.println(i.floatValue());           //(11)
  }
}
```

Nach seinem Start erscheinen diese Ausgabezeilen am Bildschirm:

```
10
15
10110
4230
5
11111111111111111111111111111000
7b
true
10.0
```

(1) Ein Objekt der Hüllklassen wird immer sofort beim Erzeugen initialisiert. Dazu wird der zugehörige Datentyp als Literal im Parameter angegeben.
(2) Statt des korrespondierenden Typs kann immer auch eine Zeichenkette benutzt werden.
(3) Ohne Parameter handelt es sich bei *toString* hier um eine so genannte Instanzenmethode, die den Wert des Objektes als Zeichenkette liefert. Instanzenmethoden können nur für Objekte aufgerufen werden und arbeiten mit deren Daten.

(4) Hier wird eine andere Funktion mit gleichem Namen aufgerufen (siehe Kapitel 5.4). Weil sie nicht nur für ein Objekt, sondern für die Klasse aufgerufen werden kann, heißt sie auch Klassenmethode. Solche Funktionen benötigen immer Parameter als Daten.

(5) Der zweite Parameter der Klassenmethode *toString* gibt die Basis des gewünschten Zahlensystems an. Durch die 2 wird die Zeichenkette als Dualzahl *10110* ausgegeben.

(6) Diese Methode steht nur als Klassenmethode zur Verfügung und arbeitet umgekehrt. Sie analysiert eine Zeichenkette und liefert einen *int*-Wert.

(7) Wird hier ein zweiter Parameter angegeben, so wird er als Basis des zu verwendenden Zahlensystems interpretiert. Also wird hier *101* als Dualzahl analysiert, was 5 liefert.

(8) Dies ist ebenfalls eine Klassenmethode, die das Argument in eine Zeichenkette in Binärdarstellung umwandelt.

(9) Diese Klassenmethode liefert eine hexadezimale Schreibweise der angegebenen Ganzzahl als Zeichenkette.

(10) Hierbei handelt es sich um eine Instanzenmethode, die das Objekt selbst mit dem im Parameter angegebenen *Integer*-Objekt vergleicht und einen booleschen Wert liefert.

(11) Mit Hilfe dieser Instanzenmethode erhalten Sie den Wert des Objektes in jedem Fall als *float*-Wert.

Bei Java definiert der Typ *Character* Unicode-Zeichen. Ein jeder dieser Zeichensätze ist in bestimmte Gruppen wie Ziffern, Buchstaben, Sonderzeichen, Währungssymbole usw. unterteilt. Die zugehörige Hüllklasse ermöglicht es, festzustellen, zu welcher Gruppe ein Zeichen gehört. Dies zeigt *Wrap04*.

```
class Wrap04 {
  public static void main (String[] args) {
    Character zeichen1 = new
          Character('E');                                //(1)
    Character zeichen2 = new Character('$');
    char dm = 'E';                                       //(2)
    char m = '$';
    System.out.println(Character.getType(dm)
        == Character.CURRENCY_SYMBOL);                   //(3)
    System.out.println(Character.getType(m)
        == Character.CURRENCY_SYMBOL);
```

```
    }
}
```

Es gibt nur diese beiden Zeilen aus:

```
false
true
```

(1) Auch *Character*-Objekte werden sofort initialisiert. Das erste enthält hier einen einfachen Buchstaben und das zweite das Währungssymbol für den Dollar.
(2) Hier handelt es sich wieder um einfache Variablen mit gleichen Inhalten wie in (1).
(3) Durch Vergleich mit einer Konstanten der Klasse, die eine Unicode-Gruppe definiert, wird geprüft, ob es sich bei dem Parameterzeichen um ein Währungssymbol handelt. Dabei liefert die Klassenmethode *getType* den **Zeichentyp für Unicode**, nicht den Java-Datentyp!

4.5 Datumsangaben

Zeit- und Datumsangaben stellen in nahezu jeder Programmiersprache ein Problem dar. Nicht umsonst gab es das «Jahrtausendproblem». Einige kennen einen eigenen Datumstyp, andere verwenden eine Ganzzahl für Zeitangaben, und objektorientierte Sprachen kennen Datumsklassen. Java verwendet insgesamt drei Klassen, um Zeitangaben zu beschreiben: *Calendar* bzw. *GregorianCalendar* für einen Kalender, *TimeZone* bzw. *SimpleTimeZone* für die Zeitzonen- und Sommerzeitberechnung und *Date* für den Zeitpunkt. Für formatierte Zeichenkettendarstellungen kommen ein paar weitere ins Spiel.

Wenn Computer Zeitangaben miteinander vergleichen oder untereinander austauschen sollen, dann müssen Sie verschiedene Aspekte berücksichtigen, die sich aus den Maßsystemen und nationalen Bestimmungen ergeben. Außerdem benötigen Sie einen einheitlichen Vergleichswert. Die internationale Zeitmessung erfolgt nach der UTC (Universal Time Coordinated). Sie basiert auf einer Atomzeitskala und verwendet Schaltsekunden, um kleine Abweichungen auszugleichen. Die Computeruhren richten sich in der Regel nach der UT (Universal

Time). Diese Weltzeit wird aufgrund astronomischer Beobachtungen korrigiert. Eine andere Bezeichnung ist GMT (Greenwich Mean Time), was UT entspricht. Sie gilt für den geografischen Bereich um den nullten Längengrad. Für andere Regionen gilt je nach Längengrad eine Zeitverschiebung. Für Deutschland beträgt sie +1 Stunde, während der Sommerzeit +2 Stunden. Diese Zeitzone heißt *Europe/Berlin* bzw. *Europe/Paris* und wird mit *ECT* abgekürzt. Andere wichtige Zeitzonen sind beispielsweise:

PST	−8	Pacific Standard Time	America/Los_Angeles
EST	−5	Eastern Standard Time	America/New_York
UTC	+/− 0	Universal Time Coordinated	Africa/Casablanca
ECT	+1	European Continental Time	Europe/Paris
JST	+9	Japan Standard Time	Asia/Tokyo
AET	+10	Australia Eastern Time	Australia/Sydney

Damit Vergleiche zwischen Datumsobjekten korrekte Ergebnisse liefern, müssen verschiedene Zeitzonen auf einen gemeinsamen Nenner gebracht werden. Java löst dies Problem, indem jedes Datum intern als Anzahl Millisekunden (=$^1/_{1000}$ Sek.) seit dem 1. Januar 1970 0:00 Uhr GMT gespeichert wird. Ist ein Wert kleiner als ein anderer, so liegt das zugehörige Datum vor dem anderen. Zwei Datumsangaben sind nur dann gleich, wenn sie durch die gleichen Millisekundenangaben festgelegt werden.

4.5.1 Computeruhr abfragen

Eine wohl am häufigsten wiederkehrende Aufgabe besteht darin, das Rechnerdatum inklusive Uhrzeit abzufragen. Das folgende Programm stellt dafür zwei einfache Methoden vor.

```
import java.util.Date;                                //(1)

class Datum01 {
  public static void main(String[] args) {
    Date heute = new Date();                          //(2)
    Date morgen = new Date(System.
      currentTimeMillis()+24L*60*60*1000);            //(3)
    System.out.println(morgen.
```

```
      compareTo(heute));                        //(4)
    System.out.println(morgen.
      after(heute));                            //(5)
    System.out.println(morgen.
      before(heute));                           //(6)
    System.out.println(heute.toString());       //(7)
    System.out.println(heute.getTime());        //(8)
  }
}
```

Die fünf Ausgabeanweisungen in (4) bis (8) liefern auf dem Bildschirm beispielsweise Zeilen wie diese:

```
1
true
false
Tue May 22 11:32:08 GMT+02:00 2001
990523928720
```

(1) Der vollständige Name der Klasse *Date* lautet *java.util.Date*. Deshalb muss diese Anweisung im Programm stehen, damit sowohl der Compiler als auch die VM die Klasse und ihre Methoden findet.

(2) Das hier erzeugte Objekt *heute* enthält das zu diesem Zeitpunkt gültige aktuelle Datum und die Uhrzeit des Computers. Es ist jedoch nur ein Schnappschuss; die Zeit läuft im Objekt *heute* nicht weiter.

(3) Auch hier wird ein Datum gespeichert. Als Parameter erhält *Date* jedoch den gewünschten Zeitpunkt in Millisekunden angegeben. Er berechnet sich aus der aktuellen Computerzeit, indem 24 Stunden (24 * 60 * 60 * 1000 Millisekunden) addiert werden. Das *L* bei der Zahl 24 sorgt dafür, dass die Konstante als *long* gespeichert wird, und dadurch keine Berechnungsfehler auftreten (siehe Kapitel 2.3.1). Das Systemdatum in Millisekunden liefert diesmal der Aufruf *System.currentTimeMillis()*. Hinter *System* verbirgt sich unter anderem die weiterlaufende Uhr, deren Wert über die Methode *currentTimeMillis* jederzeit abgefragt werden kann.

(4) Die Methode *compareTo* kann, ebenso wie *equals*, das im Parameter angegebene Objekt mit dem eigenen vergleichen. Während *morgen.equals(heute)* jedoch als Ergebnis *true* oder *false* liefert, können Sie dem Resultat von *compareTo* auch entnehmen, welches Datum

größer ist. Bei positiven Werten ist das Objekt selbst größer als das Funktionsargument, bei negativen ist es kleiner. Bei Gleichheit wird 0 ausgegeben.
(5) Auch Vermutungen können überprüft werden. So testet *morgen.after(heute)*, ob das Datum *morgen* dem Datum *heute* folgt.
(6) Mittels *before* kann ermittelt werden, ob das Datum des Objekts vor dem des Parameters liegt.
(7) Mit Hilfe von *toString* können Sie das Datum in lesbarer Form ausgeben. Diese Methode ist in allen Java-Klassen verfügbar und hauptsächlich für Testausgaben gedacht. Wie Sie sehen, enthält der Text englische Abkürzungen und ist nicht unbedingt für Anwendungen brauchbar. Wie Sie Datumsformate einsetzen, zeigen die Kapitel 4.5.2 und 4.5.4. Wie Sie der Angabe GMT+2:00 entnehmen können, gilt die Sommerzeit.
(8) Wie bereits erwähnt, muss man eventuell für Berechnungen auf die gespeicherten Millisekunden zurückgreifen. Die Funktion *getTime* liefert diese Angabe für *Date*-Objekte.

4.5.2 Datum formatieren

Die interne Darstellung von Datumsangaben ist auf Berechnungen und Vergleiche abgestimmt und eignet sich kaum für Bildschirmanzeigen und Ausdrucke. Für ihre Textdarstellung werden Objekte der Klasse *DateFormat* eingesetzt. Sie können sich ihre Arbeitsweise wie eine Maschine vorstellen: Sie stecken verschiedene *Date*-Objekte hinein, und heraus kommt immer ein *String*-Objekt nach dem gleichen Muster.
Im nächsten Beispielprogramm werden drei Formatierer erzeugt, die jeweils ein anderes Datumsformat erzeugen.

```
import java.util.*;                                     //(1)
import java.text.DateFormat;                            //(2)

class Datum02 {
  public static void main(String[] args) {
    Date heute = new Date();
    DateFormat formatter1 = DateFormat.
      getDateTimeInstance();                            //(3)
    DateFormat formatter2 = DateFormat.
      getDateTimeInstance(DateFormat.LONG,
        DateFormat.LONG);                               //(4)
```

```
    DateFormat formatter3 = DateFormat.
      getDateTimeInstance(DateFormat.LONG,
        DateFormat.LONG,Locale.FRANCE);              //(5)
    System.out.println(formatter1.
      format(heute));                                //(6)
    System.out.println(formatter2.
      format(heute));
    System.out.println(formatter3.
      format(heute));
  }
}
```

Die drei Objekte liefern eine einfache Ausgabe, eine Langform in Deutsch und eine in Französisch:

```
22.05.2001 13:24:14
22. Mai 2001 13:24:14 GMT+02:00
22 mai 2001 13:24:14 GMT+02:00
```

(1) Eigentlich müssten die vollständigen Namen *java.util.Date* und *java.util.Locale* importiert werden. Durch *java.util.** werden hier aber alle Klassen angegeben, die zu dieser Gruppe – man spricht auch von Paketen (engl. packages) – gehören. Genau genommen versucht Java jetzt beispielsweise die unbekannte Klasse *Locale* als *java.util.Locale* zu finden.

(2) Die Formatierungsklasse *DateFormat* gehört zum Paket *java.text*. Durch diese *import*-Anweisung werden Compiler und VM sie eindeutig identifizieren können.

(3) Objekte von *DateFormat* werden nicht mit Hilfe des Operators *new* erzeugt, sondern von Klassenmethoden geliefert. Je nachdem, ob Sie nur Datums-, nur Zeit- oder beide Angaben formatieren wollen, rufen Sie *getDateInstance*, *getTimeInstance* oder *getDateTimeInstance* bzw. einfach *getInstance* auf. Die dadurch gewonnenen Objekte arbeiten nach Standards und erzeugen eine kurze Zeichenkette ähnlich dem Muster *tt.mm.jjjj hh:mm:ss*.

(4) Durch die beiden Parameter werden der Reihe nach die Ausgabeformate für das Datum und die Uhrzeit festgelegt. Die möglichen Werte sind Eigenschaften der Klasse, deshalb wird ihr Name vorangestellt. Durch *SHORT*, *MEDIUM*, *LONG* und *FULL* kann zwischen einer rein numerischen Darstellung und Formaten mit ab-

gekürztem, ausgeschriebenem und um den Wochentag ergänztem Monatsnamen gewählt werden. Die Funktionen *getDateInstance* und *getTimeInstance* benötigen natürlich nur einen solchen Parameter.

(5) Ein drittes, respektive bei *getDateInstance* und *getTimeInstance* ein zweites Argument legt nationale Standards fest, wie hier die Sprache. Es sind Objekte der Klasse *Locale*, die auch zum Package *java.util* gehört. Sie können für diesen Parameter vordefinierte Objekte der Klasse wie *Locale.GERMANY*, *Locale.FRANCE*, *Locale.UK* oder *Locale.US* benutzen.

(6) Die eigentliche Arbeit wird von der Methode *format* übernommen. Der Parameter ist das zu formatierende Datumsobjekt der Klasse *Date*, und als Ergebnis wird die Zeichenkette geliefert. Sie wird von *System.out.println* auf den Bildschirm gebracht.

Das Muster, das den erzeugten Zeichenketten zugrunde liegt, kann hier nicht frei gewählt werden. Bevor aber individuelle Ergebnisse erzeugt werden, soll zunächst im folgenden Kapitel die Zeitangabe hinsichtlich der Zeitzone korrigiert werden.

4.5.3 Zeitzonen benutzen

Normalerweise verwendet Java immer die lokale Zeitzone, wie Sie an den beiden vorherigen Programmen feststellen konnten. Um die lokale Zeit einer anderen Zone anzeigen zu können, müssen dem Formatierungsobjekt die notwendigen Informationen zur Zeitzone übergeben werden. Dazu brauchen Sie ein Objekt der Klasse *TimeZone* oder *SimpleTimeZone*.

Das folgende Beispiel arbeitet mit *SimpleTimeZone* und zeigt, wie Objekte dieser Klasse eingestellt und verwendet werden.

```
import java.util.*;
import java.text.DateFormat;

class Datum03 {
  public static void main(String[] args) {
    Date heute = new Date();
    SimpleTimeZone d = new SimpleTimeZone(
       0,"EST");                                //(1)
    System.out.println(d.getID()+" "
```

```
      +d.getRawOffset()+" "
        +d.useDaylightTime());                     //(2)
    d.setRawOffset(-5*60*60*1000);                 //(3)
    d.setStartRule(Calendar.MARCH,-1
      ,Calendar.SUNDAY,2*60*60*1000);              //(4)
    d.setEndRule(Calendar.OCTOBER,-1
      ,Calendar.SUNDAY,2*60*60*1000);              //(5)
    System.out.println(d.getID()+" "
      +d.getRawOffset()+" "
        +d.useDaylightTime());
    DateFormat formatter = DateFormat.
      getDateTimeInstance(DateFormat.LONG,
        DateFormat.LONG,Locale.GERMANY);
    System.out.println("Hier ist es "
      +formatter.format(heute));
    formatter.setTimeZone(d);                      //(6)
    System.out.println("In New York ist es "
      +formatter.format(heute));
  }
}
```

In der Ausgabe erscheinen in den ersten beiden Zeilen die Einstellungen des Zeitzonenobjektes vor und nach der Anpassung an die Region. In der dritten Zeile steht das eigene und in der vierten Zeile das Datum der anderen Zone. Zu diesem Zeitpunkt gilt Sommerzeit, daher beträgt die Abweichung zur GMT +2 Stunden.

```
EST 0 false
EST -18000000 true
Hier ist es 22. Mai 2001 20:44:42 GMT+02:00
In New York ist es 22. Mai 2001 14:44:42 EDT
```

Damit dies funktioniert, muss ein richtig eingestelltes Zeitzonenobjekt vorhanden sein. Dafür sorgen die Anweisungen (1) bis (5). Danach muss es nur dem Formatierungsobjekt zugefügt werden (siehe (6)). Im Detail passiert hier Folgendes:

(1) Ein Objekt der Klasse *SimpleTimeZone* wird angelegt und mit zwei Werten initialisiert: der Zeitverschiebung (0 ms) und der Abkürzung für die Zone («EST»). Hier wird also ein Objekt *für Eastern Standard Time* angelegt, dessen Einstellungen allerdings noch nicht korrekt sind.

(2) Das zeigt diese Ausgabeanweisung deutlich. Für das Objekt *d* liefert

getID die Zonenabkürzung, *getRawOffset* die Zeitverschiebung und *useDaylightTime*, ob Sommerzeit gilt. In den folgenden drei Anweisungen wird dies korrigiert.

(3) Die Zeitverschiebung wird von der Methode *setRawOffset* für das Objekt eingestellt. Der Wert muss in Millisekunden angegeben werden, daher steht hier das Produkt −5*60*60*1000 für −5 Stunden.

(4) Der jährliche Beginn der Sommerzeit wird mit Hilfe von *setStart-Rule* festgelegt. Die Parameter bedeuten der Reihe nach: Startmonat, Nummer des Wochentags im Startmonat, Wochentag und Uhrzeit in Millisekunden. Die Monats- und Wochentagsangaben werden von einer Klasse *Calendar* mit englischen Namen definiert. Die Nummer des Wochentags kann man vom Monatsanfang (+1, +2, ...) oder vom Monatsende (−1, −2, ...) zählen. Die hier angegebenen Werte legen somit fest, dass am letzten Sonntag im März um 2:00 Uhr auf Sommerzeit umgestellt wird.

(5) In gleicher Weise wird durch *setEndRule* das Ende der Sommerzeit definiert. Hier ist es der letzte (−1) Sonntag (*Calendar.SUNDAY*) im Oktober (*Calendar.OCTOBER*) um 2:00 Uhr (*2 * 60 * 60 * 1000* Millisekunden).

(6) Jetzt wird das fertige Objekt mit Hilfe von *setTimeZone* dem Formatierungsobjekt zugewiesen. Seine Methode *format* erzeugt nun die umgerechnete Zeitangabe.

Das Beispiel stellt die Zeitzone Schritt für Schritt ein, damit Sie die Funktionen kennen lernen. Sie können es aber auch gleich mit allen Einstellungen anlegen. Dann lautet die Anweisung (1) folgendermaßen:

```
SimpleTimeZone d = new SimpleTimeZone(-5*60*60*1000
  ,"EST",Calendar.MARCH,-1,Calendar.SUNDAY
  ,2*60*60*1000,Calendar.OCTOBER,-1,Calendar.SUNDAY
  ,2*60*60*1000);
```

Die Anweisungen (3) − (5) fallen natürlich weg. Noch kürzer geht es, wenn Sie ein Standardobjekt benutzen. Durch

```
TimeZone.getTimeZone("EST");
```

wird ein Objekt mit genau den gleichen Einstellungen erzeugt.

4.5.4 Eigene Formate festlegen

Wenn Sie den Aufbau des Datumsformats selbst bestimmen wollen, dann müssen Sie ihn in Form eines Musters beschreiben. Es besteht aus Platzhaltern für die einzelnen Datumsbestandteile, die von der Formatierobjektmethode *format* durch die aktuellen Werte ersetzt werden. So wird beispielsweise aus dem Muster d.M.yy die Zeichenkette 1.1.00.
Die folgende Tabelle enthält die Platzhaltersymbole, die von der Klasse *SimpleDateFormat* verstanden werden. Die Spalte *Symbol* enthält die fest vorgegebenen Zeichen, während die der Spalte *Nationales Symbol* neu definiert werden können.

Symbol	Nat. Symbol	Platzhalter für
G	G	Ära (v. Chr./n. Chr.)
y	u	Jahr
M	M	Monat
d	t	Monatstag
h	k	Stunden im 12-Stunden-Format von 1 bis 12
H	H	Stunden im 24-Stunden-Format von 0 bis 23
m	m	Minuten
s	s	Sekunden
S	S	Millisekunden
E	E	Wochentag
D	D	Kalendertag
F	F	Nummer des Wochentags im Monat
w	w	Kalenderwoche
W	W	Woche des Monats
a	a	PM oder AM
k	h	Stunden im 24-Stunden-Format von 1 bis 24
K	K	Stunden im 12-Stunden-Format von 0 bis 11
z	z	Zeitzonenbezeichnung
'	'	Start/Ende von Literalen
''	''	Apostroph selbst

Durch die Wiederholung eines Symbols wird die Art der Ausgabe festgelegt. Je mehr Buchstaben angegeben werden, umso ausführlicher wird das Resultat.

Beispiel:

Muster	Resultate für	
	Juli	*November*
M	7	11
MM	07	11
MMM	Jul	Nov
MMMM	Juli	November

Es werden keine Informationen abgeschnitten, denn das Muster legt nur die minimale Länge fest. Bei Bedarf wird zunächst mit Nullen aufgefüllt. Lässt sich der Wert auch als Text ausdrücken, wird ab drei Zeichen zunächst eine Abkürzung und bei vier und mehr Zeichen die ausgeschriebene Form ausgegeben. Numerischen Werten werden weitere Nullen vorangestellt.

Das folgende Programm benutzt ein eigenes Muster für die Datumsausgabe.

```
import java.util.*;
import java.text.SimpleDateFormat;

class Datum04 {
  public static void main(String[] args) {
    Date heute = new Date();
    SimpleDateFormat formatter = new
      SimpleDateFormat();                              //(1)
    formatter.applyPattern(
      "EEEE 'in der' ww'. Woche'"
      +" yyyy G zzzz");                                //(2)
    System.out.println(formatter.format(heute));
    formatter.applyLocalizedPattern(
      "'Der' F'.' EEEE 'im' MMMM uuuu");               //(3)
    System.out.println(formatter.format(heute));
  }
}
```

Die Bildschirmausgabe des Programms sieht etwa folgendermaßen aus:

```
Dienstag in der 21. Woche 2001 n. Chr. GMT+02:00
Der 4. Dienstag im Mai 2001
```

Das Programm beginnt, indem jeweils ein Datums- und ein Formatobjekt angelegt und eingestellt werden. Danach arbeitet es mit den Formatmustern:

(1) Objekte der Klasse *SimpleDateFormat* interpretieren ein Muster und formatieren ein Datum entsprechend. Deshalb wird sie und nicht etwa *DateFormat* benutzt.
(2) Mit Hilfe von *applyPattern* wird das gewünschte Schema für das Datumsformat festgelegt. Texte, die eins zu eins übernommen werden sollen, wie hier zum Beispiel die Wörter *in der*, werden dabei in einfache Hochkommas gesetzt. Nachfolgende *format*-Aufrufe erzeugen jetzt Zeichenketten mit dem neuen Aufbau.
(3) Formatzeichenketten, die durch *applyLocalizedPattern* festgesetzt werden, müssen die nationalen Symbole verwenden.

4.5.5 Zeitberechnungen

Als Letztes soll dieses Kapitel Ihnen zeigen, wie mit den Datumsobjekten gerechnet werden kann. Dafür setzt das Programm Kalenderobjekte ein. Dies sind die eigentlichen Repräsentanten der Datumsangaben in Java. Sie enthalten die primitiveren Objekte der Klasse *Date* und berücksichtigen bei den Berechnungen sowohl den Wechsel von Sommer- auf Winterzeit als auch den Übergang vom julianischen auf den gregorianischen Kalender im 16. Jahrhundert.

Das Programm zeigt,
- wie Kalenderobjekte angelegt und eingestellt werden,
- wie Schaltjahre, erster Wochentag und anderes ermittelt wird,
- wie arithmetisch mit einer festen Dauer gearbeitet wird und
- wie mit Kalendergrößen gerechnet wird.

```java
import java.util.*;
import java.text.DateFormat;

class Datum05 {
  public static void main(String[] args) {
    DateFormat formatter = DateFormat.
      getDateInstance(DateFormat.FULL);
    GregorianCalendar jetzt =
      new GregorianCalendar();                                //(1)
    GregorianCalendar kalender = new
      GregorianCalendar(2000,
        Calendar.JANUARY,1);                                  //(2)
    kalender.set(2001,Calendar.OCTOBER,3);                    //(3)
    System.out.println(kalender.
      isLeapYear(2000));                                      //(4)
    System.out.println(kalender.getFirstDayOfWeek()
      ==Calendar.MONDAY);                                     //(5)
    System.out.println(kalender.
      getMinimalDaysInFirstWeek());                           //(6)
    System.out.println(kalender.getTimeZone().
      getID());                                               //(7)
    System.out.println(kalender.getTimeZone().
      useDaylightTime());                                     //(8)
    System.out.println(kalender.getTimeZone().
      inDaylightTime(jetzt.getTime()));                       //(9)
    long dauer = kalender.getTime().getTime()
      - System.currentTimeMillis();                           //(10)
    dauer /= 1000;                                            //(11)
    long tage = dauer / (24L * 60 *60);
    System.out.println("Noch "+tage
      +" Tage bis 3.10");                                     //(12)
    tage = kalender.get(Calendar.DAY_OF_YEAR)
      -jetzt.get(Calendar.DAY_OF_YEAR);                       //(13)
    System.out.println("Noch "+tage
      +" Tage bis 3.10");                                     //(14)
    jetzt.add(Calendar.DATE,14);                              //(15)
    System.out.println("Zahlungsfrist bis zum "
      + formatter.format(
        jetzt.getTime()));                                    //(16)
  }
}
```

Auf dem Monitor erkennen Sie die folgenden Ausgaben.

```
true
true
4
Europe/Berlin
true
true
Noch 133 Tage bis 3.10
Noch 134 Tage bis 3.10
Zahlungsfrist bis zum Dienstag, 5. Juni 2001
```

(1) Kalenderobjekte gehören zur Klasse *GregorianCalendar*. Sie ist die einzige Kalenderimplementierung in Java. Hier wird ein Objekt mit dem aktuellen Computerdatum erzeugt. Es benutzt automatisch die aktuelle Zeitzone und nationale Standards. Um es gleich vorwegzunehmen: Feiertage sind den Kalenderobjekten unbekannt.

(2) Diesmal wird für das Objekt ein spezielles Datum angegeben. Es ist der 1.1.2000, wobei die Angaben in der Reihenfolge Jahr, Monat und Tag aufgeführt werden. Als Uhrzeit wird 0:00 Uhr benutzt. Soll eine andere Zeit gespeichert sein, dann erweitern Sie die Parameterliste einfach nacheinander um Stunde, Minute und Sekunde. Als Zeitzone gilt hier wieder *GMT* und als lokale Standards wird automatisch *GERMANY* eingesetzt. Dies gilt natürlich nur, wenn Sie eine deutsche Betriebssystemversion einsetzen, denn sie wird abgefragt.

(3) Alle Kalenderobjekte können nachträglich mit Hilfe der Methode *set* auf ein anderes Datum umgestellt werden. Die maximale Parameterliste besteht aus Jahr, Monat, Tag, Stunde, Minute und Sekunde.

(4) Schaltjahre können einfach ermittelt werden. Wenn das angegebene Jahr laut Kalenderobjekt eines ist, liefert *isLeapYear true*. Während 1990 kein Schaltjahr ist, gilt dies für das Jahr 2000.

(5) Je nach Nation beginnt die Woche an einem anderen Wochentag. Bei uns ist dies der Montag, in anderen Staaten der Sonntag. Was für den Kalender zutrifft, können Sie mit Hilfe von *getFirstDayOfWeek* feststellen. In dieser Anweisung wird geprüft, ob der Montag der erste Wochentag ist. Sowohl der Ausdruck *Calendar.MONDAY* als auch das Ergebnis der Funktion sind Zahlen! Die Zählung beginnt mit dem Sonntag bei eins.

(6) Wann die erste Kalenderwoche eines Jahres beginnt, können Sie durch *getMinimalDaysInFirstWeek* feststellen. Sie liefert in unserem Fall den Wert 4, was bedeutet, das mindestens vier Tage des neuen Jahres in eine Woche fallen müssen, damit sie als erste gezählt wird. Ist der 1.1. also ein Montag bis Donnerstag, dann handelt es sich um die KW 1, fällt er auf einen Freitag bis Sonntag, liegt er in der KW 53.

(7) Auch Informationen über die geltende Zeitzone können Sie bekommen. Um den Zugriff auf das entsprechende Objekt zu erhalten, wird die Funktion *getTimeZone* benutzt. Durch den angehängten Aufruf von *getID* erhält man hier dann die Abkürzung des Zonennamens.

(8) Die Methode *useDaylightTime* gibt an, ob die Zone auch Sommerzeit festlegt.

(9) Dagegen prüft *inDaylightTime*, ob das angegebene Datum in die Sommerzeit fällt.

(10) Die beiden Methoden *getTime*, die hier im Kettenaufruf verwendet werden, tragen zwar den gleichen Namen, gehören aber zu verschiedenen Klassen. Der erste Aufruf *kalender.getTime()* liefert ein **Objekt** der Klasse *Date*. Dies wird dann in den Ausdruck eingesetzt, wie Sie in der Abbildung erkennen können.

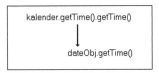

Für dieses Objekt wird dann die Methode *getTime* aus der Klasse *Date* aufgerufen. Sie liefert einen *int*-Wert, nämlich die Anzahl Millisekunden dieses Datums laut GMT. Dadurch kann diese Anweisung berechnen, wie viele Millisekunden noch bis zum 3.10.2001 verstreichen.

(11) Durch diese Ganzzahldivision werden die Millisekunden in Sekunden umgerechnet. Dezimalanteile fallen dabei unter den Tisch. Danach können die Tage ausgerechnet werden.

(12) Der Inhalt der Variablen wird hier mit Text verkettet und ausgegeben.

(13) Statt zuerst die Millisekunden auszuwerten, können Sie auch di-

rekt Jahre, Monate usw. voneinander abziehen, denn sie sind im Kalenderobjekt in so genannten Feldern separat gespeichert. Die Methode *get* liefert ihren Inhalt, hier den Tag des Jahres. So kann direkt die Differenz der Tage gebildet werden.

(14) Durch die Ausgabe wird das Ergebnis am Monitor angezeigt. Es ist zwar richtig, aber nicht unbedingt mathematisch exakt, denn die Tageszeit fällt im Gegensatz zu (12) hier unter den Tisch.

(15) Auch ein neues Datum kann in ähnlicher Weise ermittelt werden. Durch *add* wird auf das angegebene Feld, hier ist es das Datum, der zweite Parameter addiert.

(16) Die Formatobjekte arbeiten nur mit *Date*-Objekten. Deshalb lautet hier der Parameter *jetzt.getTime()*. Dies liefert ja ein *Date*-Objekt aus dem Kalenderobjekt (siehe (10)).

Hinweis:
Es gibt auch eine Methode *roll*, die in vielen Fällen das gleiche Ergebnis liefert wie *add*. Der Unterschied wird deutlich, wenn Sie als Einheit beispielsweise WEEK_OF_MONTH wählen und sie um 5 erhöhen wollen. Dann liefert *add* ein Datum des nächsten Monats, während *roll* zyklisch arbeitet und eines aus dem gleichen Monat berechnet.

4.6 Zusammenfassung

- Felder sind Objekte. Ein Datenfeld eines Feld-Objektes ist *length*. In diesem Datenfeld steht die Anzahl der Elemente als Integerwert zur Verfügung.
- Im Gegensatz zu C ist ein Feld von *char* keine Zeichenkette! Weder eine Zeichenkette noch ein Feld von *char* werden durch eine binäre Null ('\u0000') begrenzt.
- Konstanten werden durch das Schlüsselwort *final* deklariert.
- Zeichenketten können implizit durch andere Zeichenketten ("Test") oder explizit durch das Schlüsselwort *new* erzeugt werden.
- Java unterscheidet zwischen statischen (*String*) und dynamischen (*StringBuffer*) Zeichenketten.
- Die Methode *valueOf* der Klasse *String* erzeugt aus normalen Datentypen Zeichenketten.

- Klassenmethoden von *Integer*, *Double* usw. erlauben es, Zeichenketten in numerische Datentypen umzuwandeln.
- Methoden der Hüllklassen wandeln die verkapselten Werte in normale primitive Datentypen um.
- Datumsangaben sind Objekte der Klassen *Date* und *Calendar* bzw. *GregorianCalender* aus *java.util*.

4.7 Übungen

Aufgabe 13

Erstellen Sie ein Programm, das folgende Zeichenketten in einem Array speichert:

"Melanie", "Alexander", "Fabian", "Leonie", "Christoph", "Hagen", "Katharina", "Lorena"

Sortieren Sie das Array, und lassen Sie es dann vom ersten bis zum letzten Element anzeigen.

Aufgabe 14

Vielleicht erinnern Sie sich noch an die «Geheimschrift», die aus Zahlen besteht, wobei jede Zahl die Nummer des gewünschten Buchstabens im Alphabet angibt. Bei einer modifizierten Form wird abwechselnd im Alphabet von vorn und von hinten gezählt. Zum Beispiel wird *Code* dadurch als *3, 12, 4, 22* verschlüsselt. Benutzen Sie statt des vollständigen Alphabets den Satz

Die Zuspätgekommenen bestraft schon das Leben

a) Entschlüsseln Sie *2, 14, 33, 6, 13, 8, 18, 1, 4, 2, 7*
b) Verschlüsseln Sie *Das ist nicht leicht*

Geben Sie beides am Bildschirm aus. Die Groß-/Kleinschreibung kann missachtet werden. Die erste Zahl beginnt vorn, die nächste hinten usw.

Aufgabe 15

Schreiben Sie ein Programm, das zwei Fließkommazahlen als Kommandozeilenparameter erhält und ihre Summe ausgibt.

Aufgabe 16

Schreiben Sie ein Programm, das einen Satz als Kommandozeilenparameter erhält und die Anzahl der darin enthaltenen Vokale zählt. Benutzen Sie die Methode *charAt()*. *charAt* liefert ein einzelnes Zeichen zurück und erhält als einzigen Parameter den Index des Zeichens. Der Wert für den Index beginnt bei 0.
Beachten Sie, dass Sie den Text in Anführungszeichen eingeben müssen, damit er als Ganzes eingelesen wird.

```
java Aufgabe16 "Hallo, da bin ich"

Dieser Satz hat 5 Vokale.
```

Aufgabe 17

Speichern Sie in einem Programm Ihr Geburtsdatum, und rechnen Sie aus, wie alt Sie sind. Lassen Sie sich das Ergebnis als beispielsweise *22 Jahre, 2 Monate, 2 Tage, 2 Stunden, 2 Minuten und 22 Sekunden* anzeigen.

5 Klassen

Java ist keine objektbasierte, sondern eine objektorientierte Sprache und realisiert die Konzepte der Klassendefinition, Vererbung, Polymorphie usw. Sie ist auch keine hybride Sprache wie C++, in der Sie unter anderem auch konventionell strukturiert programmieren können, sondern arbeitet vollständig mit Klassen. Deshalb gehört es zu den Hauptaufgaben eines Java-Programmierers, solche Klassen zu definieren.

5.1 Klassen, Instanzen und Objekte

Eine Frage wird immer wieder gestellt: Wann und wozu werden Klassen definiert? Als Antwort kann man zwei Gründe anführen:

- Wenn Sie spezielle Datentypen im Programm einsetzen, die – ähnlich den Datumsangaben und Zeichenketten – über eigene, charakteristische Eigenschaften verfügen, dann benötigen Sie dafür Klassendefinitionen. Beispiele sind Kfz-Kennzeichen, Telefonnummern und Temperaturwerte.
- Objektorientierte Programme spiegeln die Realität wider. So wird ein Programm für einen Automobilhändler die gleichen Objekte verwenden, mit denen auch im Unternehmen gearbeitet wird: Autos, Kunden, Ersatzteile, Angebote, Kaufverträge, Reparaturaufträge usw. Für jede Gruppe gleichartiger Objekte benötigen Sie eine Klassendefinition.

Was ist in der objektorientierten Programmierung, kurz OOP, nun überhaupt ein Objekt? Die Antwort darauf klingt recht trivial: Ein Objekt ist eine Variable! Allerdings eine Variable, die etwas mehr kann als andere.

Eine gewöhnliche Variable kann beispielsweise vom Typ *int*, *char* oder *byte* sein. Man kann in ihr Daten speichern und diese Daten über den Namen der Variablen auch wieder ansprechen.

Ein Objekt erweitert die Variablen zusätzlich um Funktionen, die neben den Daten Bestandteil des Objektes sind. Mit anderen Worten: Ein Objekt beinhaltet Datenfelder und Funktionen (die auf diese Datenfelder zugreifen können). Sein Bauplan, die Klasse, beschreibt seinen Aufbau.

Die folgende Abbildung soll das noch mal verdeutlichen:

Temperatur
celsius: int
setCelsius(int) getCelsius(): int

Diese Art der Darstellung ist eine gebräuchliche Form, eine Klasse zu beschreiben.

Sie sehen hier eine Klasse mit dem Namen *Temperatur*. Das einzige Datenfeld heißt *celsius*. Es hat den Typ *int*. Außerdem gehören zwei Funktionen mit Namen *getCelsius* und *setCelsius* zur Klasse. Ein anderer Ausdruck für *Funktion*, der in der Objektorientierung häufig verwendet wird, ist *Methode*.

Oft wird der Begriff *Objekt* nicht korrekt verwendet. Vielmehr muss es häufig *Klasse* heißen. Der Unterschied zwischen den Begriffen Klasse und Objekt liegt darin, dass eine Klasse nur der «Bauplan» ist, während das Objekt anhand dieses Bauplans erzeugt wurde und tatsächlich Speicherplatz belegt. Man kann daher von einer Klasse auch mehrere Objekte erzeugen. Der Begriff *Instanz* ist in diesem Zusammenhang gleichbedeutend mit dem Begriff Objekt.

Fassen wir zusammen:
Ein Objekt hat Datenfelder und Methoden. In Datenfeldern ist quasi das «Wissen» des Objektes gespeichert; die Methoden bestimmen das «Können».

5.2 Klassen definieren

Eines der Ziele der OOP ist es, die Daten zu kapseln, also gegen unerlaubten Zugriff zu schützen. Eine der Techniken, die man dafür einsetzen kann, besteht darin, die einzelnen Teile eines Objektes mit den entsprechenden Schlüsselwörtern zu schützen. Sie lauten *public*, *private* und *protected*.

Das Schlüsselwort *public* bedeutet, dass jedes fremde Objekt auf diesen Teil zugreifen kann.

Mit *private* wird der Zugriff auf das Objekt selbst beschränkt. Fremde Objekte können auf diese Teile nicht zugreifen.

Das Schlüsselwort *protected* legt schließlich fest, dass auf diese Teile des Objekts auch von anderen Stellen zugegriffen werden kann, allerdings nur von Objekten, deren Klassen von dieser Klasse abgeleitet (siehe Kapitel 5.5) wurden oder zum gleichen Paket (siehe Kapitel 6) gehören.

Wenn es darum geht, die verschiedenen Bestandteile eines Objektes als *private*, *public* oder *protected* zu definieren, ist es im Allgemeinen sinnvoll, die Datenfelder als *private* (oder *protected*) zu deklarieren und die Methoden als *public*. Der Sinn dieser Aufteilung ist, dass man ja gerade die Datenfelder gegen unerlaubte Zugriffe schützen will. Andererseits braucht man öffentliche Methoden, um auf die Datenfelder zugreifen zu können.

In unserer Klasse *Temperatur* hat man daher das Datenfeld *celsius* als *private* deklariert und die beiden Methoden, mit denen man den Wert von *celsius* setzt und wieder ausliest, mit *public*.

Wenn Sie sich die Frage stellen, warum man denn nicht gleich auf die Datenfelder zugreifen soll, hier ein paar Gründe, die gegen dieses Vorgehen sprechen:

- Stellen Sie sich vor, Sie haben im Laufe der Programmentwicklung festgestellt, dass das Datenfeld *celsius* besser vom Typ *double* anstatt vom Typ *int* sein sollte. Sie können jetzt in der Klassendefinition einfach den Typ von *celsius* ändern. Dann ändern Sie die Methoden *getCelsius* und *setCelsius* so, dass sie mit dem neuen Datentyp zurechtkommen. Wenn Sie jetzt auch noch dafür gesorgt haben, dass die Rückgabewerte und Parameter der Methoden unverändert geblieben sind, brauchen Sie im Rest des Programms keine Änderungen mehr zu machen. Ohne den Einsatz von Objekten hätten Sie unter Umständen an hundert oder tausend Stellen im Programm den Zugriff auf die *celsius*-Variable anpassen müssen.

- Einen zweiten Grund, der dafür spricht, die Datenfelder *private* zu machen, soll folgendes Beispiel veranschaulichen: Man kann beispielsweise in die Methode *setCelsius* Programmcode einbauen, der dafür sorgt, dass *celsius* nur bestimmte Werte annehmen kann. Auf diese Art lässt sich sicherstellen, dass eine Variable keine für das Programm ungültigen Werte enthält.

> *Hinweis:*
> Klassen in Java sollten möglichst keine *public*-Datenfelder enthalten.

Sehen Sie sich zum bisher Gesagten ein Beispiel an:

```
public class Klasse01 {
  public static void main(String[] args) {
    Temperatur tagestemp;                         //(9)
    tagestemp = new Temperatur();                 //(10)
    tagestemp.setCelsius(77);                     //(11)
    System.out.println(
            tagestemp.getCelsius());              //(12)
  }
}


class Temperatur {                                //(1)
  private int celsius;                            //(2)
  public void setCelsius(int grad) {              //(3)
    if (grad < -90)                               //(4)
      grad = -90;
    if (grad > 65)                                //(5)
      grad = 65;
    celsius = grad;                               //(6)
  }
  public int getCelsius() {                       //(7)
    return celsius;                               //(8)
  }
}
```

Wenn das Programm gestartet wird, erscheint der folgende Wert:

65

Beginnen wir mit der Beschreibung der selbst definierten Klasse *Temperatur*:

(1) Neben *Klasse01* enthält das Programm eine zweite Klasse mit Namen *Temperatur*. Wird das Programm kompiliert, erscheinen beide Klassen als eigenständige *class*-Dateien im entsprechenden Verzeichnis (*Klasse01.class* und *Temperatur.class*). Diese Klasse wird meistens als separate Quellcodedatei gespeichert, befindet sich hier aber der Einfachheit halber zusammen mit der Programmklasse in einer Datei. Werden mehrere Klassen in einer Datei definiert, so darf nur eine den Zusatz *public* tragen. Diese legt auch den Dateinamen fest und kann von allen Klassen angesprochen werden. Die anderen sind nur innerhalb eines Paketes (siehe Kapitel 6) ansprechbar, wobei alle Klassen derselben Datei automatisch zum selben Paket gehören. Ein *private* oder *protected* gibt es für diese Klassen selbst nicht.

(2) Hier wird das einzige Datenfeld der Klasse deklariert. Es ist *private*, damit andere Klassen und Objekte nicht direkt darauf zugreifen können, sondern nur über die Methoden *setCelsius* und *getCelsius*. Im Gegensatz zu lokalen Variablen der Methoden müssen solche Datenfelder nicht initialisiert werden. Dies geschieht automatisch, wobei numerische Felder den Wert 0 erhalten, logische auf *false* und Objekte auf *null* gesetzt werden.

(3) Die Methode *setCelsius* hat den Zugriffsmodifikator *public*, man kann daher von überall auf sie zugreifen. Sie hat den Rückgabetyp *void*, liefert also keinen Wert zurück. Und sie bekommt ein Argument vom Typ *int* übergeben. Dieses Argument hat im Beispiel den Namen *grad* und kann innerhalb des Methodenrumpfes wie jede andere Variable benutzt werden.

(4) Die beiden *if*-Anweisungen sorgen dafür, dass man mit der Methode *setCelsius* keinen Wert im Datenfeld *celsius* speichern kann, der kleiner als −90 Grad

(5) oder größer als 65 Grad ist. Diese Werte sind willkürlich. Normalerweise wird man mit einer Fehlermeldung anzeigen, dass versucht wurde, einen ungültigen Wert zu speichern. In den Beispielprogrammen wird jedoch darauf verzichtet, um sie so übersichtlich wie möglich zu halten.

(6) Diese Zuweisung setzt den Wert des Datenfeldes.

(7) Die Methode *getCelsius* kann ebenfalls von überall her benutzt werden (*public*) und liefert einen Integerwert zurück (*int*).

(8) Mit der Anweisung *return* gibt eine Methode einen Wert zurück. Im Beispiel wird der Datenwert des Objektes an die aufrufende Stelle übergeben.

Damit haben Sie die Klasse *Temperatur* definiert. Sehen Sie sich nun an, wie man von dieser Klasse ein Objekt erzeugen kann.

(9) Hier wird eine Variable mit Namen *tagestemp* deklariert, die vom Typ *Temperatur* sein soll. *Temperatur* ist die Klasse, die ab (1) deklariert wird. In der Java-Terminologie spricht man auch von einer *Referenz*, das heißt, *tagestemp* ist eine Referenz auf ein Objekt vom Typ *Temperatur*.

(10) In dieser Zeile wird erst das Objekt vom Typ *Temperatur* erzeugt. Das Schlüsselwort, mit dem das geschieht, ist *new*. Die Klammern hinter dem Klassennamen sind übrigens nötig, denn es handelt sich hierbei um eine spezielle Funktion, den so genannten Konstruktor.

(11) Um auf die Methoden eines Objektes zugreifen zu können, muss man zuerst den Namen des Objektes angeben und dann, durch einen Punkt getrennt, den Namen der Methode. Diese Schreibweise wird auch benutzt, wenn man auf Datenfelder zugreift. Wenn in der Beispielklasse das Datenfeld *celsius* statt *private public* wäre, könnte man hier auch mit

```
tagestemp.celsius = 77;
```

darauf zugreifen.

(12) Mit *tagestemp.getCelsius()* wird das Datenfeld ausgelesen.

Sie haben in diesem Programm zwei Klassen angelegt, die Klasse *Klasse01* und die Klasse *Temperatur*. Um ein Objekt von einer Klasse zu erzeugen, verwendet man das Schlüsselwort *new* zusammen mit einer Spezialfunktion, dem Konstruktor. Er trägt immer den Namen der Klasse. Für die Klasse *Klasse01* ist das Schlüsselwort *new* nicht nötig, da sie als erste Klasse gestartet wird und von ihr automatisch keine Instanz erzeugt werden muss.

Welchen Vorteil hat die Objektorientierung?

Die Objektorientierung verspricht, dass Programme *stabiler* werden, da jedes Objekt in sich abgeschlossen arbeitet und daher kaum ungewollt Nebeneffekte mit anderen Programmteilen auftreten können. Diese Technik nennt man *Kapselung*.

Außerdem sollen Programme *unempfindlicher gegen Änderungen* sein, da die Objekte das reale Problem besser darstellen als die herkömmlichen Entwicklungsmethoden. Das bedeutet, dass Änderungen der Anforderungen an das Programm nur einen geringen Änderungsaufwand im Programm selbst hervorrufen sollten.

Ein dritter Aspekt ist die *gesteigerte Produktivität* bei der Programmentwicklung. Diese soll erreicht werden, indem man Objekte vererbt. Die Vererbung sorgt dafür, dass man den Programmcode von bereits vorhandenen Objekten benutzen kann, ohne das Rad neu erfinden zu müssen. Der Unterschied zwischen simplem Kopieren und Vererben ist, dass bei der Vererbung Änderungen an der Elternklasse automatisch an die Kindklasse weitergereicht werden.

Aufgabe 18

a) Stellen Sie im letzten Beispiel in der Klasse *Temperatur* das Datenfeld *celsius* von *int* auf *double* um.

b) Fügen Sie der Klasse *Temperatur* eine weitere Methode mit Namen *getFahrenheit* hinzu. Diese Methode soll den Wert des Datenfeldes *celsius* in Fahrenheit ausgeben. Die Formel zur Umrechnung von Celsius in Fahrenheit lautet:

fahrenheit = 9.0 / 5.0 *celsius + 32.0

5.3 Der Konstruktor

Eine ganz besondere Funktion hat bei einer Klasse der Konstruktor. Er trägt den Namen der Klasse, kann grundsätzlich nur über den Operator *new* aufgerufen werden und liefert immer die Referenz auf neu erstellte Objekte.

5.3.1 Der Standardkonstruktor

Wenn der Compiler feststellt, dass vom Programmierer kein Konstruktor definiert wurde, dann baut er automatisch selbst einen ein. Dieser wird Standardkonstruktor genannt, weil er quasi den Grundstandard an Leistung bereitstellt. Der Standardkonstruktor ist immer parameterlos.

Solange der Programmierer keine Gegenmaßnahmen ergreift, kann über den Standardkonstruktor also immer ein Objekt der Klasse erzeugt werden. Man muss dazu nur den Klassennamen kennen und dann eine Anweisung nach folgendem Schema schreiben:

Klassenname objektname = **new** *Klassenname*();

Die kursiv gedruckten Bezeichnungen werden in der Zeile dann durch die gewünschten Namen ersetzt.

5.3.2 Konstruktor definieren

Sobald der Leistungsumfang des Standardkonstruktors nicht mehr ausreicht, müssen Sie selbst einen eigenen Konstruktor in der Klasse definieren. Dies kann erforderlich sein, wenn
- die Datenfelder der Objekte sofort beim Erzeugen mit konstanten Werten initialisiert werden sollen,
- die Datenfelder über Parameter mit variablen Werten initialisiert werden sollen,
- zusätzliche Objekte erzeugt werden müssen oder
- irgendwelche Aufgaben sofort zum Zeitpunkt des Erzeugens für Objekte erledigt werden müssen.

Soll beispielsweise ein Temperaturobjekt sofort mit einem definierten Wert angelegt werden können, dann geht dies nur mit Hilfe eines speziellen Konstruktors. Dazu wird die Klassendefinition folgendermaßen ergänzt:

```
public class Klasse02 {
  public static void main(String[] args) {
    Temperatur2 tagestemp = new
              Temperatur2(66);                        //(1)
    System.out.println(
              tagestemp.getCelsius());
  }
}

class Temperatur2 {
  private int celsius;
  public Temperatur2(int grad){                       //(2)
```

```
    setCelsius(grad);                             //(3)
  }                                               //(4)
  public void setCelsius(int grad) {
    if (grad < -90)
      grad = -90;
    if (grad > 65)
      grad = 65;
    celsius = grad;
  }
  public int getCelsius() {
    return celsius;
  }
}
```

(1) Diesmal wird der zu speichernde Wert des Objektes gleich als Parameter beim Konstruktor angegeben. Dadurch erfolgt die Initialisierung zum frühestmöglichen Zeitpunkt. Damit dies funktioniert, muss ein passender Konstruktor in *Temperatur2* existieren.

(2) Die Definition eines Konstruktors erfolgt, bis auf zwei Ausnahmen, genau wie eine normale Klassenmethode. Als Erstes liegt der Name inklusive Schreibweise fest und als Zweites darf kein Rückgabetyp angegeben werden, auch nicht *void*! Wird trotzdem ein Rückgabetyp versehentlich angegeben, behandelt Java die Definition wie eine normale Methode, ohne den speziellen Namen zu berücksichtigen.

(3) Auch der Konstruktor verwendet für den Zugriff auf *celsius* die Methode *setCelsius*, denn er soll den Kontrollmechanismus für die Datenkapselung weder umgehen noch ihn doppelt codieren.

(4) Die Definition wird ebenfalls durch geschweifte Klammern begrenzt.

Achtung:
Durch die Konstruktordefinition in der Klasse erzeugt der Compiler **keinen** Standardkonstruktor mehr. Eine Instanziierung wie im Programm *Klasse01* erzeugt also jetzt Fehler.

5.3.3 Konstruktor überladen

Wenn Programme wie *Klasse01* und *Klasse02* auf unterschiedliche Arten Objekte erzeugen wollen oder müssen, dann bietet die so genannte Überladung (engl. overloading) die Lösung. Dazu wird ein weiterer Konstruktor mit einer anderen Parameterliste definiert.

```
class Temperatur3 {
  private int celsius;
  public Temperatur3(int grad){
    setCelsius(grad);
  }
  public Temperatur3(){                              //(1)
    setCelsius(0);
  }
  public void setCelsius(int grad) {
    if (grad < -90)
      grad = -90;
    if (grad > 65)
      grad = 65;
    celsius = grad;
  }
  public int getCelsius() {
    return celsius;
  }
}
```

(1) Hier wird ein parameterloser Konstruktor definiert. Er wird zwar genauso aufgerufen wie der Standardkonstruktor, ist aber nicht mit diesem identisch. Das Datenfeld kann er natürlich jetzt nur mit einer sinnvollen Konstanten initialisieren.

Hinweis:
Parameterlose Konstruktoren spielen eine sehr wichtige Rolle. Es gibt einige Klassen in der Java-Bibliothek, die einen solchen Konstruktor erwarten. So können beispielsweise die Klasse *ClassLoader* und ein Java-Bean nur richtig funktionieren, wenn bei den benutzten Klassen solche Konstruktoren oder der Standardkonstruktor verfügbar ist.

Wie jede Klassen- bzw. Instanzmethode, so ist auch der Konstruktor mit einem Zugriffsschutz versehen. Dadurch wird bestimmt, wann und durch wen eine Instanz der Klasse erzeugt werden kann. Die einzelnen Zugriffslevel haben folgende Auswirkungen:

public Jede andere Klasse kann eine Instanz erzeugen.
protected Nur abgeleitete Klassen und Klassen desselben Package können eine Instanz erzeugen.
private Nur die Methoden der Klasse selbst können eine Instanz erzeugen.

Fehlt das Schlüsselwort, dann kann nur jede Klasse des Package eine Instanz erzeugen.

5.4 Methoden überladen

Java erlaubt es, wie auch C/C++, dass mehrere Funktionen einer Klasse den gleichen Namen tragen. Diese Technik nennt man Überladen, und sie wurde bereits bei den Konstruktoren eingesetzt. Sie haben solche überladenen Funktionen bereits an vielen anderen Stellen verwendet. Wenn Sie zum Beispiel einmal mit *println* eine Zeichenkette ausgeben und ein anderes Mal eine Fließkommazahl, dann haben Sie tatsächlich zwei verschiedene Funktionen benutzt.

Auch für die Klasse *Temperatur* wäre es denkbar, dass Temperaturangaben in unterschiedlicher Form initialisiert werden sollen. Im folgenden Beispiel soll sie einmal in Celsius und ein anderes Mal in Fahrenheit erfolgen. Dazu bedarf es einer anderen Funktion, die aber genauso heißen soll, denn sie erfüllt ja auch die gleiche Aufgabe wie *setCelsius*.

```
public class Klasse04 {
  public static void main(String[] args) {
    Temperatur4 tagestemp1;                    //(1)
    tagestemp1 = new Temperatur4();
    Temperatur4 tagestemp2 =
        new Temperatur4();                     //(2)
    tagestemp1.setCelsius(77);                 //(3)
    tagestemp2.setCelsius(98,'F');             //(4)
    System.out.println(
        tagestemp1.getCelsius());
```

```
      System.out.println(
          tagestemp2.getCelsius());
    }
  }

  class Temperatur4 {
    private double celsius;                              //(5)
    public void setCelsius(double grad) {
      if (grad < -90)
        grad = -90;
      if (grad > 65)
        grad = 65;
      celsius = grad;
    }
    public void setCelsius(int grad
        , char einh) {                                   //(6)
      if (einh == 'F')
        setCelsius((grad -32.0)*5.0/9.0);                //(7)
      else
        setCelsius(grad);                                //(8)
    }
    public double getCelsius() {
      return celsius;
    }
  }
```

(1) Ein erstes Objekt wird wie gehabt deklariert und erzeugt.

(2) Ein zweites Objekt wird benötigt, um eine zweite Temperatur zu speichern. Es wird gleich in einer Anweisung deklariert und erzeugt.

(3) Wie bisher wird beim ersten Objekt eine Celsius-Angabe gespeichert.

(4) Das zweite soll zwar auch einen Celsius-Wert speichern, erhält ihn aber in der Einheit Fahrenheit. Als Lösung wird ein zweiter Parameter mit angegeben, der in Form eines Großbuchstabens die Einheit angibt.

(5) Weil beim Umrechnen in Fahrenheit Dezimalzahlen entstehen, wird der Typ von *celsius* in *double* geändert. Die Parameter und Rückgabetypen der Methoden werden angepasst.

(6) Hier wird die neue Methode definiert. Sie hat eine andere Signatur als die bisherige Methode *setCelsius*. Das heißt, sie unterscheidet

sich von ihr in der Parameterliste, denn zusätzlich zum numerischen Wert übernimmt sie einen *char*-Parameter.
(7) Wird ein *F* im zweiten Parameter übergeben, wird der Temperaturwert in Celsius umgerechnet und damit die ursprüngliche Methode *setCelsius* aufgerufen.
(8) Im anderen Fall wird der Wert direkt der Funktion *setCelsius* übergeben. Beachten Sie, dass nicht einfach eine Zuweisung erfolgt, sondern die bestehende Funktion genutzt wird. So hat eine Methode die Kontrolle, während andere nur Vorarbeiten leisten.

Nach dem Übersetzen und Starten des Programms erhalten Sie folgende Anzeige.

```
65.0
36.666666666666664
```

Der Compiler erkennt beim Aufruf einer überladenen Funktion die gewünschte Fassung an der Parameterliste der Funktion. Wenn zum Beispiel *setCelsius(100, 'F')* aufgerufen wird, wird eine Funktion mit Namen *setCelsius* gesucht, die zwei Parameter entgegennehmen kann: einen *int*- und einen *char*-Wert. Wird eine Methode dieses Namens gefunden, bei der zwar die Anzahl der Parameter, aber nicht die Typen passen, beispielsweise

```
setCelsius(double,int)
```

dann versucht Java die Daten automatisch zu konvertieren. Aus *int* wird *double* und aus *char* wird *int*, und jetzt passt es. Die Funktion wird dann verwendet, unabhängig vom Rückgabetyp. Das kann natürlich sekundäre Fehler verursachen, wenn dieser nicht passt oder keiner geliefert wird.

Beim Überladen müssen Sie folgende Regeln einhalten:

- Die Parameterliste der überladenen Funktionen **muss** unterschiedlich sein, das heißt Anzahl, einzelne Typen oder die Reihenfolge der Parameter ist anders.
- Der Rückgabetyp kann sich zusätzlich ändern. Dies darf jedoch nicht der einzige Unterschied sein.
- Die semantische Bedeutung der Funktionen sollte gleich sein. Damit ist gemeint, dass die Funktionen aus fachlicher und technischer

Sicht gleichwertig sind und aufgrund der unterschiedlichen Parameter nur anders arbeiten. Das kann jedoch nicht vom Compiler kontrolliert werden.

> *Hinweis*:
> Java erlaubt kein Überladen von Operatoren!

5.5 Klassen erweitern

Im Kapitel 5.1 wurde der Begriff Objektorientierung etwas näher erläutert. Dabei wurde festgestellt, dass die Fähigkeit, Daten zu kapseln, ein wichtiges Kriterium bei der Objektorientierung ist. Diese Kapselung ist aber nur ein Kriterium, das eine objektorientierte Sprache erfüllen muss. Das zweite ist die so genannte *Vererbung*.
Die Idee, die hinter der Vererbung steckt, geht davon aus, dass es sinnvoller ist, bestehenden Code zu verwenden, statt jedes Mal das Rad neu zu erfinden. Wie soll dies aber geschehen? Ohne Objektorientierung sieht das in der Regel so aus, dass man ein Stück Programmcode oder ein ganzes Modul kopiert, ein paar nötige Änderungen macht, es dann testet und in die Produktion übergibt. Dieses Vorgehen funktioniert auch einigermaßen. Was geschieht jedoch, wenn der Entwickler des ursprünglichen Moduls merkt, dass in seinem Programm noch ein Fehler enthalten ist? Wenn der Fehler behoben ist, müsste er jeden Kollegen darüber informieren, dass dieses spezielle Modul sich geändert hat. Alle Personen, die eine Kopie haben und dort auch schon ihre Änderungen eingebaut haben, müssen nun mühselig alle Korrekturen in ihr eigenes Programm einbauen. Dabei ist die Gefahr, neue Fehler einzubauen, ganz erheblich. Dieses Vorgehen kann auf die Dauer nicht funktionieren. Und da setzt die Vererbung ein.
Vererbung ist ein Mechanismus, der es erlaubt, bestehenden Programmcode zu benutzen und ihn den eigenen Bedürfnissen anzupassen, ohne sich darum kümmern zu müssen, wenn am Original Korrekturen oder Erweiterungen vorgenommen werden. Bei der Vererbung übernimmt eine *Kindklasse* die Datenfelder und Methoden einer *Elternklasse*. Die Kindklasse kann selbst entscheiden, welche Datenfelder und Methode sie übernehmen will, welche sie ändern will und was sie

komplett neu machen möchte. Allgemein kann man sagen, dass die Kindklassen eine Spezialisierung der Elternklasse sind.

Java erlaubt bei der Vererbung nur die so genannte Einfachvererbung. Das bedeutet, dass eine Kindklasse nur eine Elternklasse haben kann. In einigen anderen Sprachen ist es möglich, dass eine Kindklasse von mehreren Eltern erbt. Das kann zwar in manchen Fällen nützlich sein, erzeugt aber auch eine ganze Reihe von Problemen, die Java auf diese Art umgeht.

Diesen Vorgang zeigt das folgende Beispiel.

```
public class Klasse05 {
  public static void main(String[] args) {
    KoerperTemperatur patient;                            //(1)
    patient = new KoerperTemperatur();
    patient.setCelsius(49.4);                             //(2)
    System.out.println(patient.getCelsius());
    System.out.println(patient.getFahrenheit());
  }
}

class Temperatur5 {
  protected double celsius;                               //(3)
  public void setCelsius(double grad) {
    if (grad < -273.15)
      grad = - 273.15;
    celsius = grad;
  }
  public double getCelsius() {
    return celsius;
  }
}

class KoerperTemperatur extends Temperatur5 {             //(4)
  public double getFahrenheit() {                         //(5)
    return 9.0/5.0 * celsius + 32.0;
  }
}
```

Wenn Sie das Programm starten, erscheinen die folgenden beiden Zahlen:
49.4
120.92

Das Programm soll die Körpertemperatur eines Patienten in einem Objekt speichern und anschließend in Celsius und Fahrenheit wieder ausgeben. Dazu benutzt es drei Klassen: die Programmklasse *Klasse05* mit der Funktion *main*, die Klasse *Temperatur5*, die allgemein physikalisch sinnvolle Temperaturen speichert, und die spezielle Temperaturklasse *Koerpertemperatur* für medizinische Zwecke.

(1) In dieser und der nächsten Zeile wird ein Objekt vom Typ *KoerperTemperatur* instanziiert. Das Objekt hat den Namen *patient*.

(2) Beachten Sie, dass man für dieses Objekt die Methode *setCelsius* aufrufen kann, obwohl sie nicht in der Klasse *KoerperTemperatur* definiert ist. Da sie aber von *Temperatur5* abgeleitet ist, hat sie dennoch Zugriff darauf.

(3) Wenn bei der Vererbung Kindklassen – sie heißen auch abgeleitete Klassen – auf ansonsten geschützte Daten einer Elternklasse – in Java heißt sie Superklasse – zugreifen sollen, dann ist das nur möglich, wenn das Datenfeld statt *private* als *protected* deklariert ist. Zur Erinnerung: Durch *protected* wird festgelegt, dass auch abgeleitete Klassen, wie hier *KoerperTemperatur*, auf dieses Datenfeld zugreifen können. Wäre *celsius* also als *private* deklariert, könnte *KoerperTemperatur* später nicht direkt darauf zugreifen.

(4) Die Anweisung *class KoerperTemperatur extends Temperatur5* zeigt Ihnen das neue Schlüsselwort *extends*. Mit diesem Ausdruck legen Sie fest, dass die Klasse *KoerperTemperatur* die Klasse *Temperatur5* erweitert. Mit anderen Worten: Die Kindklasse *KoerperTemperatur* erbt ihre Fähigkeiten von der Elternklasse *Temperatur5*. Dieses Erben ist so zu verstehen, dass die Klasse *KoerperTemperatur* die gleichen Methoden und Datenfelder benutzen kann wie die Klasse *Temperatur5*.

(5) Vererbung macht nur dann Sinn, wenn die Kindklasse besondere Fähigkeiten haben muss, die die Elternklasse nicht benötigt. Die zusätzliche Fähigkeit, die *KoerperTemperatur* hat, erlaubt es ihr, den Temperaturwert in Fahrenheit auszugeben. Implementiert ist diese Fähigkeit durch die Methode *getFahrenheit*. Beachten Sie: Die Methode *getFahrenheit* kann von der Klasse *KoerperTemperatur* benutzt werden, nicht jedoch von der Klasse *Temperatur5*!

Durch Vererbung erhält also eine abgeleitete Klasse alle Daten und Methoden ihrer Superklasse, sogar wenn diese *private* sind! Dann kann sie allerdings nicht selbst direkt darauf zugreifen. Dies geht nur, wenn sie *protected* oder *public* sind. In letzterem Fall sind sie aber nicht mehr geschützt.

Eine Klasse ist die Elternklasse für alle anderen Klassen: die Klasse *Object*. Die folgenden beiden Definitionen sind gleichwertig:

```
class Kunde() { }
class Kunde() extends Object{ }
```

Immer wenn Sie eine Klasse definieren, dabei aber keine explizite Ableitung mittels *extends* angeben, fügt Java automatisch *extends Object* hinzu. Dies lässt sich nicht unterdrücken!

Einige der wichtigsten Methoden der Klasse *Object* sind:

clone()	erzeugt eine Kopie des Objekts
equals(Object)	vergleicht zwei Objekte auf Gleichheit
finalize()	Programmcode, der ausgeführt wird, wenn das Objekt bei der *garbage collection* wieder freigegeben wird
getClass()	liefert eine Klassenbeschreibung des Objektes zurück
toString()	liefert einen String zurück, der den Wert des Objektes repräsentiert

5.6 Methoden überschreiben

Im Programm *Klasse05* haben Sie eine neue Klasse angelegt (*KoerperTemperatur*) und ihr eine zusätzliche Methode mitgegeben. Wenn man neue Methoden anlegen kann, ist es dann auch möglich, bestehende Methoden in der Kindklasse zu ändern? Die Antwort lautet: Ja. Der Fachausdruck hierfür ist *Überschreiben* (engl. *Overriding*). Beim Überschreiben definiert man eine Methode in der Kindklasse exakt so, wie sie in der Elternklasse definiert ist. Wird diese Methode in der Kindklasse aufgerufen, wird nicht die geerbte Methode der Elternklasse, sondern eben die der Kindklasse benutzt. In den folgenden Kapiteln des Buches wird noch intensiv von dieser Technik Gebrauch gemacht. Welchen Sinn soll das haben? Auch hier wieder eine einfache Antwort: Da Kindklassen Spezialisierungen der Elternklasse sind, kann es sein, dass sie bestimmte Funktionen etwas anders ausführen müssen als die Elternklasse.

Sehen Sie sich dazu das nächste Beispiel an. Hier existiert in der Klasse *Temperatur6* wieder eine Methode mit Namen *setCelsius*. Sie speichert den Temperaturwert im entsprechenden Datenfeld und stellt außerdem sicher, dass kein Wert unterhalb des absoluten Nullpunkts (−273,15 °C) gespeichert werden kann. Diese Fähigkeit reicht aber für die Klasse *KoerperTemperatur2* nicht aus, da Körpertemperaturen nur in einem viel engeren Bereich sinnvoll sind. Die Fähigkeit, den Temperaturbereich genauer zu kontrollieren, soll nun in die Klasse *KoerperTemperatur2* eingebaut werden.

```
public class Klasse06 {
  public static void main(String[] args) {
    KoerperTemperatur2 patient;
    patient = new KoerperTemperatur2();
    patient.setCelsius(49.4);
    System.out.println(patient.getCelsius());
    System.out.println(patient.getFahrenheit());
  }
}

class Temperatur6 {
  protected double celsius;
  public void setCelsius(double grad) {
    if (grad < -273.15)
      grad = - 273.15;
    celsius = grad;
  }
  public double getCelsius() {
    return celsius;
  }
}

class KoerperTemperatur2 extends Temperatur6 {
  public double getFahrenheit(){
    return 9.0/5.0 * celsius + 32.0;
  }
  public void setCelsius(double grad) {                //(1)
    if (grad < 25.0 || grad > 43.0) {                  //(2)
      System.out.println(
          "Falscher Wert!");                           //(3)
      grad = 37.5;                                     //(4)
    }
    celsius = grad;
  }
}
```

Die Programmausgabe lautet:

```
Falscher Wert!
37.5
99.5
```

(1) Um eine Methode zu überschreiben (engl.: override), definiert man die Methode exakt so, wie sie in der Elternklasse beschrieben wurde. Das heißt, Name, Rückgabetyp und Parameterliste sind gleich. Der Schutz (*public*, *protected*, *private*) wird meistens beibehalten, kann aber auch verschärft, jedoch nicht gesenkt werden. Wenn jetzt die Methode *setCelsius* in einem Objekt der Klasse *KoerperTemperatur2* aufgerufen wird, wird diese Methode benutzt und nicht die von *Temperatur6*.
(2) Die Spezialisierung dieser Methode besteht darin, dass sie nur Temperaturen erlaubt, die zwischen 25 und 43 Grad liegen.
(3) Wird versucht, einen ungültigen Wert zu speichern, erscheint eine Fehlermeldung.
(4) Statt eines fehlerhaften Wertes wird ersatzweise meistens ein passender Standardwert in das Datenfeld *celsius* geschrieben.

5.7 Klasseneigenschaften

Bei allen Objekten, die Sie bisher in diesem Kapitel erzeugt haben, hat jedes einen eigenen Satz von Datenfeldern und Methoden. Diese Aufteilung ist in der Regel auch gewünscht. Schließlich soll jedes Objekt seine individuellen Daten haben. Dennoch gibt es Fälle, bei denen es günstiger ist, wenn ein Datenfeld nicht für jedes Objekt individuell existiert, sondern nur einmal für alle Objekte der Klasse.
Betrachten Sie dazu eine Klasse, die ein Bankkonto darstellen soll. Jedes Objekt dieser Klasse muss natürlich in der Lage sein, den eigenen Kontostand zu speichern. Was aber nicht unbedingt in jedem Objekt gespeichert werden muss, ist der Zinssatz, der für alle Objekte gleich sein soll. Solche Daten werden der Klasse zugeordnet. Um ein Datenfeld zu einem Klassen-Datenfeld zu machen, benutzen Sie das Schlüsselwort *static*. Es wird als weiteres Wort vor die Deklaration eines Datenfeldes gesetzt.

Sehen Sie dazu das folgende Programm.

```
public class Klasse07 {
  public static void main(String[] args) {
    Konto meinKonto = new Konto();                    //(1)
    Konto deinKonto = new Konto();
    meinKonto.setZinssatz(3.8);                       //(2)
    meinKonto.einzahlen(2500.0);
    meinKonto.verzinsen();
//  deinKonto.setZinssatz(3.8);                       //(3)
    deinKonto.einzahlen(1200.0);
    deinKonto.verzinsen();
    System.out.println(meinKonto.getKontostand());
    System.out.println(deinKonto.getKontostand());
  }
}

class Konto {
  protected static double zinssatz;                   //(4)
  protected double kontostand;
  public double getKontostand() {
    return kontostand;
  }
  public void einzahlen(double betrag) {
    kontostand += betrag;
  }
  public double auszahlen(double betrag) {
    kontostand -= betrag;
    return betrag;
  }
  public void setZinssatz(double wert) {
    zinssatz = wert;
  }
  public void verzinsen() {                           //(5)
    kontostand += kontostand * (zinssatz/100);
  }
}
```

Das Programm liefert die folgende Bildschirmausgabe:

```
2595.0
1245.6
```

Es ist bewusst sehr einfach gehalten, um die wichtigsten Themen veranschaulichen zu können. Es interessieren hier im Wesentlichen die folgenden Punkte:
(1) In dieser und der nächsten Zeile werden zwei Konten angelegt.
(2) Der Zinssatz für das Konto wird gesetzt. Wie man in (4) sieht, ist das Datenfeld, das den Zinssatz speichert, als *static* deklariert. Damit existiert es für alle Objekte dieser Klasse nur einmal!
(3) Diese Zeile ist auskommentiert, da der Zinssatz nicht noch einmal eingestellt werden muss. Das wurde ja bereits in (2) erledigt.
(5) Die Methode *verzinsen* soll einmal pro Jahr die Guthabenzinsen berechnen.

Wenn ein Datenfeld einer Klasse mittels *static* definiert wird, so ist es offensichtlich nur einmal vorhanden, denn eine Initialisierung ist für alle Objekte wirksam. Das gilt sogar für die, die zu diesem Zeitpunkt noch gar nicht erzeugt wurden.

Automatische Nummernvergabe
Im nächsten Beispiel wird ebenfalls eine Klassenvariable eingesetzt. Sie speichert die nächste verfügbare Kundennummer, denn dies ist das «Wissen» der gesamten Klasse, nicht nur das eines einzelnen Objekts. Es ermöglicht eine automatische Vergabe der Kundennummer, wenn neue Kundenobjekte erzeugt werden.

```
public class AutoNum {
  public static void main(String[] args) {
    Kunde ersterKunde = new Kunde();                //(1)
    Kunde zweiterKunde = new Kunde();
    System.out.println(
      ersterKunde.getKundennummer());
    System.out.println(
      zweiterKunde.getKundennummer());
  }
}

class Kunde {
  protected static int naechsteNummer=20000;        //(2)
  protected int kundennummer;
  public int getKundennummer() {
    return kundennummer;
  }
```

```
    public Kunde() {                                    //(3)
        kundennummer = ++naechsteNummer;
    }
}
```

Das Programm liefert die folgende Ausgabe:

```
20001
20002
```

(1) Ein neuer Kunde mit Namen *ersterKunde* wird erzeugt. Das Schlüsselwort *new* bewirkt, dass der Konstruktor in (3) aufgerufen wird.
(2) Da dieses Datenfeld statisch ist, existiert es für alle Objekte der Klasse nur einmal. Wenn dieser Wert in einem Objekt verändert wird, ist er auch für alle anderen geändert. Um dieser Variable einen Startwert mitgeben zu können, erlaubt Java, sie mit einem bestimmten Wert zu initialisieren.
(3) Der Konstruktor weist den Wert der statischen Variablen *naechsteNummer* dem Datenfeld *kundennummer* zu. Beachten Sie auch den Präfix ++, der den Wert von *naechsteNummer* um eins erhöht, **bevor** er zugewiesen wird!

Statische Datenfelder werden immer eingesetzt, wenn sie das «Wissen» bzw. eine Eigenschaft der ganzen Klasse beschreiben. Beispiele, die bereits benutzt wurden, sind Minimal- und Maximalwert der Klasse *Integer*, Konstanten der Klasse *Math* usw.

5.8 Klassenmethoden

Wenn Datenfelder statisch sein können, gilt dieses auch für Methoden? Ja! Als Beispiel für statische Methoden dient das folgende Programm.

```
public class Klasse08 {
    public static void main(String[] args) {
        Konto2.setZinssatz(4.1);                        //(1)
        Konto2 meinKonto = new Konto2();
        Konto2 deinKonto = new Konto2();
```

```
    meinKonto.einzahlen(2500.0);
    meinKonto.verzinsen();
    deinKonto.einzahlen(1200.0);
    deinKonto.verzinsen();
    System.out.println(meinKonto.getKontostand());
    System.out.println(deinKonto.getKontostand());
  }
}

class Konto2 {
  protected static double zinssatz;
  protected double kontostand;
  public double getKontostand() {
    return kontostand;
  }
  public void einzahlen(double betrag) {
    kontostand += betrag;
  }
  public double auszahlen(double betrag) {
    kontostand -= betrag;
    return betrag;
  }
  public static void setZinssatz(
            double wert) {                              //(2)
    zinssatz = wert;
  }
  public void verzinsen() {
    kontostand += kontostand * (zinssatz/100);
  }
}
```

Das Programm gibt die folgenden Werte aus:

```
2602.5
1249.2
```

(1) Diese Zeile ist in zweierlei Hinsicht erstaunlich. Erstens steht sie an einer Stelle, wo noch gar kein Objekt vom Typ *Konto2* erzeugt wurde. Zweitens wird nicht ein Objekt benutzt, um die Methode *setZinssatz* aufzurufen, sondern der Klassenname!

(2) Die Deklaration der Methode *setZinssatz* ist um das Schlüsselwort *static* erweitert worden. Damit wird bestimmt, dass diese Methode eine Klassen-Methode ist und keine Objekt-Methode. Aus dieser

Tatsache ergibt sich auch, warum man die Methode mit dem Klassennamen (*Konto.setZinssatz(4.1);*) aufrufen kann. Man muss sie jedoch nicht mit dem Namen der Klasse aufrufen, man kann auch weiterhin eines der Objekte nehmen, um das zu erledigen: *deinKonto.setZinssatz(4.1);*.

Jetzt bleibt noch die Frage: Warum soll ich statische Methoden verwenden?

Einen Grund haben Sie schon kennen gelernt. Mit einer statischen Methode können Sie ein statisches Datenfeld ansprechen, ohne ein Objekt erzeugen zu müssen. Schließlich wäre es recht umständlich, extra ein beliebiges Objekt vom Typ *Konto2* erzeugen zu müssen, nur um den Zinssatz zu verändern.

Grundsätzlich werden statische Methoden aber immer dann verwendet, wenn das dadurch beschriebene «Können» einer Klasse nicht objektspezifisch, sondern klassenspezifisch ist. Beispiele sind Umwandlungsmethoden der Hüllklassen und der Klasse *String*, mathematische Methoden der Klasse *Math* usw.

Zum Abschluss dieses Kapitels soll nochmals kurz an das Schlüsselwort *final* erinnert werden. Sie haben es als Möglichkeit kennen gelernt, Datenfelder als konstant und damit unveränderlich zu markieren. Klassen und Methoden können ebenfalls als final deklariert werden. Das bedeutet für Klassen, dass sie nicht erweitert werden können, und für Methoden, dass sie nicht überschrieben werden können.

Statische Klassenfelder sind oft konstant und werden deshalb mittels *final* deklariert.

5.9 Garbage Collection

Als Gegenstück zum Konstruktor kennen viele objektorientierte Sprache einen Destruktor, der automatisch aufgerufen wird, wenn ein Objekt vernichtet werden soll. Java arbeitet da anders.

Wenn Sie ein Objekt mit *new* anlegen, wird im Hauptspeicher Platz für dieses Objekt bereitgestellt. Im Gegensatz zu anderen Sprachen gibt es kein Gegenstück zum Befehl *new*, wie z. B. *delete*. Die Technik, die Java benutzt, um nicht mehr benötigten Speicherplatz freizugeben, besteht darin, dass eine so genannte *garbage collection* («Müllbeseitigung») automatisch durchgeführt wird.

Das geschieht folgendermaßen: Stellen Sie sich vor, Sie haben eine Funktion geschrieben, in der Sie ein Objekt erzeugt haben.

```
public void getNummer() {
    Test ersterTest = new Test();
    ...
}
```

Wenn die Funktion verlassen wird, ist die Variable – die Referenz auf das Objekt – verloren. Das Objekt selbst existiert jedoch noch weiter. Allerdings kann man es nicht mehr benutzen, da keine Referenz darauf verfügbar ist. Java hat sich gemerkt, an wie vielen Stellen dieses Objekt referenziert wurde, und wenn keine Referenz mehr existiert, kann Java den Speicherplatz, den das Objekt bisher belegt hatte, anderweitig verwenden. Die *garbage collection* startet dann, wenn Java Speicherplatz benötigt oder sie explizit mit

System.gc();

aufgerufen wird.
Der Vorteil dieser Technik besteht darin, dass man sich im Gegensatz zu anderen Programmiersprachen keine Gedanken darüber machen muss, dass man irgendwelche Objekte nicht zerstört hat und man damit im Laufe der Zeit immer mehr Speicher verliert, bis das Programm im Extremfall aus Speichermangel abbricht. Ein kleiner Nachteil dieses Verfahrens liegt darin, dass es ständig im Hintergrund läuft und damit natürlich auch etwas Leistung aufzehrt. Die Vorteile sollten diesen kleinen Nachteil jedoch mehr als wettmachen.

5.10 Interfaces

Neben den Klassen verfügt Java über spezielle Klassenbeschreibungen, die so genannten Interfaces. Dabei handelt es sich um die Beschreibungen der Schnittstelle einer Klasse zu ihrer Umgebung. Das sind die öffentlich verwendbaren Elemente der Klasse, die zusammen eine bestimmte Funktionalität übernehmen. Interfaces benennen zwar die Typen und Namen dieser *public*-Elemente, definieren aber nicht ihre Funktionalität. Man kann dies mit der Definition eines Steckers vergleichen, bei der zwar sein Aufbau festgelegt, aber nicht gesagt wird, wozu er benutzt wird.

Ein Interface beschreibt also die Methoden und Eigenschaften, die von einer Nutzerklasse für eine bestimmte Aufgabe aufgerufen werden. Es muss von einer Anbieterklasse implementiert werden, die dann auch festlegt, wie die Aufgabe im Detail ausgeführt wird.

Interfaces haben eine ähnliche Struktur wie Klassen, unterscheiden sich von ihnen jedoch in einigen wichtigen Punkten:

- Das Schlüsselwort lautet *interface* statt *class*.
- Es enthält keine Variablen, sondern nur Konstanten.
- Ein Interface kann mehrere Super-Interfaces besitzen.
- Die Methoden sind nur deklariert, nicht implementiert.
- Die Interface-Hierarchie ist unabhängig von der Klassenhierarchie.

Wenn Sie eigene Interfaces definieren, müssen Sie in der Regel sowohl die Nutzer- als auch die Anbieterklassen definieren. Für die Bibliotheks-Interfaces sind jedoch schon die Nutzer definiert. Dies ist in vielen Fällen die Java-VM.

Wichtige Interfaces der Bibliothek sind die *Listener* (siehe Kapitel 9.5) und *Runnable* (siehe Kapitel 10).

5.10.1 Interface definieren

Interfaces müssen wie Klassen zunächst mit ihren Eigenschaften und Methoden definiert werden. Stellen Sie sich dazu einmal die folgende Situation vor:

Im Rahmen einer Finanzanwendung existieren mehrere Kontoklassen, die nur *Object* als gemeinsame Superklasse haben. Einzelne davon sollen nun eine gemeinsame Funktionalität erhalten, deren Einhaltung vom Compiler überwacht werden kann. Diese Funktionalität wird zunächst beispielsweise als das folgende Interface definiert und wie Klassen unter ihrem Namen *BonusSparen.java* gespeichert:

```
public interface BonusSparen {                      //(1)
   int BONUS = 100;                                 //(2)
   int LAUFZEIT = 1;
   double addBonus(double bonus);                   //(3)
}
```

(1) Der äußere Aufbau einer Interfacedefinition ist bis auf das Schlüsselwort *interface* mit dem einer Klasse identisch.
(2) Eigenschaften können jedoch nur als Konstanten definiert werden. Unter *BONUS* könnte man hier den Einmalbetrag verstehen, der nach Ablauf einer Sparfrist gutgeschrieben wird. Obwohl nichts weiter angegeben wird, ist diese Variable bei Interfaces automatisch *public*, *static* und *final*. Das heißt, sie kann von anderen Objekten direkt über den Interface-Namen angesprochen und nicht geändert werden.
(3) Methoden werden in einem Interface nur deklariert. Dazu werden Name, Rückgabetyp und Parameterliste angegeben. Statt in geschweiften Klammern dann die Funktionalität festzulegen, wird die Deklaration einfach mit einem Semikolon abgeschlossen. Diese Deklarationen sind bei Interfaces automatisch *public* und – weil keine Funktionskörper angegeben wird – auch abstrakt. Das heißt nichts anderes, als dass ihnen eine reale Ausprägung fehlt.

Wichtig!
- Interface-Felder sind alle implizit *public static final,* und
- Interface-Methoden sind alle implizit *public abstract*.

Weil nur diese Deklarationen erlaubt sind, gehört es zum guten Programmierstil, sie einfach wegzulassen.

5.10.2 Interface implementieren

Alle Klassen, die nun neben ihren ererbten Eigenschaften und Methoden garantiert diese zusätzliche Funktionalität des Interface *BonusSparen* erhalten sollen, müssen es implementieren. Für die Klasse *Konto2* aus dem Kapitel 5.8 sieht dies so aus:

```
...
class Konto2 implements BonusSparen {
  protected static double zinssatz;
...
```

Durch den Zusatz *implements* wird dem Compiler mitgeteilt, welche Schnittstellenvereinbarungen eingehalten werden sollen. Diesem

Schlüsselwort folgen dann die Namen der einzubauenden Interfaces, beispielsweise *implements Interf01, Interf02, Interf03*.
Die Klasse *Konto2* muss jetzt alle Methoden des Interface definieren. Wird auch nur eine ausgelassen, dann kann kein Objekt der Klasse erzeugt werden. Man spricht dann von einer abstrakten Klasse. Der Compiler weist durch eine Fehlermeldung darauf hin:

```
Klasse08.java:15: Konto2 should be declared abstract; it does not
define addBonus(double) in Konto2
class Konto2 implements BonusSparen{
^
1 error
```

Enthält *Konto2* jedoch die folgende Definition, wird einwandfrei kompiliert.

```
double addBonus(double bonus) {
    return kontostand +=
        (bonus < BONUS) ? BONUS : bonus;
}
```

Dabei kommt es nicht darauf an, welche Anweisungen in dem markierten Funktionskörper stehen, sondern nur darauf, dass die Deklaration überhaupt mit einer gültigen Funktion «überschrieben» wurde.
Im Zusammenhang mit Ableitungen folgt die *implements*-Klausel der *extends*-Klausel, zum Beispiel:

public class Klasse02 extends Klasse01 implements Interf01, ...

Durch die Interfaces ist es möglich, verschiedenen Klassen, die sonst keine Gemeinsamkeiten haben, die gleichen Methoden bereitzustellen, ohne zwangsweise eine allgemeine Superklasse einzuführen.

5.11 Zusammenfassung

- Datenfelder und Methoden einer Klasse können *private*, *public* oder *protected* sein. Häufig sind die Methoden *public* und die Datenfelder *private*.
- Eine Klasse ist der Bauplan eines Objektes. Von einer Klasse kann man beliebig viele Objekte erzeugen.
- Lokale Variablen müssen initialisiert werden, bevor man sie benutzen kann. Datenfelder werden von Java hingegen automatisch mit Werten vorbelegt.
- Bei der Vererbung werden Eigenschaften der Elternklasse an die Kindklasse weitergegeben.
- Eine Kindklasse kann nur eine Elternklasse haben, eine Elternklasse kann jedoch beliebig viele Kindklassen haben. Die Kindklassen können ihrerseits wieder Elternklassen für weitere Kindklassen sein. Auf diese Art kann man ganze Vererbungshierarchien aufbauen.
- Die Klassen, aus denen das Java-API aufgebaut ist, besitzen eine umfangreiche Vererbungshierarchie.
- Durch Überladen ist es möglich, mehrere Funktionen gleichen Namens, jedoch mit unterschiedlicher Signatur anzulegen. Das heißt, sie verfügen über unterschiedliche Parameterlisten. Überladene Methoden sollten jedoch immer die gleiche Aufgabe wahrnehmen.
- Durch Überschreiben wird in einer abgeleiteten Klasse eine ererbte Methode neu definiert. Die Signaturen sind in diesem Fall gleich, nur der Funktionskörper ist anders.
- Statische Datenfelder existieren für jede Klasse nur einmal, nichtstatische Datenfelder für jedes Objekt separat.
- Der Aufruf einer statischen Methode kann und sollte immer über den Namen der Klasse erfolgen.
- Ein Konstruktor hat keinen Rückgabewert, auch nicht *void*!
- Ein Konstruktor darf nicht direkt aufgerufen werden. Er darf allerdings andere Methoden aufrufen.

5.12 Übungen

Aufgabe 19

Verändern Sie die Klasse *Konto* aus Kapitel 5.7 folgendermaßen:
a) Beim Ändern des Zinssatzes soll sichergestellt werden, dass der Zinssatz größer als 0 Prozent und kleiner als 15 Prozent ist.
b) Es darf nur ausgezahlt werden, wenn der Auszahlungsbetrag kleiner als das oder gleich dem Guthaben ist.
c) Der Einzahlungsbetrag darf nicht kleiner oder gleich null sein.

Aufgabe 20

Leiten Sie von der Klasse *Konto* eine Klasse *Sparkonto* ab. Sie soll folgende Spezialisierungen enthalten:
a) Sie soll ein Kennwort definieren.
b) Das Kennwort soll sofort gespeichert werden, wenn ein Objekt angelegt wird.
c) Die Methode *auszahlen* muss das Kennwort prüfen, bevor die Verarbeitung ausgeführt wird.

6 Paket

Eines der unangenehmsten Probleme bei der Entwicklung von wiederverwendbaren Programmkomponenten sind Namenskonflikte. Da viele Programmierer – häufig unabhängig voneinander – Klassen und Methoden entwickeln, ist es schnell geschehen, dass Namen doppelt benutzt werden. Diesen Problemen versucht man, durch geeignete Namenskonventionen zu begegnen.
Java-Programme bestehen aus mehreren Klassen, das heißt aus mehreren Byte-Code-Dateien. Diese müssen zur Laufzeit von der VM geladen werden. Dazu muss sie natürlich wissen, wo die Dateien gespeichert sind.
Beide Problemkreise löst Java durch Paketangaben (engl. packages).

6.1 Java-Packages

Packages sind Sammlungen von Klassen. Die Klassen in einem Paket müssen nicht über Vererbungsmechanismen zusammengehalten werden. Vielmehr sind die Klassen in einem Paket logisch verbunden, das heißt, sie erfüllen meistens eine gemeinsame Aufgabe.
Die meisten Klassen, die Sie in Java benutzen können, sind Bestandteil von Packages. Die folgende Liste gibt einen Überblick über alle Packages, wie sie im JDK 1.3 Standard Edition definiert sind:

java.applet	Klassen für Applets und ihren Kontext
java.awt	Klassen für grafische Oberflächen
java.awt.color	ICC-Farbräume und -profile
java.awt.datatransfer	Datentransferklassen (z. B. Clipboard)
java.awt.dnd	Drag-and-Drop-Klassen
java.awt.event	Ereignisklassen des AWT
java.awt.font	Klassen für Schriftarten

java.awt.geom	Klassen für zweidim. geometr. Objekte
java.awt.im	Klassen für spez. Eingabemethoden
java.awt.im.spi	Schnittstellen für spez. Eingabemethoden
java.awt.image	Klassen für Bildbearbeitung
java.awt.image.renderable	Klassen für darstellungsunabh. Bilder
java.awt.print	Klassen für Druckaufgaben
java.beans	Klassen für Java-Beans-Entwicklung
java.beans.beanscontext	Klassen für Kontext von Java-Beans
java.io	Ein- und Ausgabeklassen
java.lang	Fundamentalklassen von Java
java.lang.ref	Klassen für Referenzverwaltung
java.lang.reflect	Klassen für Informationen über Klassen
java.math	Arithmetikklassen
java.net	Netzwerkklassen
java.rmi	Klassen für Remote Method Invocation
java.rmi.activation	Aktivierungsklassen für RMI
java.rmi.dgc	Klassen für verteilte Garbage Collection
java.rmi.registry	Klassen für die RMI-Registrierung
java.rmi.server	Serverseitige Klassen für RMI
java.security	Klassen für das Sicherheitssystem
java.security.acl	Klassen für Access Control Lists
java.security.cert	Klassen für Zertifikate
java.security.interfaces	Schnittstellen für RSA- und DSA-Schlüssel
java.security.spec	Klassen für Schlüssel und Algorithmen
java.sql	Klassen für Datenbankzugriffe
java.text	Klassen zur Textverarbeitung
java.util	Hilfs- und sonstige Klassen
java.util.jar	Klassen für Dateien im JAR-Format
java.util.zip	Klassen für Dateien im ZIP-Format

Neben diesen Kern-Packages gibt es sieben Gruppen, die zum erweiterten Kern gehören. Diese Packages heißen bzw. beginnen mit

javax.accessibility	Klassen für behindertengerechte Zugriffe
javax.naming u. a.	Klassen für Naming Services
javax.rmi u. a.	Klassen für RMI-IIOP
javax.sound ...	Audioklassen
javax.swing u. a.	Swing-Klassen
javax.transaction	ORB-Fehlerklassen
org.omg ...	Klassen für CORBA

In diesen Paketen sind Hunderte von Klassen enthalten, die Sie für die Entwicklung Ihrer eigenen Programme verwenden können. Jede benutzte Klasse muss jedoch importiert werden (siehe Kapitel 4.1), beispielsweise

```
import java.util.Date;
...
```

Gleich alle Klassen eines Paketes werden importiert, wenn statt des Klassennamens ein Stern angegeben wird, zum Beispiel

```
import java.util.*;
...
```

Wichtig:
Der Stern darf dabei nur den Klassennamen ersetzen, keine Teile des Paketnamens.

Eines dieser Pakete ist für Java nun so wichtig, dass es automatisch importiert wird. Es handelt sich um das Paket *java.lang*. Es umfasst die folgenden Klassen:

Boolean	Byte
Character	Character.Subset
Class	ClassLoader
Compiler	Double
Float	InheritableThreadLocal
Integer	Long
Math	Number
Object	Package
Process	Runtime
RuntimePermission	SecurityManager
Short	StrictMath
String	StringBuffer
System	Thread
ThreadGroup	ThreadLocal
Throwable	Void

6.2 Eigene Pakete anlegen

Wenn Applikationen in Java entwickelt werden, arbeiten viele Klassen zusammen, von denen ein Großteil selbst definiert wird. Damit man auch bei diesen den Überblick behält, organisiert man sie am besten ebenfalls als Package.

Um ein Paket anzulegen, benutzt man die folgende Syntax:

```
package meinPaket.ausgabe;

public class Paketklasse {
  public static void ausgabe() {
    System.out.println(
      "Hier ist Methode 'ausgabe'.");
  }
}
```

Hinter dem Schlüsselwort *package* folgt der Name des Paketes. Die Namen sollten so gewählt sein, dass möglichst keine Kollisionen mit anderen Paketen auftreten können. Im Anhang finden Sie einige weitere Hinweise zu Namenskonventionen. Wenn Sie das Schlüsselwort *package* nicht verwenden – wie das bisher der Fall war –, werden die Klassen automatisch in ein so genanntes *unnamed package* eingefügt. Der Byte Code dieser Klassen lässt sich nur aus seinem Verzeichnis starten.

Wenn Sie das obige Beispiel nachvollziehen wollen, müssen Sie von Ihrem Arbeitsverzeichnis, in dem die anderen Programmdateien liegen, Unterverzeichnisse für den Verzeichnispfad des Paketes anlegen. Er lautet *meinPaket\ausgabe*. In dem letzten Verzeichnis *ausgabe* muss *Paketklasse.class* gespeichert sein.

Im nächsten Schritt erstellen Sie das folgende Testprogramm.

```
import meinPaket.ausgabe.Paketklasse;

class Test {
  public static void main(String[] args) {
    Paketklasse.ausgabe();
  }
}
```

Der Byte Code dieser Datei muss sich wie bisher im aktuellen Arbeitsverzeichnis befinden. Grafisch sieht die Speicherstruktur dann folgendermaßen aus:

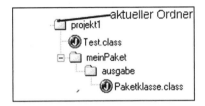

Komfortable Entwicklungssysteme nehmen dem Programmierer die Arbeit ab, diese Ordner anzulegen und den Byte Code korrekt zu speichern. Wer jedoch nur mit dem JDK arbeitet, muss dies alles selbst erledigen und kontrollieren.
Wenn Sie das Programm kompilieren und starten, sollte die folgende Ausgabe erscheinen:

```
Hier ist Methode 'ausgabe'.
```

Mit *import* können Sie einzelne Klassen aus einem Paket oder alle Klassen eines Pakets importieren. Diese Klausel kann zusammen mit *package* verwendet werden, aber nur in dieser Reihenfolge:

```
package mainProjekt.gui;
import java.util.*;
import java.text.*;
...
```

Wenn eine *package*-Anweisung verwendet wird, muss sie als Erste stehen und darf nur einmal vorkommen. Danach können beliebig viele *import*-Klauseln folgen. Vor *package* darf nur noch Kommentar stehen!
Ohne Verwendung von *import* muss das Programm so aussehen:

```
class Test {
  public static void main(String[] args) {
    meinPaket.ausgabe.Paketklasse.ausgabe();
  }
}
```

Ohne *import* muss immer der vollständige Name der Klasse angegeben werden, und der besteht aus Paket- und Klassennamen. Gehören zu verschiedenen Paketen Klassen mit gleichem Namen, dann muss für diese auf jeden Fall der volle Name angegeben werden, damit sie unterscheidbar sind.

6.3 Klassenbibliotheken

Vielleicht haben Sie sich bereits die Frage gestellt: Wo sind die Klassen des Java-API wie *String*, *Date* usw. gespeichert und wie findet die VM diese, wenn sie nicht unterhalb des aktuellen Ordners gespeichert sind? Nun, wie alle Programmiersprachen, verfügt auch Java über eine Bibliothek in Form einer Datei. Diese wird automatisch in *jre\lib* unterhalb des Java-Installationsverzeichnisses gesucht und heißt *rt.jar*. Ist also beispielsweise *c:\jdk1.3* das Installationsverzeichnis, dann finden Sie diese unter

```
C:\jdk1.3\jre\lib\rt.jar
```

Bei den Abkürzungen im Namen steht *jre* für Java Runtime Environment, *rt* für Runtime und *jar* für Java Archive. Die Datei *rt.jar* besitzt – wie alle Dateien vom Typ *jar* (siehe Kapitel 13.6.3) – eine interne Ordnerstruktur genau wie eine Festplatte ähnlich den ZIP-Dateien bzw. komprimierten Ordnern unter Windows 98 Plus! und Windows ME.

> *Hinweis:*
> Ältere JDK-Versionen vor dem JDK 1.2 benutzen die Bibliothek *classes.zip* im Ordner *lib*. Diese wird nicht automatisch gesucht.

Der Classpath
Während der Speicherort der Standardbibliothek dem Compiler und der VM automatisch durch die Installation bekannt sind, müssen eigene Bibliotheken sowohl beim Kompilieren als auch beim Programmstart stets angegeben werden, wenn sie nicht unterhalb des Arbeitsordners gespeichert sind. Dies kann auf zwei Arten geschehen:
- per Umgebungsvariable *CLASSPATH* (zum Beispiel durch den Befehl: *set CLASSPATH=pfad1;pfad2;...*)

- per Compiler-/VM-Option *-classpath* (zum Beispiel durch den Aufruf: *javac -classpath pfad1;pfad2;... Test.java*)

Bei den Angaben zu *pfad1*, *pfad2* usw. handelt es sich entweder um die Angabe des Stammverzeichnisses der Pakete oder um die Pfadangabe der Bibliotheksdatei.

Beispiel 1:
Sie haben die Klassen eigener Pakete in Verzeichnissen unterhalb des Ordners *C:\myprojects\projekt1* analog zu Kapitel 6.2 gespeichert. Um diese Klassen aus beliebigen Verzeichnissen benutzen zu können, wird entweder ein einziges Mal die Umgebungsvariable gesetzt:

```
set CLASSPATH=C:\myprojects\projekt1
```

oder jedes Mal die Option *-classpath* benutzt:

```
javac -classpath C:\myprojects\projekt1 Test.java
java  -classpath C:\myprojects\projekt1 Test
```

Beispiel 2:
Sie haben im gleichen Verzeichnis ein Java-Archiv erzeugt (siehe Kapitel 13.6.3). Diese Datei heißt *myJava.jar*. Die Umgebung wird nun so gesetzt:

```
set CLASSPATH=C:\myprojects\projekt1\myJava.jar
```

und die Option lautet:

```
javac -classpath C:\myprojects\projekt1\myJava.jar Test.java
java  -classpath C:\myprojects\projekt1\myJava.jar Test
```

Bibliotheks- und Paketangaben können natürlich auch mehrfach und gemischt angegeben werden. Dann werden die einzelnen Pfade durch Semikolon voneinander getrennt.

> *Hinweis*:
> Bei älteren JDK-Versionen vor 1.2 musste die Standardbibliothek immer im *Classpath* mit angegeben werden.

6.4 Zusammenfassung

Damit haben Sie einen Überblick über die Pakete in Java. Das Wichtigste sei hier zusammengefasst.

- Java organisiert die Klassen mit gemeinsamen Aufgaben in Paketen (engl. *packages*).
- Die Klassen eines Paketes müssen nicht voneinander abgeleitet sein.
- Die Paketnamen legen den relativen Speicherort bezüglich eines Stammordners fest.
- Pakete werden mit Hilfe der *package*-Klausel definiert. Sie darf höchstens einmal in einer Quelldatei vorkommen.
- Pakete können benutzt werden, wenn entweder der vollständige Klassenname angegeben oder eine *import*-Klausel verwendet wird.
- Eigene Bibliotheken und Pakete werden mittels *Classpath* angegeben. Dadurch werden entweder die Pfade zu den Stammordnern der Pakete oder der Bibliotheksdateien selbst angegeben.

6.5 Übung

Aufgabe 21

Erstellen Sie die Klasse *Test* als *Test2* im Paket *meinPaket*.

7 Applets fürs WWW

Dieses Kapitel befasst sich nun endlich mit dem Bereich, der wohl der Programmiersprache Java zu ihrer rasanten Verbreitung und enormen Popularität verholfen hat: den Applets. Wie bereits im Kapitel 1.2.2 erläutert, sind Applets kleine Programme, die nicht eigenständig laufen sollen, sondern in andere Anwendungen eingebettet werden. In der Regel sind dies die Web-Browser, die auch hier benutzt werden, um Applets zu starten. Man kann sie aber auch in Java-Applikationen einbetten. Dies wird unter anderem Thema des Kapitels 11.6 sein.

7.1 Ein Miniaturapplet

Das erste Applet soll den Grundaufbau und die Einbindung in HTML-Dokumente (engl. Hypertext Markup Language) demonstrieren. Es zeigt nur Text an und mag dem einen oder anderen von Ihnen nach dem bisher Gelernten wie ein Rückschritt erscheinen. Dieses Buch soll aber auch denjenigen, die nur an Java-Applets interessiert sind, mehr oder weniger den Soforteinstieg ermöglichen.

Geben Sie nun das folgende Programm ein und speichern Sie es unter *Applet01.java*.

```
import java.applet.*;                            //(1)
import java.awt.*;                               //(2)

public class Applet01 extends Applet {           //(3)
  public void paint(Graphics g) {                //(4)
    g.drawString("Hier bin ich.",0,10);          //(5)
  }
}
```

(1) Alle Klassen des Package *java.applet* werden importiert. Applets werden von der Klasse *Applet* dieses Paketes abgeleitet und benutzen die Methoden ihrer Elternklassen.
(2) Ebenso wird mit dem Paket *java.awt* verfahren. *Awt* steht für *Abstract Window Toolkit* und stellt die grafische Oberfläche zur Verfügung.
(3) Jedes Applet ist eine Kindklasse der Klasse *Applet*! Daher leiten Sie hier die erste Beispielklasse mittels *extends* von *Applet* ab.
(4) Die von der «Großelternklasse» *Container* (siehe Seite 266) geerbte Methode *paint* wird überschrieben. Sie wird immer automatisch aufgerufen, wenn das Appletfenster aktualisiert werden muss, und erhält einen Grafikkontext als Parameter, mit dessen Methoden Ausgaben durchgeführt werden können. Windows-Programmierern sei gesagt, dass sie hier das Äquivalent für den Gerätekontext vor sich haben. Der Einfachheit halber können Sie sich unter dem Objekt *g* ein imaginäres Schreibutensil vorstellen, mit dem das Programm malt, zeichnet, schreibt usw.
(5) Die Methode *drawString* dient der Textausgabe im Grafikmodus. Der erste Parameter ist der auszugebende Text, der zweite und dritte geben die x- und y-Koordinaten des Ausgabepunktes an.

Der Nullpunkt des Koordinatensystems liegt dabei in der linken, oberen Ecke des Appletfensters, nicht des Browserfensters. Positive Koordinaten liegen rechts davon bzw. darunter.
Bei der Angabe der Startkoordinaten müssen Sie berücksichtigen, dass der Schriftzug sich oberhalb und links davon befindet. Die y-Koordinate des Ausgabepunktes muss also mindestens gleich der Schrifthöhe sein, sonst hat der Text keinen Platz im Fenster. Das nächste Bild macht diesen Sachverhalt deutlich.

Wenn Sie dieses Beispiel nun von der Entwicklungsumgebung bzw. vom Compiler übersetzen lassen (siehe Kapitel 2.1), erhalten Sie eine

Datei mit dem Namen *Applet01.class*. Doch wie soll diese ausgeführt werden?

7.2 Einsatz im WWW

Applets müssen eingebettet werden, und die einfachste und gleichzeitig verbreitetste Methode ist die, sie in die HTML-Seiten einzubauen, die im WWW (engl. World Wide Web) übertragen werden.
Eine solche auf nahezu das Minimum beschränkte Seite sieht für das Applet beispielsweise folgendermaßen aus:

```
<!DOCTYPE html PUBLIC
  "-//W3C//DTD HTML 4.0 Transitional//EN">
<HTML>
<HEAD>
<TITLE>Mein erstes Applet</TITLE>
</HEAD>
<BODY>
   <APPLET CODE="Applet01.class"
       WIDTH="640"
       HEIGHT="100">
   </APPLET>
</BODY>
</HTML>
```

Erstellen Sie diese Datei mit einem Texteditor und speichern Sie sie im gleichen Verzeichnis wie das Applet! Den Dateinamen können Sie bis auf die Erweiterung frei wählen, beispielsweise *Applet01.html* ab Windows 95 oder *Applet01.htm* unter Windows 3.1.
Wer komplette Webseiten erstellen will, muss die in dieser Datei verwendeten Anweisungen genauer verstehen. Zum Verständnis der Applets reicht es aber aus, wenn man weiß, dass HTML-Anweisungen Blockanweisungen sind, die mit Markierungen – so genannten *Tags* – beginnen und enden. Diese Markierungen stehen in spitzen Klammern (<>). Applets werden durch einen Block eingebunden, der mit dem Tag *<APPLET ...>* beginnt und durch *</APPLET>* endet.
In dem Beispiel werden drei Schlüsselwörter – so genannte Attribute – benutzt:

- *CODE* = Name des Applet Byte Code

- *WIDTH* = Breite des Applets in Pixel
- *HEIGHT* = Höhe des Applets in Pixel

Die beiden Dateien *Applet01.class* und *Applet01.html* werden gemeinsam benötigt, um im WWW das Applet nutzen zu können.

7.2.1 Die HTML-Marke APPLET

Mit der Marke <APPLET> werden diese kleinen Java-Programme in die HTML-Seiten eingebaut. Die weiteren Optionen dieser Marke sind:

```
<APPLET CODEBASE= URL für Applet-Speicherort
        CODE    = Applet Byte Code
        ALT     = Platzhaltertext für Applet
        NAME    = Instanz-Name
        ID      = Instanz-Name
        WIDTH   = Pixelbreite
        HEIGHT  = Pixelhöhe
        ALIGN   = Appletausrichtung
        VSPACE  = Pixelabstand vertikal
        HSPACE  = Pixelabstand horizontal           >
<PARAM NAME = Appletparameter1 VALUE = Übergabewert >
<PARAM NAME = Appletparameter2 VALUE = Übergabewert >
.
.
.
alternative HTML-Anweisungen und Text für Browser ohne Java
</APPLET>
```

Fett dargestellt sind die unbedingt notwendigen Angaben, die bereits erläutert wurden. Die restlichen dienen den folgenden Zwecken:

CODEBASE   gibt die Adresse des Speicherorts als URL (engl. Uniform Resource Locator) an. Fehlt diese Angabe, so wird im Verzeichnis der HTML-Datei nach dem Applet gesucht. Sie sollten CODEBASE nur verwenden, wenn das Applet von mehreren WWW-Dokumenten genutzt und nie zusammen mit diesen an andere Adressen verschoben wird.

CODE   ist unbedingt erforderlich und gibt den Dateinamen des Applet Byte Codes (*.class*) an. Pfadangaben sind nicht zulässig.

ALT   definiert den Text, den Browser anzeigen sollen, wenn

	sie zwar die Marke *<APPLET>* verarbeiten, aber keine Applets anzeigen können.
NAME	legt einen Identifier fest, über den das Applet von anderen Applets oder durch Scripte angesprochen werden kann, um seine Methoden aufzurufen.
ID	Identifikationsname
WIDTH	gibt die anfängliche Breite des Applets in Pixel an.
HEIGHT	gibt die anfängliche Höhe in Pixel an.
ALIGN	richtet das Applet am Text aus. Mögliche Werte sind: *left, right, top, texttop, middle, absmiddle, baseline, bottom, absbottom*.
VSPACE	gibt den freizuhaltenden Raum ober- und unterhalb des Applets in Pixel an.
HSPACE	gibt den freizuhaltenden Raum links und rechts neben dem Applet an.

Für jeden Parameter, den das Applet beim Start benötigt, muss mit der Marke *PARAM* durch *NAME* der Parameter und durch *VALUE* der ihm übergebene Wert festgelegt werden (siehe auch Kapitel 8.2).

Beispiel:

```
<APPLET CODEBASE="http://www.beispiel.com/klassen"
  CODE="demo1.class"
  WIDTH="200"
  HEIGHT="175"
  ALT="Hier steht eigentlich ein Applet."
  ALIGN="left">
<PARAM NAME="txt" VALUE="Beispiel">
Wenn Sie diesen Text sehen, unterst&uuml;tzt Ihr Browser keine
Java-Applets!
</APPLET>
```

7.2.2 Die Browser

Zur Darstellung des Applets benötigen Sie in jedem Fall einen Internet-Browser. Manche, aber nicht alle Java-Entwicklungssysteme werden mit einem solchen Programm ausgeliefert. Windows-95- und -NT-Nutzer verfügen bereits über den Internet Explorer und andere haben vielleicht den Netscape Navigator installiert. Diese beiden Programme sind die anerkannten Marktführer und können Applets anzeigen. Starten Sie Ihren Browser und öffnen Sie danach die HTML-Datei. Je nach Programm benutzen Sie dazu den folgenden Befehl:

Microsoft Internet Explorer   *Datei/Öffnen*
Netscape Navigator   *Datei/Datei öffnen*

Das folgende Bild zeigt das erste Applet im Internet Explorer. In der Titelleiste steht der Text der HTML-Seite, der von *<TITLE>* und *</TITLE>* eingeschlossen wurde. Breite und Höhe des grauen Rechtecks wurden durch die Angaben *WIDTH* und *HEIGHT* festgelegt.

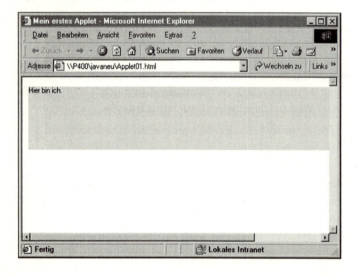

7.2.3 Die Web-Server

Damit auch andere in den Genuss Ihrer Applets kommen, müssen Sie die HTML-Dokumente natürlich veröffentlichen. Wenn Sie einen eigenen Web-Server betreiben, beispielsweise den Microsoft Internet Information Server, dann müssen Sie nur die HTML- und CLASS-Dateien in eines seiner Verzeichnisse kopieren.
Nehmen Sie jedoch die Dienste eines so genannten Service Providers in

7.3 Zusammenfassung

- Die Klasse *Applet* ist die Elternklasse für alle Applets. Durch sie werden kleine Programme realisiert, die in geeignete Anwendungen eingebunden werden können.
- Das Package *java.awt* stellt die grafische Oberfläche durch seine Klassen bereit.
- Die Methode *paint* ist in der Klasse *Container* definiert und wird immer aufgerufen, wenn das Applet neu gezeichnet werden muss. Es erhält als Parameter ein Grafikobjekt übergeben, mit dessen Methoden gezeichnet werden kann.
- Um ein Applet von einem Web-Browser anzeigen zu lassen, muss es in eine HTML-Seite eingebunden werden. Beide Dateien, die HTML-Seite und die Java-Byte-Code-Datei, müssen immer zusammen verfügbar sein. Das heißt, in der Regel befinden sie sich im gleichen Verzeichnis.
- Die Marke <APPLET ...> benennt das eingebundene Applet und legt seine Darstellung fest. Ihr können HTML-Anweisungen und Texte folgen, die dann benutzt werden, wenn Applets vom Browser nicht dargestellt werden können. Dieser Block wird durch die Marke </APPLET> beendet.

7.4 Übungen

Aufgabe 22

Welche Klassen bzw. Interfaces müssen für Applets importiert werden und warum?

Aufgabe 23

Erstellen Sie ein Applet und eine zugehörige HTML-Seite, damit in einem 250 X 100 Pixel großen Fenster ein Text in der Mitte dargestellt wird.

Aufgabe 24

Legen Sie als Fenstertitel für den Browser *Übungsapplet* fest.

8 Die Kommandozentrale

Damit Applets von den Browsern einwandfrei dargestellt werden können, stellt ihre Klasse mehrere Methoden bereit, die bei Bedarf aufgerufen werden. Diese Funktionen stellen quasi die Schaltknöpfe dar, mit denen ein Browser die Applets startet, aktualisiert und beendet. Aufgabe des Programmierers ist ihre Verdrahtung, indem er den Funktionscode definiert. Dieses Kapitel beschäftigt sich mit diesen Klassenmethoden und der Parameterübergabe an Applets durch HTML.

8.1 Informationen bereitstellen

Applets sind keine selbständig lauffähigen Programme. Sie müssen von anderen Anwendungen, in die sie eingebettet sind, gestartet und gesteuert werden. Die Entwickler dieser Wirtsprogramme benötigen aber unter Umständen Informationen darüber, was das Applet macht, welche Version vorliegt usw. Zu diesem Zweck stellt das Java-API die Methode *getAppletInfo* zur Verfügung. Sie wird von verschiedenen Programmen, wie beispielsweise dem *Appletviewer* aus dem JDK, aufgerufen und kann auch von HTML-Autoren benutzt werden. Das folgende Programmbeispiel zeigt, wie diese Methode innerhalb einer Appletklasse definiert wird.

```
import java.applet.*;
import java.awt.*;

public class AppBspl extends Applet {
   .
   .
   .
   public String getAppletInfo() {
     return"Name: Fragmentbeispiel\n" +
```

```
            "Autor: Hans Mustermann\n" +
            "(C) Copyright 1997, SW GbR\n" +
            "Dies ist nur ein Beispiel.";
   }
      .
      .
      .
}
```

Die Funktion macht nichts anderes, als eine Zeichenkette zurückzugeben. Hier können Sie alles hineinschreiben, was Ihnen wichtig erscheint. Üblich sind der Name des Applets, Angaben zum Autor, zu Urheberrechten und Hinweise zur Verwendung. Um einen Zeilenwechsel festzulegen, benutzen Sie die Escapesequenz \n (Zeilenvorschub).

Wenn Sie den Appletviewer mit der HTML-Datei starten, die das Applet einbindet, dann können Sie das Ergebnis sichtbar machen. Sein Aufruf lautet zum Beispiel:

```
appletviewer AppBspl.html
```

Er benutzt diese Funktion in seinem Befehl *Applet/Info* und zeigt daraufhin Folgendes an:

Wie Sie sehen, ähnelt das Fenster den so genannten *About*-Dialogfeldern der Windows-Programme.

Eine zweite Methode der Applet-Klasse wird benutzt, um Informationen über die Aufrufparameter auszugeben. Sie heißt *getParameterInfo* und liefert ein mehrdimensionales Array von Zeichenketten. Im nächsten Programmfragment sehen Sie eine Definition dieser Methode.

```
import java.applet.*;
import java.awt.*;

public class AppBspl extends Applet {
  private final String TEXT_PARAM = "text";              //(1)
  private final String BGCOLOR_PARAM =
              "appletfarbe";
  private final String FGCOLOR_PARAM =
              "textfarbe";
  .
  .
  .
  public String[][] getParameterInfo() {                 //(2)
    String[][] info =
    {
      {TEXT_PARAM,"String","Anzuzeigender Text"},
      {BGCOLOR_PARAM,"int","Hintergrundfarbe"},
      {FGCOLOR_PARAM,"int","Farbe für Text"}
    };
    return info;
  }
  .
  .
  .
}
```

(1) Die Namen der HTML-Parameter werden in der Regel als konstante Variablen (*final*) gespeichert, damit man bei Änderungen nur eine Stelle im Programm korrigieren muss. Näheres hierzu erläutert das Kapitel 8.2 zum Thema Parameterübergabe.

(2) Die Methode *getParameterInfo* ist eine *public*-Funktion und gibt ein Array von Arrays aus Zeichenketten zurück. Für jeden Parameter werden dabei der Name, sein Typ und eine Kurzbeschreibung angegeben. Ein Array wird dadurch definiert, dass die Elemente in geschweiften Klammern { ... } aufgezählt werden. Der Typ eines einfachen Zeichenketten-Arrays lautet *String []*. Hier werden also eckige Klammern benutzt. Sind – wie bei *getParameterInfo* – die einzelnen Elemente des Arrays wiederum Arrays, was man an den geschachtelten geschweiften Klammern erkennen kann, so lautet der Typ *String [] []*.

Auch diese Funktion wird durch den Befehl *Applet/Info* des Appletviewers mit ausgewertet, wie im folgenden Bild dargestellt.

Im Beispiel informiert das Applet darüber, dass es drei Parameter benutzt, einen vom Typ *String* und zwei *int*-Werte, mit denen Text sowie Vorder- und Hintergrundfarbe festgelegt werden können.

8.2 Parameter übergeben

Oft stellen Applets eine Funktionalität bereit, die von den HTML-Dokumenten durch Parameter gesteuert werden soll. Diese werden, wie Sie bereits im Kapitel 7.2.1 kurz gesehen haben, bei der <APPLET>-Marke festgelegt. Für das Applet aus dem vorherigen Kapitel kann die HTML-Datei beispielsweise folgende Marken enthalten:

```
<APPLET CODE="Standardmethoden.class"
        ID="Std"
        WIDTH="320"
        HEIGHT="240">
<PARAM NAME="text"
    VALUE="Dieser Text kommt von der HTML-Datei.">
<PARAM NAME="appletfarbe"
    VALUE="15600000">
<PARAM NAME="textfarbe"
    VALUE="00FF00">
</APPLET>
```

Hier werden dem Applet drei Parameter übergeben. Jedes Mal wird eine Marke <PARAM> benutzt. Mit NAME wird der Parametername und mit VALUE sein übergebener Wert festgelegt. Der erste Parameter erhält hier einen Text, der zweite eine Dezimalzahl und der dritte eine Hexadezimalzahl. Alle Werte stehen in Anführungszeichen und stellen somit Zeichenketten dar. Eine direkte Übergabe von Zahlen oder logischen Werten ist nicht möglich.

Im Gegensatz zu anderen Programmiersprachen, in denen Parameter der Hauptfunktion, beispielsweise *main*, oder dem Konstruktor übergeben werden, muss das Applet selbst jeden Parameter explizit mittels *getParameter* ermitteln und seinen Wert einer Variablen zuweisen. Dies zeigt das folgende Beispiel, das eine Zeichenkette anzeigt. Dieser Text, die Schriftfarbe und die Hintergrundfarbe des Applets können per HTML als Parameter übergeben werden.

```
import java.applet.*;
import java.awt.*;

public class Standardmethoden extends Applet {
  private String text =
            "Hier erscheint Text.";                    //(1)
  private int bgFarbe = 16777215;                     //(2)
  private int textFarbe = 0;                          //(3)
  private Color textColor;                            //(4)
  private Color bgColor;                              //(5)
  private final String TEXT_PARAM = "text";           //(6)
  private final String BGCOLOR_PARAM =
            "appletfarbe";                            //(7)
  private final String FGCOLOR_PARAM =
            "textfarbe";                              //(8)

  public String[][] getParameterInfo() {
    String[][] info =
    {
      {TEXT_PARAM,"String","Anzuzeigender Text"},
      {BGCOLOR_PARAM,"int","Hintergrundfarbe"},
      {FGCOLOR_PARAM,"int","Farbe für Text"},
    };
    return info;
  }

  public void init() {
```

```java
      String param;                                 //(9)
      param = getParameter(TEXT_PARAM);             //(10)
      if (param != null)                            //(11)
        text = param;                               //(12)
      param = getParameter(BGCOLOR_PARAM);
      if (param != null)
        bgFarbe=Integer.parseInt(param);            //(13)
      param = getParameter(FGCOLOR_PARAM);
      if (param != null)
        textFarbe=Integer.parseInt(param
              ,16);                                 //(14)
      textColor = new Color(textFarbe);             //(15)
      bgColor = new Color(bgFarbe);                 //(16)
      setBackground(bgColor);                       //(17)
      setForeground(textColor);                     //(18)
    }

    public void paint(Graphics g) {
      g.drawString(text, 10, 20);
    }
}
```

(1) Für jeden Parameter benötigen Sie eine Variable, um den Wert zu speichern. Hier wird das Attribut *text* für die anzuzeigende Zeichenkette definiert. Ihr wird gleich ein Vorgabewert zugewiesen, damit es nicht zu Abstürzen kommt, falls kein Parameter übergeben wird.

(2) Genauso wird hier *bgFarbe* für die Hintergrundfarbe definiert. Farbwerte werden durch Ganzzahlen beschrieben, die die Farbanteile (0-255) der Grundfarben Rot, Grün und Blau nach folgender Formel angeben: *rot*256*256+grün*256+blau*. Anders ausgedrückt enthält ein Farbwert in den Bits 0-7 den Blauanteil, in den Bits 8-15 den Grünanteil und in den Bits 16-23 den Rotanteil. Hier wird als Vorgabefarbe Weiß festgelegt.

(3) Für die Textfarbe wird *textFarbe* mit der Vorgabe Schwarz definiert.

(4) Die gerade definierten Ganzzahlen beschreiben zwar Farben, können jedoch von Java nicht direkt zum Zeichnen benutzt werden. Dazu benötigen Sie Farbobjekte der Klasse *Color*. Die Eigenschaft *textColor* wird hier für die Vordergrundfarbe deklariert.

(5) Ebenso wird *bgColor* für die Hintergrundfarbe deklariert.

(6) Da die Parameter namentlich und nicht in einer vorher bestimmten Reihenfolge übergeben werden, wird hier eine konstante (*final*) Variable *TEXT_PARAM* für den Namen des Anzeigetext-Parameters definiert. Dies hat den Vorteil, dass auch die Methode *getParameterInfo* diese Variable benutzen kann, um die Parameternamen auszugeben. Wenn also aus irgendwelchen Gründen die Parameterbezeichnung geändert werden muss, so ist nur hier – und natürlich in der HTML-Datei – eine Korrektur vorzunehmen. Der Variablenname ist übrigens frei vorgebbar.

(7) Der nächste Parametername wird durch *BGCOLOR_PARAM* definiert.

(8) Der letzte Parametername wird durch *FGCOLOR_PARAM* festgelegt.

(9) Die Parameter werden grundsätzlich als Zeichenkette übergeben. Deshalb benötigen Sie zunächst eine Hilfsvariable zur Zwischenspeicherung, die hier *param* genannt wird. Ihr Inhalt muss später in den jeweiligen Typ umgewandelt werden.

(10) Hier erfolgt die eigentliche Parameterübernahme. Die Methode *getParameter* benutzt ein Zeichenkettenargument *TEXT_PARAM*, um in der HTML-Datei die <PARAM>-Marke mit der passenden *NAME*-Angabe zu suchen. Sie liefert den in HTML durch *VALUE* angegebenen Wert als Zeichenkette zurück.

(11) Durch Vergleich mit *null* muss unbedingt getestet werden, ob wirklich vom HTML-Dokument ein Wert festgelegt wurde. Nur dann darf der Rückgabewert von *getParameter* auch benutzt werden.

(12) Bei positivem Test erfolgt die Zuweisung.

(13) Wenn ein Parameter nicht als Zeichenkette interpretiert werden soll, dann ist eine Umwandlung erforderlich. Die Klasse *Integer* stellt hier die Methode *parseInt* zur Verfügung, um eine Zeichenkette, die nur aus Ziffern und gegebenenfalls Vorzeichen besteht, in eine Ganzzahl umzuwandeln. Für Objekte der anderen Datentypklassen gibt es entsprechende *parse*...-Methoden bzw. eine Methode *valueOf*, um die korrekte Umwandlung durchzuführen.

(14) Die Methode *parseInt* ist so überladen, dass sie die Zeichenkette auch als Zahl eines anderen Zahlensystems interpretieren kann. Durch den zweiten Funktionsparameter 16 wird hier eine hexadezimale Angabe in einen Zahlenwert umgewandelt.

(15) Hier wird das Farbobjekt *textColor* durch den Operator *new* er-

zeugt. Es wird dabei der Konstruktor *Color* benutzt, der zur Initialisierung einen Ganzzahl-RGB-Wert benutzt. Dieser wird von *textfarbe* geliefert.

(16) Genauso wird mit *bgColor* für die Hintergrundfarbe verfahren.

(17) Die Applet-Urgroßelternklasse *Component* liefert die Methode *setBackground*, um die Hintergrundfarbe einzustellen. Es muss dafür ein Farbobjekt als Parameter übergeben werden.

(18) *Component* liefert ebenfalls die Methode *setForeground*, um die Vordergrundfarbe festzulegen, in der gezeichnet und geschrieben wird.

8.3 Eigenschaften initialisieren

Die Parameterübernahme erfolgte im vorherigen Beispiel in einer Funktion namens *init*. Diese Methode wird von den Browsern automatisch nach dem Konstruktor aufgerufen. Beide Funktionen können benutzt werden, um Eigenschaften zu initialisieren. Abgesehen von der Reihenfolge, in der sie aufgerufen werden, gibt es weitere Unterschiede zwischen ihnen, die für die Initialisierungen ausschlaggebend sind.

Der Konstruktor

Wenn der Konstruktor aufgerufen wird, existiert das Applet noch nicht. Über ihn werden die Konstruktoren der Elternklassen aufgerufen, wodurch danach erst die ererbten Methoden zur Verfügung stehen. Die Verwendung von *getParameter* im Konstruktor wird daher zu einem Laufzeitfehler führen. Normale Initialisierungen durch beispielsweise Zuweisungen der Vorgabewerte für die Appletparameter und andere Klasseneigenschaften sind hier jedoch möglich.

```
public Standardmethoden() {
  text="Hier erscheint Text.";
  bgFarbe = 16777215;
  textFarbe = 0;
}
```

Eine Initialisierung mit 0, wie es der Konstruktor im Beispiel bei der Eigenschaft *textFarbe* vornimmt, ist eigentlich überflüssig, da Java dies ohnehin bei numerischen Feldern automatisch durchführt.

Die Methode init
Die Methode *init* der Applets ist in gewisser Weise vergleichbar mit der Funktion *main* bei Java-Anwendungen. In beiden Fällen existiert das Programm bzw. Applet bereits, und die Programmausführung setzt bei diesen Funktionen auf. Hier stehen die Methoden ihrer Elternklassen zur Verfügung und können daher benutzt werden, um Eigenschaften zu initialisieren. Die Verwendung der Methoden *getParameter*, *setBackground* und *setForeground* sind Beispiele dafür.

8.4 Applets starten und stoppen

Wenn Browser eine Web-Seite anzeigen, die ein Applet enthält, wird dieses geladen und gestartet. Ruft der Anwender nun ein anderes Dokument auf, so wird das Applet nicht automatisch aus dem Arbeitsspeicher entfernt. Damit der Computer nicht nach und nach von den Applets durch CPU-aufwendige Prozesse lahm gelegt wird, wie beispielsweise Animationen oder Musik, gibt es die Klassenmethoden *start* und *stop*.

Die Methode start
Jedes Mal, bevor der Browser das Applet erneut anzeigt, ruft er die Funktion *start* auf. Dies geschieht sowohl beim erstmaligen Anzeigen der Web-Seite als auch bei der Rückkehr von anderen Dokumenten. In dieser Funktion können also alle für die Darstellung des Applets wichtigen Anweisungen stehen, insbesondere die Aktivierung von Animationen und Musikdarbietungen.

Die Methode stop
Umgekehrt wird jedes Mal, wenn der Browser ein anderes Dokument anzeigen soll oder beendet wird, die Methode *stop* aufgerufen. Sie ist deshalb der ideale Platz, um alles, was in der Funktion *start* erzeugt wurde, wieder rückgängig zu machen.
Wenn Sie das Beispiel aus Kapitel 8.2 um ein paar Anweisungen und diese zwei Methoden erweitern, können Sie die Aufrufreihenfolge testen. Die Erweiterungen bestehen aus einer Variablen, die mitzählt, wie oft das Applet verlassen wurde, und einer von ihr abhängigen Meldung. Wird das Applet zum ersten Mal angezeigt, soll dies eine Begrüßung sein. Danach soll die Meldung die Anzahl der Folgeaufrufe angeben.

Dazu müssen Sie zunächst die beiden Variablen deklarieren. Die folgenden Anweisungen stehen am Anfang der Appletklasse, zum Beispiel hinter (8).

```
private static int count;
private String msg;
```

Die Eigenschaft *count* wird durch *static* zu einer Klasseneigenschaft. Dies ist notwendig, weil einige Browser jedes Mal ein neues Appletobjekt erzeugen, wenn zu der Seite des Applets zurückgekehrt wird. Eine Instanzeigenschaft hätte also immer wieder den Startwert; nur eine Klasseneigenschaft behält ihren Wert.

Die Initialisierung dieser Variablen kann der Konstruktor vornehmen, wenn die Werte von der Standardinitialisierung abweichen. Fügen Sie bei Bedarf den Konstruktor (siehe Kapitel 8.3) der Klasse hinzu und ergänzen Sie ihn um folgende Anweisung:

```
msg="Dies ist die Startmeldung";
```

Die Anzeige der Meldung übernimmt wieder die Methode *paint*:

```
public void paint(Graphics g)
{
  g.drawString(text, 10, 20);
  g.drawString(msg, 10, 35);
}
```

Die Methode *start* passt vor der Anzeige den Inhalt von *msg* an. Dieser ist abhängig von der Zählvariablen *count*.

```
public void start() {
  if (count==0)
    msg="Sie sind noch neu hier.";
  else
    msg="Sie waren "+count+"-mal weg.";
}
```

Die Methode *stop* zählt nur mit, wie oft sie aufgerufen wurde. Dadurch weiß jedes Applet, wie oft von ihm zu einem anderen Web-Dokument gewechselt worden ist.

```
public void stop() {
  count++;
}
```

Das Applet zeigt sich im Browser dann beispielsweise so:

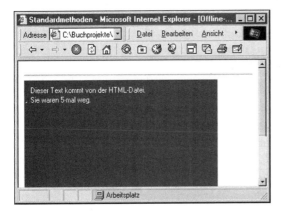

8.5 Das Ende eines Applets

Spätestens dann, wenn ein Browser beendet wird, müssen die Applets alle in Anspruch genommenen Ressourcen wieder freigeben. Zu diesem Zweck wird beim Beenden der Applets zuerst deren Methode *stop* und danach *destroy* aufgerufen.

```
public void destroy() {
  ...
}
```

So wird also zuerst alles beendet, was auch beim vorübergehenden Verlassen des Applets gestoppt wird. In *destroy* kann dann der Rest erledigt werden, der für einen ordentlichen Abschluss notwendig ist. Dies können beispielsweise von *init* gestartete Animationen oder separate Programmabläufe, so genannte Threads (siehe Kapitel 10.1), sein.

8.6 Zusammenfassung

- Die Appletklasse verfügt über einen Satz von Methoden, die es den Browsern gestatten, Objekte dieser Klasse zu steuern. Je nach Situation wird eine einzelne Methode oder eine bestimmte Folge von ihnen aufgerufen. Dies sind

beim Laden:	Konstruktor ➡ init ➡ start ➡ paint
zum Aktualisieren:	paint
beim Wechseln:	stop
bei der Rückkehr:	start
beim Beenden:	stop ➡ destroy

- Alle diese Methoden sind als *public void* definiert und übernehmen keine Parameter.
- Appletparameter müssen explizit mit der Methode *getParameter* ermittelt und gespeichert werden.
- Diese Funktion sucht im HTML-Dokument nach einer <PARAM>-Marke, bei der die Angabe zu *NAME* mit ihrem Parameter übereinstimmt, und liefert den durch *VALUE* gekennzeichneten Wert als Zeichenkette zurück.
- Die Methode *getAppletInfo* liefert eine Zeichenkette und wird in der Regel überschrieben, um Autoren- und Copyrightinformationen auszugeben.
- Um die Parameterinformationen zu dokumentieren, wird *getParameterInfo* benutzt. Diese Methode liefert ein Array von Zeichenkettenarrays. Bei n Parametern sind dies n × 3 Zeichenketten.

8.7 Übungen

Aufgabe 25

Warum werden die Appletparameternamen in Variablen gespeichert und nicht als Literale im Programm verwendet?

Aufgabe 26

Mit der Appletmethode *resize(int breite, int höhe)* können Sie die Größe neu bestimmen. Legen Sie zwei zusätzliche Parameter für das Applet fest und benutzen Sie sie, um variable Dimensionen für die Appletdarstellung zu ermöglichen. In welcher Funktion müssen Sie *resize* aufrufen?

Aufgabe 27

Ergänzen Sie das Programm um zusätzliche Zählvariablen für die Standardmethoden *init*, *start* und *destroy* und lassen Sie ihre Werte anzeigen.

9 Ereignisse verarbeiten

Applets verfügen nicht nur über eine vorgegebene Funktionalität, sondern können, wie andere Programme auch, interaktiv Eingaben des Anwenders verarbeiten. Dieses Kapitel beschreibt die wichtigsten Ereignisse, auf die Applets reagieren, und wie Sie sie benutzen können.

9.1 Das Konzept

Bevor Sie sich ein Beispiel ansehen, soll zuerst das Grundprinzip erläutert werden, nach dem Applets Eingaben verarbeiten. Denjenigen von Ihnen, die sich bereits mit der Windows-Programmierung beschäftigt haben, wird das Folgende bekannt vorkommen. Aber Vorsicht: Das Konzept ist zwar ähnlich, bei Java handelt es sich jedoch um ein plattformunabhängiges Verfahren.

9.1.1 Ereignisse

Jedes Mal, wenn eine Taste gedrückt, die Maus bewegt, das Applet verdeckt wird usw., wird ein Objekt einer speziellen Ereignisklasse erzeugt, die immer direkt oder indirekt von *AWTEvent* abgeleitet ist. Jedem für das Applet wichtigen Ereignis entspricht also ein Programmobjekt, das durch seine Attribute das jeweilige Ereignis genauer beschreibt.
Die Werte dieser Attribute können mittels so genannter *Getter* abgefragt werden. So heißen Methoden, die den Wert eines gekapselten Attributs liefern. Sie besitzen alle das Zugriffsprivileg *public* und haben im Einzelnen folgende Bedeutung:

getSource()   gibt das Objekt an, für das das Ereignis eingetreten ist.
getWhen()   gibt Datum und genaue Uhrzeit des Ereignisses an.

getID()	liefert eine Zahl, die den Ereignistyp beschreibt. Dadurch können die verschiedenen Ereignistypen genau identifiziert werden.
getModifiers()	gibt an, ob ⇧-, Strg-, Alt-, AltGr- oder rechte Maustaste gedrückt sind. Eine Kombination entspricht der Summe der Werte. Um festzustellen, ob eine der Tasten gedrückt ist, stellt das Ereignisobjekt die Methoden *isShiftDown()*, *isControlDown()*, *isAltDown()*, *isAltGraphDown()* und *isMetaDown()* zur Verfügung.
getX()	liefert für Mausereignisse die x-Koordinate des Cursors.
getY()	liefert für Mausereignisse die y-Koordinate des Cursors.
getKeyCode()	liefert bei Tastaturereignissen den Tastencode.
getKeyChar()	liefert bei Tastaturereignissen das Tastenzeichen.
getClickCount()	liefert nur bei Mausklicks einen Wert, nämlich ihre Anzahl. Dadurch können Doppelklicks festgestellt werden.

Diese Methoden werden allerdings nur von den Ereignisklassen bereitgestellt, bei denen sie auch Sinn machen. Allen gemeinsam ist jedoch die Methode *getSource()*, mit der sich das Objekt, für das das Ereignis aufgetreten ist, immer identifizieren lässt.

Es stehen mit einem Ereignisobjekt also alle Informationen zur Verfügung, um genau festzustellen, wann was passiert ist. Bleibt nur die Frage: Wie kommt man an das Objekt heran?

9.1.2 Ereignishandler

Im vorherigen Kapitel 8 haben Sie bereits kennen gelernt, wie in bestimmten Situationen ganz spezielle Klassenmethoden der Applets aufgerufen werden. So wird beispielsweise beim Anlegen eines Objektes nach dem Konstruktor *init* und bei jeder Fensteraktualisierung *paint* automatisch gestartet. Bei den Ereignissen verhält es sich ähnlich. Immer, wenn ein Ereignis eintritt, wird eine zentrale Methode der Applets aufgerufen, die diese von ihrer Urgroßelternklasse *Component* geerbt haben. Sie heißt *processEvent* und erhält eine Referenz des Ereignisobjekts als Parameter übergeben. Ihre Signatur lautet:

```
protected void processEvent(AWTEvent e)
```

Diese Methode ist die Drehscheibe der Ereignisverarbeitung. Sie macht in der Basisversion nichts anderes, als den Ereignistyp festzustellen und das Objekt an speziellere Ereignisfunktionen, auch Handlerfunktionen oder kurz Handler genannt, weiterzureichen.

Diese speziellen Handler sind alle *protected*, damit sie nicht direkt aufgerufen, sondern nur in abgeleiteten Klassen überschrieben werden können. Sie geben keinen Wert zurück und übernehmen immer als Parameter das spezielle Ereignisobjekt, für das sie zuständig sind. Einige wichtige sind im Folgenden aufgeführt:

processFocusEvent(FocusEvent e)	Erhalt und Verlust des Eingabefokus
processMouseMotionEvent(MouseEvent e)	Mausbewegung und -ziehen
processMouseEvent(MouseEvent e)	Alle anderen Mausereignisse
processKeyEvent(KeyEvent e)	Tastatur wurde benutzt

Wenn Ihre Applets nun auf Ereignisse reagieren sollen, so müssen Sie die zuständige Handlerfunktion in der Appletklasse überschreiben und mit der gewünschten Funktionalität ausstatten. Sie können aber auch die Funktion *processEvent* direkt überschreiben, wenn Sie die komplette Ereignisverarbeitung selbst steuern wollen.

9.2 Der Fokus wechselt

Nach seinem Start besitzt meistens der Web-Browser den Fokus. Das heißt nichts anderes, als dass er im Brennpunkt aller Aktivitäten steht. Er erhält alle Tastatur- und Mauseingaben. Andere Programme und auch das Applet erhalten beispielsweise den Fokus, sobald sie mit der Maus angeklickt werden. Das folgende Beispiel zeigt, wie ein Applet diesen Fokuswechsel erkennen und darauf reagieren kann.

```
import java.applet.*;
import java.awt.*;
import java.awt.event.*;                                  //(1)

public class Fokusereignisse extends Applet {
```

```
   private String text="Hallo!";
   public Fokusereignisse() {
     enableEvents(
             AWTEvent.FOCUS_EVENT_MASK);                //(2)
   }
   public void paint(Graphics g) {
     g.drawString(text, 50, 100);
   }
   protected void processFocusEvent(
           FocusEvent evt) {                            //(3)
     if(evt.getID() ==
             FocusEvent.FOCUS_GAINED) {                 //(4)
       setBackground(Color.white);
       text="Hallo!";
       repaint();
     }
     else {                                             //(5)
       setBackground(Color.gray);
       text="Tschüß";
       repaint();
     }
     super.processFocusEvent(evt);                      //(6)
   }
 }
```

(1) Die Ereignisklassen gehören zum Paket *java.awt.event*. Entweder werden die benötigten Klassen einzeln oder das gesamte Paket importiert.

(2) Das Applet muss für die zu verarbeitenden Ereignisse «sensibilisiert» werden, sonst passiert nichts! Dies erreicht man durch Aufruf der Methode *enableEvents*. Der Parameter gibt die Ereignisse an, auf die reagiert werden soll. Hier ist es das Fokusereignis. Alle Ereignistypen sind als Konstanten von der Klasse *AWTEvent* definiert und folgen dem Muster *AWTEvent.xxx_EVENT_MASK*. Für *xxx* steht dabei immer der Name des Ereignistyps. Soll auf mehrere reagiert werden, werden sie durch ein bitweises Oder verknüpft. Durch den Ausdruck *AWTEvent.MOUSE_EVENT_MASK | AWTEvent.MOUSE_MOTION_EVENT_MASK* werden sowohl Mausbewegungen als auch Mausklicks und andere Mausereignisse aktiviert.

(3) Die Methode *processFocusEvent* wird von *processEvent* aufgerufen, wenn das Applet den Fokus erhält oder verliert. Der Parameter ist

das Ereignisobjekt. Um darauf reagieren zu können, müssen Sie diese Funktion überschreiben.

(4) Um festzustellen, welches der möglichen Fokusereignisse aufgetreten ist, wird die Objekt-ID per *getID* abgefragt und mit einer vordefinierten Konstanten verglichen. Jede Ereignisklasse legt solche Konstanten für die verschiedenen Ereignistypen fest. Hier wird geprüft, ob die ID mit der identisch ist, die den Typ identifiziert, der dem Fokuserhalt (engl. focus gained) entspricht. Daraufhin wird nur die Hintergrundfarbe geändert, der Anzeigetext definiert und mit *repaint* eine Bildschirmaktualisierung angefordert. Dadurch wird indirekt *paint* aufgerufen. Direkt wird *paint* niemals gestartet.

(5) Der *else*-Zweig entspricht dem Ereignistyp *FocusEvent.FOCUS_LOST*, da es nur diese beiden Fokusereignisse gibt.

(6) Zum Schluss ruft die überschriebene Methode auf jeden Fall die Originalmethode der Superklasse auf. Das ist notwendig, damit die Ereignisse weiterverarbeitet werden, denn auch die spezielle Handlerfunktion *processFocusEvent* hat zusätzlich eine Verteileraufgabe (siehe Kapitel 9.5).

Lassen Sie sich nun im Browser die HTML-Seite mit diesem Applet anzeigen und klicken Sie abwechselnd auf das Applet und seine umgebende HTML-Seite. Nach dem Start ist das Applet zunächst hellgrau. Dies entspricht dem Standard. Wenn Sie es anklicken, erhält es den Fokus. Aufgrund dieses Ereignisses wird *processFocusEvent* aufgerufen und stellt im *if*-Zweig die Farbe Weiß ein. Klicken Sie anschließend neben das Applet, wird erneut *processFocusEvent* aufgerufen und stellt jetzt im *else*-Zweig Dunkelgrau als Hintergrundfarbe ein. Zusätzlich zeigen die Texte den Fokuswechsel an.

9.3 Die Maus wird benutzt

Die meisten Ereignisse treten im Zusammenhang mit der Maus auf. Java kennt eigentlich nur eine Maustaste, deshalb gibt es beispielsweise für Mausklicks auch nur eine Handlerfunktion. Dennoch besteht die Möglichkeit, auch auf die rechte Maustaste zu reagieren. Dies wird im Kapitel 9.3.2 gezeigt. Doch zunächst sollen zwei Mausereignisse behandelt werden, die unabhängig vom Eingabefokus sind.

9.3.1 Die Maus kommt und geht

Egal, ob das Applet den Fokus besitzt oder nicht, es erhält immer dann, wenn der Cursor die sichtbare Appletgrenze überschreitet, ein Ereignisobjekt übergeben. Tritt er in die Appletfläche ein, so wird ein Objekt des Ereignistyps *MOUSE_ENTERED* erzeugt, und verlässt er sie, eines von *MOUSE_EXITED*.

Das folgende Beispiel macht diese Ereignisse sichtbar, indem es an der Eintrittsstelle des Cursors zunächst einen Punkt zeichnet und bei seinem Austritt die beiden Übergangsstellen durch eine Linie verbindet.

```java
import java.applet.*;
import java.awt.*;
import java.awt.event.*;

public class Grenzgaenger extends Applet {
  Point eintritt;                                      //(1)
  Point ausgang;                                       //(2)
  public Grenzgaenger() {
    eintritt=new Point(159,119);                       //(3)
    enableEvents(
           AWTEvent.MOUSE_EVENT_MASK);                 //(4)
  }
  public void paint(Graphics g) {
    if (ausgang != null)                               //(5)
      g.drawLine(eintritt.x, eintritt.y,
             ausgang.x, ausgang.y);                    //(6)
    else
      g.fillOval(eintritt.x-3, eintritt.y-3,
             5,5);                                     //(7)
  }
  protected void processMouseEvent(
            MouseEvent evt) {                          //(8)
    if(evt.getID() ==
        MouseEvent.MOUSE_ENTERED) {                    //(9)
      eintritt = new Point(evt.getX(),
               evt.getY());                            //(10)
      ausgang = null;                                  //(11)
      repaint();
    }
    else if(evt.getID() ==
        MouseEvent.MOUSE_EXITED){                      //(12)
      ausgang = new Point(evt.getX(),
```

```
                  evt.getY());                          //(13)
       repaint();
    }
    super.processMouseEvent(evt);
 }
}
```

(1) Die Klasse *Point* dient zum Verwalten von Punktkoordinaten, die in ihren *public*-Klassenvariablen *x* und *y* gespeichert werden. Das Applet benutzt *eintritt* für die Koordinaten des Cursor-Eintrittspunktes.

(2) In dem Punktobjekt *ausgang* speichert es später die Koordinaten des Austrittspunktes.

(3) Im Konstruktor der Appletklasse wird das Punktobjekt für die Eintrittskoordinaten mit Hilfe des *Point*-Konstruktors initialisiert. Er benötigt zwei Parameter, nämlich eine x- und y-Koordinate. Hier wird willkürlich ein Punkt des Applets als Ausgangspunkt angegeben.

(4) Auch hier wird das Applet im Konstruktor angewiesen, auf Mausereignisse zu reagieren. Dies erledigt wiederum *enableEvents*, wobei dieses Mal als Parameter die Konstante *MOUSE_EVENT_MASK* der Klasse *AWTEvent* angegeben werden muss.

(5) Solange der Austrittspunkt noch unbekannt ist, soll *paint* nur einen Punkt, ansonsten eine Linie zeichnen. Dies können Sie durch Vergleich mit *null* feststellen, denn solange kein Austrittspunkt unbekannt ist, enthält *ausgang* keine Objektreferenz.

(6) Die *Graphics*-Methode *drawLine* verbindet die durch die Koordinaten-Parameter angegebenen Punkte durch eine Linie.

(7) Die Methode *fillOval* zeichnet ausgefüllte Kreise und Ellipsen. Dazu benutzt sie vier Parameter: die x- und y-Koordinate des linken oberen Eckpunktes sowie die Breite und Höhe eines umschließenden Rechtecks. Damit die Kreise und Ellipsen nicht rechts unterhalb des angegebenen Eintrittspunktes liegen, wird der gerundete halbe Durchmesser abgezogen.

(8) Für Mausereignisse muss die Methode *processMouseEvent* überschrieben werden. Ihr Parameter ist ein Objekt der Klasse *MouseEvent*.

(9) Wenn der Cursor auf das Applet bewegt wird, erfolgt der Aufruf der Methode. Das Ereignis ist dann vom speziellen Typ *MOUSE_-*

ENTERED. Dies kann durch Vergleich mit dem von *getID* gelieferten Typ überprüft werden.
(10) In diesem Fall werden die Ereigniskoordinaten im Objekt *eintritt* gespeichert. Statt den Konstruktor zu benutzen, hätten Sie auch *eintritt.move(x, y)* oder *eintritt.setLocation(x, y)* verwenden können. Diese *Point*-Methoden verschieben quasi den Punkt, indem sie ihm die neuen Koordinaten zuweisen. Daher also beispielsweise der englische Name *move*.
(11) Da der Cursor gerade «hereingekommen» ist, wird der Austrittspunkt ungültig. Deshalb wird ihm *null* zugewiesen.
(12) Sobald der Mauszeiger die Appletfläche verlässt, wird die Methode ebenfalls aufgerufen. Die spezielle *ID* des Ereignisses ist dann aber *MOUSE_EXITED*.
(13) Hier werden nun die Koordinaten des Austrittspunkts gespeichert.

Wie Sie sehen, sind bei der Ereignissteuerung immer drei Punkte zu beachten:
- Aktivieren der Ereignisüberwachung mittels *enableEvents*. Der Parameter folgt dem Namensmuster *XXX_EVENT_MASK* und gehört zur Klasse *AWTEvent*.
- Überschreiben der Methode *processXxxEvent*. Ihr Parameter ist ein Objekt der Klasse *XxxEvent*.
- Testen der ID des Ereignisobjekts durch Vergleich mit vordefinierten IDs der Klasse *XxxEvent*.

Dabei steht *xxx* für die Ereignisauslöser, deren wichtigste *Focus*, *Mouse* und *Key* sind. Bei den Mausereignissen gibt es eine kleine Besonderheit, die Sie im nächsten Kapitel kennen lernen.

9.3.2 Malen mit der Maus

Die Appletbedienung bzw. die Eingabe durch Benutzer erfolgt größtenteils mit der Maus durch Bewegen, Klicken und Ziehen. Nur wenn es den Fokus besitzt, erhält das Applet diese Mausereignisse. Am besten lassen sie sich an einem kleinen Malprogramm demonstrieren.

Zuvor jedoch ein paar Worte zu den Maltechniken. Grundsätzlich können Sie zwischen freihändigem und geometrischem Zeichnen unterscheiden. Sie haben bereits einige Methoden der *Graphics*-Klasse kennen gelernt, wie beispielsweise *drawLine* und *fillOval*. Sie eignen sich für beide Techniken, müssen aber jeweils anders eingesetzt werden. Während sich geometrische Objekte durch einige wenige Punkte (siehe Kapitel 9.3.1) und gegebenenfalls ihre Abmessungen beschreiben lassen, stellen Freihandobjekte eine dichte Folge von kleinen Punkten oder ganz kurzen Linien dar. Im folgenden Beispiel wird das freihändige Malen als Punktfolge demonstriert.

Ziehen und Bewegen
Das Beispiel soll folgende Funktionen realisieren:
- Wenn die Maus bewegt wird, dann soll in der Statuszeile die Cursorposition angezeigt werden.
- Wenn sie gezogen, also bei gedrückter Maustaste bewegt wird, dann soll gezeichnet werden.

Der Appletcode dazu sieht folgendermaßen aus:

```
import java.applet.*;
import java.awt.*;
import java.awt.event.*;

public class Malen extends Applet {
   Point punkt;                                          //(1)
   public Malen() {                                      //(2)
      punkt= new Point(-1,-1);
      enableEvents(
         AWTEvent.MOUSE_MOTION_EVENT_MASK);              //(3)
   }
   public void paint(Graphics g) {
      g.fillOval(punkt.x, punkt.y, 1, 1);                //(4)
      showStatus("(x/y): ("+punkt.x+"/"
         +punkt.y+")");                                  //(5)
   }
   protected void processMouseMotionEvent(
         MouseEvent evt) {                               //(6)
      if(evt.getID() ==
         MouseEvent.MOUSE_DRAGGED) {                     //(7)
         punkt.move(evt.getX(),
            evt.getY());                                 //(8)
         repaint(punkt.x,punkt.y,1,1);                   //(9)
      }
      else if(evt.getID() ==
```

```
      MouseEvent.MOUSE_MOVED){              //(10)
        showStatus("(x/y): ("+evt.getX()
          +"/"+evt.getY()+")");             //(11)
      }
    super.processMouseMotionEvent(evt);
  }
}
```

(1) Im Punktobjekt *punkt* speichert das Applet die Koordinaten des von *paint* zu zeichnenden Punktes.

(2) Im Appletkonstruktor wird das Objekt initialisiert. Dazu werden hier negative Koordinaten verwendet, damit nicht schon zu Beginn ein Punkt gezeichnet wird. Sie können hier auch andere, außerhalb des Applets liegende Koordinaten angeben.

(3) Bei Mausereignissen wird im Unterschied zu allen anderen zwischen zwei Gruppen unterschieden. Durch den Parameter *MOUSE_EVENT_MASK* werden von *enableEvent* die Ein- und Austritte des Zeigers sowie die Mausklicks aktiviert. Für Mausbewegungen und -ziehen ist *MOUSE_MOTION_EVENT_MASK* zuständig.

(4) Wenn *paint* das Applet aktualisiert, zeichnet es zuerst an den durch *punkt* angegebenen Koordinaten einen 1 × 1 Pixel großen Punkt.

(5) Mit *showStatus* wird eine Zeichenkette in der Statuszeile ausgegeben. Hier besteht sie aus dem festen Text *(x/y) :* und den eingeklammerten Cursorkoordinaten. Dadurch, dass der Operator + hier mit Zeichenketten verwendet wird, werden die *int*-Werte in Zeichenketten konvertiert. Der Parameter von *showStatus* muss immer eine Zeichenkette sein.

(6) Für jede Gruppe der Mausereignisse gibt es einen anderen Handler. Für Bewegungen und Ziehen ist dies *processMouseMotionEvent*. Wenn die Maus bei gedrückter Maustaste bewegt wird, erhält diese das Ereignisobjekt, das in jedem Fall eine Instanz von *MouseEvent* ist. Bei den Ereignisobjekten gibt es nur eine Klasse für beide Ereignisgruppen.

(7) Durch die Konstante *MOUSE_DRAGGED* der Klasse *MouseEvent* wird die ID für das Mausziehen definiert.

(8) Die Methode *move* überschreibt die Koordinaten von *punkt* mit den aktuellen Werten der Koordinaten des Mauszeigers, die ja im Ereignisobjekt gespeichert sind.

(9) Die Parameter von *repaint* geben den zu aktualisierenden Bereich

an. Daher wird hier nur das Pünktchen gezeichnet, während der Rest sichtbar bleibt. Ohne diese Parameter würde das gesamte Applet aktualisiert, und nur der letzte Punkt bliebe sichtbar.
(10) Die Ereignis-ID für Mausbewegungen lautet *MOUSE_MOVED*.
(11) Wird die Maus bewegt, ohne dass eine Taste gedrückt ist, dann wird hier der *else*-Zweig aufgerufen. Damit nicht ständig neu gezeichnet werden muss, werden direkt die Mauskoordinaten in der Statusleiste ausgegeben.

Das folgende Bild zeigt das Ergebnis.

Wenn Sie das Applet ausprobieren, beachten Sie bitte, dass die Cursorposition nur angezeigt werden kann, wenn das Applet den Fokus besitzt. Sie müssen es also unter Umständen erst anklicken.
Die Dichte der Pünktchen beim Zeichnen hängt davon ab, wie schnell Sie die Maus ziehen. Es werden nämlich immer zuerst alle Ereignisse verarbeitet, und danach erst wird *paint* aufgerufen. Folgen die Mausereignisse also zu schnell aufeinander, kann *paint* nicht mehr dazwischengeschoben werden und zeichnet somit nur noch den letzten erkannten Punkt.
Wenn Sie einmal – je nach Browser – die Größe seines Fensters verändern oder es kurzzeitig auf Symbolgröße bringen, dann wird das gesamte Applet neu gezeichnet, und weg ist das Bild! Dies liegt daran, dass

die gezeichneten Punkte nicht gespeichert werden. Bevor das Beispiel um weitere Methoden zur Verarbeitung der Mausereignisse erweitert wird, soll daher zuerst die Möglichkeit geschaffen werden, die Kritzeleien zu speichern.

Um eine passende Speicherform zu finden, sollten Sie immer genau überlegen, wie die Struktur der zu speichernden Objekte aussieht. In unserem Fall soll eine Zeichnung gespeichert werden. Diese besteht aus Strichen oder besser Kurven, die wiederum aus Punkten bestehen. Für solche komplexen Strukturen müssen meistens eigene Klassen definiert werden. Eine Möglichkeit wäre es natürlich, direkt von der Klasse *Object* abzuleiten. Dann müsste aber sehr viel Funktionalität neu programmiert werden. Viel besser ist es, im Package *java.util* nach einer geeigneten Elternklasse zu suchen. Hier finden Sie die Klasse *Vector*, die sich für unsere Zwecke anbietet. Objekte dieser Klasse können beliebige Objekte in einem dynamisch wachsenden bzw. schrumpfenden Array speichern. Sie können sie also benutzen, um die einzelnen Striche der Zeichnung zu speichern. Die einzelnen Striche bestehen aber wieder aus einer unterschiedlichen Zahl anderer Objekte, nämlich den Punkten. Also muss die *Vector*-Klasse wiederum *Vector*-Objekte speichern, die dann die *Point*-Objekte aufnehmen. Die benötigte Klasse zum Speichern der Zeichnung definieren Sie daher folgendermaßen:

```
class Zeichnung extends Vector {
  Vector kurve;                               //(1)
  public Zeichnung(int startGroesse,
                   int zuwachs) {             //(2)
    super(startGroesse,zuwachs);
  }
  public final void erzeugeKurve() {          //(3)
    kurve = new Vector(100,50);
  }
  public final void fuellKurve(int x,
                   int y) {                   //(4)
    kurve.addElement(new Point(x,y));
  }
  public final void beendeKurve() {           //(5)
    addElement(kurve);
  }
  public final void zeichneKurve(
                   Graphics g) {              //(6)
    for (int i=0;i<elementCount;i++) {        //(7)
```

```
        Vector strich=(Vector)elementAt(i);
        for (int j=0;j<strich.size()-1;j++)
          g.drawLine(((Point)strich.elementAt(j)).x,
            ((Point)strich.elementAt(j)).y,
            ((Point)strich.elementAt(j+1)).x,
            ((Point)strich.elementAt(j+1)).y);
      }
      if(kurve!=null)                                            //(8)
        for (int i=0;i<kurve.size()-1;i++)
          g.drawLine(((Point)kurve.elementAt(i)).x,
            ((Point)kurve.elementAt(i)).y,
            ((Point)kurve.elementAt(i+1)).x,
            ((Point)kurve.elementAt(i+1)).y);
    }
    public final void entleereZeichnung() {                      //(9)
      removeAllElements();
    }
  }
```

Die Klasse wird von *Vector* abgeleitet und erhält gleich alle Methoden, neue Kurven anzulegen, Punkte darin zu speichern, Kurven der Zeichnung hinzuzufügen, die Zeichnung anzuzeigen und sie zu löschen.

(1) Die Klasse enthält ein Objekt *kurve*, das den Linienzug speichert, der gerade gezeichnet wird. Erst wenn er fertig ist, wird er dem Zeichnungsobjekt hinzugefügt.

(2) Der Konstruktor der Klasse ruft über *super* nur den Konstruktor der Elternklasse auf und übernimmt als Parameter zwei *int*-Werte, die dafür notwendig sind. Der erste Parameter legt die Anfangskapazität des *Vector*-Objektes fest, der zweite definiert die Portion, um die es bei Bedarf wächst.

(3) Die Methode *erzeugeKurve* macht nichts anderes, als das Klassenobjekt *kurve* zu initialisieren, damit anschließend Punkte gespeichert werden können. Es kann anfangs 100 Punkte aufnehmen und wächst bei Bedarf um jeweils 50 Punkte. Das Schlüsselwort *final* muss hier nicht verwendet werden. Es bewirkt bei Methoden, dass sie nicht mehr in abgeleiteten Klassen überschrieben werden können. Dadurch kann man für Klassen also bei Bedarf ein spezielles Verhalten festschreiben.

(4) Mit *fuellKurve* werden die Punkte einer Kurve gespeichert. Die *Vector*-Methode *addElement* fügt das als Parameter angegebene neue Element dem *Vector*-Objekt hinzu. Hier ist es ein neues *Point*-Ob-

jekt mit den Koordinaten, die als Methodenparameter übergeben werden.
(5) Wenn eine Linie fertig gezeichnet worden ist, kann *beendeKurve* es dem Zeichnungsobjekt hinzufügen. Auch hier wird die Methode *addElement* benutzt, nur diesmal für das Klassenobjekt selbst statt für das Kurvenobjekt.
(6) Die Anzeige der Zeichnung wird auch von der Klasse selbst mit Hilfe der Methode *zeichneKurve* übernommen. Dazu benötigt sie natürlich ein *Graphics*-Objekt. Die Methode zeichnet zuerst alle abgeschlossenen Linien und danach die aktuelle Kurve, die gerade gezeichnet wird.
(7) In dieser Schleife werden alle fertigen Kurven gezeichnet. Die einzelnen Elemente werden über den Index *i* angesprochen, der bei 0 beginnt. Die Klassenvariable *elementCount* enthält die aktuelle Elementanzahl und ist *protected*. Sie können *elementCount* deshalb nur hier in der abgeleiteten Klasse benutzen. Von *elementAt* wird das *Vector*-Element zurückgegeben, das durch den Index beschrieben wird. Die *Vector*-Klasse kennt nicht die Typen ihrer Elemente und kann keine automatische Umwandlung vornehmen, daher muss der Typ, hier *Vector*, immer in Klammern als *Cast* vorangestellt werden. Da *strich* ein Objekt der *Vector*-Klasse ist, kann bei ihm aufgrund des Zugriffsprivilegs *protected* nicht *elementCount* benutzt werden. Stattdessen wird die Methode *size* verwendet, um die Anzahl der Punkte zu ermitteln. Damit die Linie auf jeden Fall geschlossen ist, wird auch nicht mehr jeder Punkt einzeln, sondern durch *drawLine* eine Linie von einem Punkt zum nächsten gezeichnet.
(8) Hier wird die Schleife für die Punkte der unfertigen Kurve durchlaufen, falls sich bereits eine Linie in Arbeit befindet. Das wird durch den Vergleich mit *null* überprüft. Dies ist hier erforderlich, weil die Methode *size* eingesetzt wird, um den Endwert des Schleifenzählers zu bestimmen. Wenn aber das Objekt dieser Methode nicht existiert, führt der Aufruf zu einem Fehler, den allerdings die Browser meistens geflissentlich übergehen.
(9) Zum Schluss wird *entleereZeichnung* definiert, um mit der *Vector*-Methode *removeAllElements* alle Striche der Zeichnung zu löschen.

Diese Klasse können Sie zusammen mit der Appletklasse in der gleichen Datei definieren. Fügen Sie also diesen Code hinter das Applet ein.

Klicken

Jetzt soll der Zeichenvorgang verbessert werden, indem einerseits die neue Klasse eingesetzt wird und andererseits weitere Mausereignisse behandelt werden. Das Applet soll danach folgendermaßen arbeiten:

- Durch Drücken der Maustaste wird der erste Punkt einer Linie festgelegt.
- Solange die Taste gedrückt bleibt, soll Punkt für Punkt gezeichnet werden.
- Wenn die Taste losgelassen wird, ist der Endpunkt der Linie erreicht.

Dazu ändern Sie die Appletklasse wie folgt ab:

```
import java.applet.*;
import java.awt.*;
import java.awt.event.*;
import java.util.Vector;                              //(1)

public class Malen2 extends Applet {
  Point punkt;
  Zeichnung bild;                                     //(2)
  public Malen2() {
    punkt= new Point(-1,-1);
    bild = new Zeichnung(100,50);                     //(3)
    enableEvents(
      AWTEvent.MOUSE_MOTION_EVENT_MASK
      | AWTEvent.MOUSE_EVENT_MASK);                   //(4)
  }
  public void paint(Graphics g) {
    bild.zeichneKurve(g);                             //(5)
    showStatus("(x/y): ("+punkt.x+"/"
               +punkt.y+")");
  }
  protected void processMouseEvent(
            MouseEvent evt) {
    switch(evt.getID()) {                             //(6)
      case MouseEvent.MOUSE_PRESSED:                  //(7)
        bild.erzeugeKurve();                          //(8)
        break;
      case MouseEvent.MOUSE_RELEASED:                 //(9)
        bild.beendeKurve();                           //(10)
    }
    super.processMouseEvent(evt);
  }
```

```
  protected void processMouseMotionEvent(
        MouseEvent evt) {
    switch(evt.getID()) {
      case MouseEvent.MOUSE_DRAGGED:
        bild.fuellKurve(evt.getX(),
            evt.getY());                              //(11)
        punkt.move(evt.getX(),
            evt.getY());
        repaint(punkt.x,punkt.y,1,1);
        break;
      case MouseEvent.MOUSE_MOVED:
        showStatus("(x/y): ("+evt.getX()
            +"/"+evt.getY()+")");
    }
    super.processMouseMotionEvent(evt);
  }
}
```

(1) Das Zeichnungsobjekt gehört zu einer von *Vector* abgeleiteten Klasse, die in der gleichen Datei definiert ist. Sie ist hier nur separat beschrieben worden. *Vector* gehört zum Package *java.util* und wird deshalb hier importiert.

(2) Das Zeichnungsobjekt wird deklariert.

(3) Es wird im Appletkonstruktor mit der Anfangsgröße 100 und der Zuwachsrate von 50 Elementen initialisiert. Der Zeichnungskonstruktor gibt diese Werte an den *Vector*-Konstruktor weiter.

(4) Jetzt müssen beide Gruppen der Mausereignisse aktiviert werden. Dazu werden die entsprechenden Konstanten durch den bitweisen Oder-Operator verknüpft.

(5) Die Methode *paint* zeichnet das Objekt nicht selbst, sondern ruft dessen Methode *zeichneKurve* auf. Das Grafikobjekt *g* muss dieser dafür natürlich als Parameter übergeben werden.

(6) Statt die ID per *if*-Klausel zu prüfen, kann man eine *switch*-Struktur einsetzen, denn hinter der ID und den Konstanten verbirgt sich ja immer eine ganze Zahl.

(7) Für jede in Frage kommende ID steht dann eine *case*-Klausel. Für den Fall, dass eine Maustaste gedrückt wurde, steht der Wert *MOUSE_PRESSED*.

(8) Wenn die Maustaste gedrückt wird, soll ein neuer Strich gezogen werden. Deshalb wird hier die Methode *erzeugeKurve* aufgerufen.

(9) Der Wert *MOUSE_RELEASED* steht für das Loslassen der Maustaste.

(10) Da dann der Linienzug beendet ist, gehört hier der Aufruf von *beendeKurve* hin.
(11) Beim Mausziehen erfolgt statt des Zeichnens das Speichern der Punkte. Dazu wird diesmal *fuellKurve* benutzt. Mit *repaint* wird nur ein kleiner Bereich um den aktuellen Punkt angegeben, um unnötige Flackereffekte zu vermeiden.

Wenn Sie jetzt zeichnen und danach die Browsergröße verändern, bleibt die Grafik erhalten. Auch die einzelnen Linien sind nun geschlossen.

Rechte Maustaste
Wie Sie leicht ausprobieren können, ist es egal, ob Sie mit der rechten oder linken Maustaste zeichnen. Java macht da keinen großen Unterschied. Es werden immer die gleichen Ereignishandler aufgerufen. Im Ereignisobjekt ist jedoch die Information gespeichert, welche Taste benutzt wurde. Mit der Methode *isMetaDown* kann getestet werden, ob es sich um die rechte Maustaste handelt. Wenn Sie den *case*-Block für *MOUSE_PRESSED* so ändern, wie im folgenden Programmteil gezeigt, dann können Sie mit einem rechten Mausklick die Farben invertieren.

```
    case MouseEvent.MOUSE_PRESSED:
      if(evt.isMetaDown()) {
        Color hg=getBackground();
        setBackground(getForeground());
        setForeground(hg);
      }
      bild.erzeugeKurve();
      repaint();
      break;
```

Für die rechte Taste liefert *isMetaDown* den Wert *true*. In dem Fall werden durch einen Ringtausch mittels der Farbvariablen *hg* Vorder- und Hintergrundfarbe ausgetauscht. Die Methode *repaint* muss eingebaut werden, damit die Invertierung direkt sichtbar wird.
Wenn Sie danach mit der rechten Maustaste klicken, erhalten Sie ein Negativ Ihrer Zeichnung.

Doppelklick
Auch für Doppelklicks gibt es keinen eigenen Ereignishandler. Sie können nur wiederum das Ereignisobjekt abfragen, wie oft die Taste gedrückt worden ist. Dies wird von *getClickCount* geliefert. Die folgende Programmänderung verwendet die Zeichnungsmethode *entleereZeichnung*, um durch einen Doppel- bzw. Mehrfachklick die Skizze zu löschen.

```
case MouseEvent.MOUSE_PRESSED:
  if(evt.isMetaDown()) {
    Color hg=getBackground();
    setBackground(getForeground());
    setForeground(hg);
  }
  bild.erzeugeKurve();
  if (evt.getClickCount() > 1)
    bild.entleereZeichnung();
  repaint();
  break;
```

Beachten Sie, dass hier wiederum kein Unterschied zwischen Doppelklicks mit der rechten oder linken Taste gemacht wird.

Ein Ereignis kommt selten allein
Die Mausereignisse dürfen Sie nie isoliert betrachten, wenn Sie sich nicht über manche Effekte wundern wollen. So kann ja offensichtlich die Maustaste nur losgelassen werden, wenn sie vorher gedrückt wurde. Dies ist kein größeres Problem, da beide Ereignisse in separaten *case*-Blöcken bearbeitet werden. Was ist aber mit einem Doppelklick? Hier wird der gleiche Block wie für einfache Klicks aufgerufen, und da ein Doppelklick hier nur zwei einfache Klicks kurz hintereinander sind, wird er eben zweimal aufgerufen, zuerst für einen normalen Mausklick und danach für den zweiten Klick! Sie können deshalb nicht verhindern, dass bei einem Doppelklick immer auch dasselbe passiert, was bei normalem Klicken passieren soll, denn die Funktion kann nicht voraussehen, ob ein zweiter Klick folgt. Außerdem gibt es noch die ID *MOUSE_CLICKED*, die das Drücken und Loslassen einer Maustaste zusammenfasst.
Natürlich treten bei Doppelklicks auch die Ereignisse für *MOUSE_RELEASED* zweimal auf. Um wenigstens grob zu sehen, welche Ereignisse

noch auftreten, fügen Sie am besten Zählvariablen in das Malapplet ein. Definieren Sie am Anfang der Klasse folgende *int*-Variablen:

```
int d=0;               // für MOUSE_PRESSED
int u=0;               // für MOUSE_RELEASED
int c=0;               // für MOUSE_CLICKED
int m=0;               // für MOUSE_MOVED
int z=0;               // für MOUSE_DRAGGED
int p=0;               // für die Methode paint
```

In jede der erwähnten Funktionen fügen Sie danach die jeweilige Variable mit dem Inkrementoperator ein. Fügen Sie ebenfalls die *showStatus*-Anweisung ein bzw. ändern Sie sie, wie hier beispielhaft für *paint* gezeigt. Die Buchstaben stehen für Down, Up, Click, Move, Ziehen und Paint.

```
p++;
showStatus("D"+d+" Z"+z+" U"+u+" C"+c
    +" M"+m+" P"+p);
```

Zusätzlich wird ein *case* für *MOUSE_CLICKED* benötigt:

```
case MouseEvent.MOUSE_CLICKED:
    c++;
    showStatus("D"+d+" Z"+z+" U"+u+" C"+c
        +" M"+m+" P"+p);
```

Vergessen Sie dabei das *break* nicht, falls Sie diesen Block an das Ende der *switch*-Struktur in *processMouseEvent* stellen!

Wenn Sie danach den Browser starten und der Mauszeiger sich nicht über dem Applet befindet, zeigt die Statuszeile Folgendes an:

```
D0 Z0 U0 C0 M0 P1
```

Es ist also nur einmal *paint* aufgerufen worden. Stellen Sie nun den Mauszeiger über das Applet und laden Sie die HTML-Seite per Tastatur erneut ([F5] beispielsweise beim Internet Explorer, [Strg]+[R] beim Netscape Navigator). Danach sieht die Statuszeile so aus:

`D0 Z0 U0 C0 M1 P1`

Es wurde also bereits *MOUSE_MOVED* verarbeitet, ohne dass die Maus wirklich bewegt wurde. Ein Klick verändert die Anzeige wie folgt:

`D2 Z0 U2 C2 M1 P2`

Dass aufgrund des Doppelklicks zwei *MOUSE_PRESSED*- und zwei *MOUSE_RELEASED*-Ereignisse eintreten, war bereits klar. Es ist aber anscheinend auch zweimal *MOUSE_CLICKED* und ein weiteres Mal *paint* aufgerufen worden. Letzteres wurde ja programmiert. Die Folge der Mausereignisse lautet hier beim Doppelklicken:

MOUSE_PRESSED → MOUSE_RELEASED
→ MOUSE_CLICKED → MOUSE_PRESSED
→ MOUSE_RELEASED → MOUSE_CLICKED

Experimentieren Sie ruhig!

9.4 Tasten werden gedrückt

Für die Tastatur treten – äquivalent zu den Mausereignissen – drei Ereignistypen auf: *KEY_PRESSED*, sobald eine Taste gedrückt, *KEY_RELEASED*, sobald sie losgelassen wird, und *KEY_TYPED* für ihre Kombination. Wenn ein Applet also Texteingaben verarbeiten soll, können Sie prinzipiell jeden Tastendruck bei einer der drei Möglichkeiten verarbeiten. Zeichenwiederholungen bei gedrückter Taste können jedoch nur mit *KEY_PRESSED* realisiert werden, und Sonder- bzw. Funktionstasten erzeugen keine *KEY_TYPED*-Ereignisse.

Das folgende kleine Schreibapplet reagiert auf *KEY_PRESSED*.

```
import java.applet.*;
import java.awt.*;
import java.awt.event.*;

public class Tastatur extends Applet {
  String text;                                    //(1)
  public Tastatur() {
```

```
    text= new String("");                        //(2)
    enableEvents(
        AWTEvent.KEY_EVENT_MASK);                //(3)
}
public void paint(Graphics g) {
    g.drawString(text,10,10);                    //(4)
}
protected void processKeyEvent(
            KeyEvent evt) {                      //(5)
    if (evt.getID() ==
            KeyEvent.KEY_PRESSED) {              //(6)
        char temp = evt.getKeyChar();            //(7)
        if (temp !=
                KeyEvent.CHAR_UNDEFINED
                && temp != '\0') {               //(8)
            switch (evt.getKeyCode()) {          //(9)
                case KeyEvent.VK_BACK_SPACE:     //(10)
                    text=text.substring(0,
                        text.length()-1);        //(11)
                    break;
                default:
                    text+=String.valueOf(temp);  //(12)
            }
            repaint();
        }
    }
    super.processKeyEvent(evt);
}
}
```

(1) Die Texteingabe wird in einem *String*-Objekt *text* gespeichert.
(2) Im Konstruktor wird es durch einen Leerstring initialisiert.
(3) Außerdem müssen die Tastaturereignisse aktiviert werden.
(4) Mit *paint* wird die Zeichenkette in der linken, oberen Ecke des Applets angezeigt.
(5) Tastaturereignisse werden von *processKeyEvent* verarbeitet. Diese Methode bekommt ein Objekt der Klasse *KeyEvent* übergeben.
(6) Sobald eine gedrückte Taste wieder losgelassen wird, tritt ein Ereignis vom Typ *KEY_PRESSED* auf.
(7) Im Ereignisobjekt ist das angeschlagene Zeichen gespeichert und kann mittels *getKeyChar* abgefragt werden.
(8) Es wird getestet, ob ein ungültiges Zeichen vorliegt. Dabei kann es

sich um ein undefiniertes Zeichen oder um die binäre Null (\0) handeln.
(9) Bei gültigen Zeichen untersucht die *switch*-Struktur den Tastencode, der vom Ereignisobjekt mittels *getKeyCode* abgefragt wird. Diese Methode kann nicht bei KEY_TYPED eingesetzt werden, da hinter diesen Ereignissen gleich mehrere Codes stecken können, beispielsweise ⇧+A.
(10) Alle erdenklichen Tastencodes sind als so genannte *Virtual Keys* in der Klasse *KeyEvent* in Form von Konstanten mit dem Präfix VK_ definiert. Dazu gehören die Ziffern als *VK_0* bis *VK_9*, die Buchstaben als *VK_A* bis *VK_Z*, die Funktionstasten als *VK_F1* bis *VK_F24*, und andere wie ⌫ (*VK_BACK_SPACE*), ↵ (*VK_ENTER*), ⇥ (*VK_TAB*) usw.
(11) Für die Rücktaste muss die Zeichenkette um das letzte Zeichen gekürzt werden. Dies geschieht dadurch, dass von *substring* die Zeichenkette vom ersten (0) bis zum vorletzten Zeichen (*text.length()-1*) geliefert wird.
(12) Für alle anderen Fälle kann das per *valueOf* in eine Zeichenkette umgewandelte Zeichen an den bisherigen Text angehängt werden.

Starten Sie nun das Applet und achten Sie darauf, dass es den Fokus besitzt. Sie können dann per Tastatur Texte eingeben. Allerdings verfügt das Beispiel über geringe Editiermöglichkeiten.
Zum Schluss ein Hinweis zu den Modifiziertasten Alt, Strg und ⇧. Wenn sie benutzt werden, liefert *getKeyChar* keine Werte für jede Taste, sondern gleich den modifizierten Wert, also beispielsweise für ⇧+A ein A. Sie brauchen hier also nicht die Modifiziertasten abzufragen. Die Alt-Taste wird übrigens fast immer von Windows abgefangen.

9.5 Ereignisse delegieren

Die Methoden *processMouseEvent*, *processKeyEvent* usw. müssen überschrieben werden, wenn die gewünschte Verarbeitung für das betreffende Ereignis implementiert werden soll. Das bedingt aber wiederum, dass die jeweilige Klasse abgeleitet wird. Bei Applets stört diese Voraussetzung nicht weiter, da sie ja sowieso immer Ableitungen darstellen.

Anders sieht dies jedoch bei Anwendungen aus und wenn einem Element eines Applets, beispielsweise einer Schaltfläche, Funktionalität zugewiesen werden soll. Dann kommt man normalerweise ohne Ableitungen aus. Wenn hier jedes Fenster, jede Schaltfläche, jedes Texteingabefeld usw. immer erst abgeleitet werden müsste, damit auf Ereignisse reagiert werden kann, würde der Programmieraufwand rapide anwachsen. Deshalb gibt es seit dem JDK 1.1 eine weitere Technik der Ereignisverarbeitung.

Damit nicht immer abgeleitet werden muss und um die Performance auf bestimmten Plattformen zu verbessern, wurde für die Ereignisverarbeitung das so genannte Delegationsmodell hinzugefügt. Dabei übernehmen die Objekte, die an Ereignissen beteiligt sind, nicht mehr selbst die Verarbeitung, sondern delegieren sie an andere. Statt eine Klasse abzuleiten, muss also mindestens eine andere neu definiert werden. Oft ist aber bereits eine geeignete vorhanden. Außerdem können mehrere Objekte ihr Event-Handling auch an ein einziges Delegationsobjekt übertragen.

Am Beispiel der Fokusereignisse zeigt das folgende Beispiel, wie dieses Delegationsmodell funktioniert.

```java
import java.applet.*;
import java.awt.*;
import java.awt.event.*;

public class FokusDelegieren extends Applet {
  String text;
  public FokusDelegieren() {
    text="Hallo";
    addFocusListener(new AppletAdapter());         //(1)
  }
  public void paint(Graphics g) {
    g.drawString(text,10,50);
  }
}
```

```java
class AppletAdapter
      implements FocusListener {                   //(2)
  public void focusGained(FocusEvent evt) {        //(3)
    FokusDelegieren f =
      (FokusDelegieren) evt.getSource();           //(4)
    f.text = "Na, wieder da?";
```

```
    f.setBackground(Color.white);
    f.repaint();
  }
  public void focusLost(FocusEvent evt) {               //(5)
    FokusDelegieren f =
      (FokusDelegieren) evt.getSource();
    f.text = "Tschüss";
    f.setBackground(Color.gray);
    f.repaint();
  }
}
```

(1) Die Klasse muss beim Delegationsmodell nicht mehr per *enableEvents* für die gewünschten Ereignisse sensibilisiert werden. Dafür muss aber das Objekt registriert werden, an das die Ereignisse einer bestimmten Gruppe delegiert werden. Dies geschieht hier mit Hilfe der Methode *addFocusListener* für die Fokusereignisse. Für jede Ereignisgruppe gibt es eine solche Registrierfunktion: *addMouseListener*, *addMouseMotionListener*, *addKeyListener* usw. Alle Namen folgen dem Schema *add<ereignisgruppe>Listener*. Im Parameter wird ihnen immer das zu registrierende Objekt übergeben, das hier per *new* auch gleich erzeugt wird. Diese Objekte heißen Adapter und ihre Klassen Adapterklassen.

(2) Hier wird die Adapterklasse definiert. Der Code steht in der gleichen Datei, kann aber auch separat als *AppletAdapter.java* gespeichert werden. Solche Klassen müssen ein oder mehrere Interfaces implementieren (siehe Kapitel 5.10.2). Ihre Namen folgen dem Schema *<ereignisgruppe>Listener*. Hier wird also die Schnittstellendefinition des *FocusListener* implementiert. Sie legt nur zwei Methoden fest: *focusGained* und *focusLost*, die in der Klasse nun definiert sein müssen.

(3) Hier wird *focusGained* implementiert. Diese Funktion wird nur für Ereignisse der ID *FOCUS_GAINED* aufgerufen. Ihr Test ist daher nicht mehr erforderlich. Auch sie erhält das Ereignisobjekt übergeben.

(4) Adapter benötigen oft den Zugriff auf das Objekt, für das das Ereignis aufgetreten ist. Auch im Beispiel ist dies notwendig, damit der Text sowie Vorder- und Hintergrundfarbe geändert werden können. Die Referenz auf das Objekt ist im Ereignis gekapselt und kann mittels *getSource* abgefragt werden. Allerdings ist die Rück-

gabe vom Typ *Object*, der allgemeinen Superklasse. Deshalb muss hier immer ein passender Cast stehen, sonst sind nur die von *Object* geerbten Methoden für das Objekt *f* aufrufbar. Mit gültigem Cast können danach alle Eigenschaften und Methoden aufgerufen werden, die nicht als *private* definiert sind. Daher ist in diesem Beispiel das Attribut *text* in der Appletklasse nicht mehr *private*.

(5) Entsprechend wird die zweite Funktion aus dem Interface *FocusListener* definiert. Sie wird ausschließlich für Ereignisse mit der ID *FOCUS_LOST* aufgerufen.

Welchen Nutzen bringt dieses Delegationsmodell nun? Statt einer mussten jetzt ja sogar zwei Klassen definiert werden.

Nun, für Appletereignisse ist der Nutzen nicht unbedingt ersichtlich. Anders sieht dies jedoch aus, wenn das Applet grafische Komponenten enthält (siehe Kapitel 11.1), die auch auf Ereignisse reagieren sollen. Dann kann man das Handling in Adaptern konzentrieren, im Extremfall sogar in einem einzigen Objekt einer Klasse.

Für Java-Applikationen ist das Delegationsmodell die vorherrschende Ereignisverarbeitung. Die vielen Fenster und Dialogfelder müssen so nicht immer abgeleitet, sondern können von den vorhandenen API-Klassen instanziiert werden.

Ein weiterer Vorteil wird ersichtlich, wenn man sich das Malapplet aus Kapitel 9.3.2 ansieht. Hier könnte man nämlich die Ereignisverarbeitung gleich an ein Objekt der Klasse Zeichnung delegieren, statt ihre Methoden manuell aus *Malen* heraus aufzurufen. Die Klasse implementiert dann die beiden Listener für Mausereignisse:

```
class Zeichnung extends Vector
   implements MouseListener, MouseMotionListener {
...
```

Die Methoden entsprechen größtenteils direkt den Ereignishandlern. So wird beispielsweise aus *fuellKurve* die folgende Definition.

```
public void mousePressed(MouseEventevt) {
  kurve.addElement(new Point(evt.getX(),
                             evt.getY()));
}
```

Ob diese Architektur für die eigene Anwendung passend ist, muss man jedoch im Einzelfall selbst entscheiden.

9.6 Zusammenfassung

- Ereignisse sind Objekte einer von *AWTEvent* abgeleiteten Klasse. Sie enthalten je nach Ereignis Angaben über Typ, Ort und Zeit des Ereignisses und für wen es gilt. Für Mausereignisse wird die Klickanzahl und für Tastaturereignisse der Zeichencode gespeichert. All diese Angaben können mittels so genannter *Getter* wie *getSource()*, *getX()*, *getY()* usw. ermittelt werden.
- Jedes Ereignis wird an die Methode *processEvent* übergeben, die den Typ prüft und dann spezialisierte Funktionen aufruft. Diese Ereignishandler müssen überschrieben werden, um die gewünschte Funktionalität zu programmieren.
- Den Fokus hat ein Applet dann, wenn es alle Tastatur- und Mausereignisse erhält.
- Unabhängig vom Fokus treten die Ereignisse für *MOUSE_EXITED* und *MOUSE_ENTERED* immer ein. Dadurch kann das Applet feststellen, ob sich der Mauszeiger über ihm befindet.
- Wenn der Fokus wechselt, wird *processFocusEvent* beim Fokuserhalt für *FOCUS_GAINED* und beim Fokusverlust für *FOCUS_LOST* aufgerufen.
- Die Mausereignisse *MOUSE_PRESSED*, *MOUSE_RELEASED* und *MOUSE_CLICKED* sind eng miteinander verknüpft und treten immer gemeinsam auf.
- Rechte Maustaste, Mehrfachklicks, Modifizier- und Sondertasten können nur durch Abfragen des Ereignisobjektes verarbeitet werden. Dafür stehen Methoden wie *isMetaDown()*, *getClickCount()* und *isAltDown()* zur Verfügung.
- Bei Tastaturereignissen wird *processKeyEvent* aufgerufen. Sie erhält ein Objekt der Klasse *KeyEvent* als Parameter.
- Ereignisverarbeitung kann auch nach dem Delegationsmodell erfolgen. Dabei delegieren die Objekte ihre Ereignisse zur Verarbeitung an fremde Objekte. Diese müssen beim Auslöser mittels *addxxx-Listener*-Aufrufen registriert werden.
- Die Adapterklassen müssen die passenden Listener-Interfaces imple-

mentieren. Diese definieren Methoden, die ausschließlich für bestimmte Ereignistypen aufgerufen werden.
- Die Klasse *Vector* gehört zum Package *java.util* und kann beliebige Objekte in einem dynamischen Array speichern.
- Die Methode *showStatus* zeigt eine Zeichenkette in der Statuszeile an.

9.7 Übungen

Aufgabe 28

Erstellen Sie ein Applet, das, sobald sich die Maus über ihm befindet, die Meldung *Herzlich willkommen! Bitte klicken Sie hier.* in der Statuszeile erscheinen lässt. Die Meldung soll unabhängig vom Fokus erscheinen.

Aufgabe 29

Verändern Sie das Beispiel aus Kapitel 9.4 derart, dass durch einen Doppelklick der angezeigte Text gelöscht werden kann.

Aufgabe 30

Erstellen Sie das Beispiel *Grenzgaenger* nach dem Delegationsmodell.

10 Multithreading

Einen Großteil ihres Siegeszuges im Internet haben die Applets sicherlich ihrer Fähigkeit, Animationen darzustellen, zu verdanken. Animationen wie auch andere Programme, die permanent Ausgaben erzeugen, verlangen Multithreading. Diese Technik wird Ihnen in diesem Kapitel an Praxisbeispielen näher erläutert.

10.1 Threads und Prozesse

Die heutigen Betriebssysteme können fast alle mehrere Programme zur selben Zeit ausführen. Beispielsweise können Sie mit der Textverarbeitung weiterschreiben, während ein anderer Text gerade gedruckt wird. Für dieses Verfahren benutzt man die englischen Ausdrücke Multiprocessing oder auch Multitasking. Jedes Programm stellt dabei einen eigenen Prozess dar, der vom Betriebssystem einen separaten Bereich im Arbeitsspeicher zugewiesen bekommt. Die verschiedenen Prozesse werden in der Regel vom Betriebssystem gestartet und angehalten.
Die Programme, die Sie in den vorherigen Kapiteln kennen gelernt haben, sind alle so aufgebaut, dass der Computer für diesen Prozess immer nur eine Anweisung zu einem Zeitpunkt ausführen muss. Die Programmanweisungen reihen sich zeitlich hintereinander. Sie bilden quasi den roten Faden (engl. thread), dem man folgen muss, um die Programmaufgabe nachzuvollziehen. Wenn ein Applet nun mehrere Threads benutzt, dann gibt es mehrere zeitlich parallele Anweisungsfolgen. Threads werden in der Regel vom Programm selbst gestartet und angehalten.
Ein Multitasking-Betriebssystem kann also mehrere Prozesse bzw. Programme gleichzeitig ausführen, wobei ein Programm wiederum aus mehreren Threads bestehen kann, die zur selben Zeit ablaufen. Diese Gleichzeitigkeit kann natürlich auf einem Einprozessorsystem nur da-

durch simuliert werden, dass die CPU in schneller Folge alle Prozesse und Threads reihum stückchenweise abarbeitet.

Auf die Vorteile des Multiprocessing braucht man wohl nicht näher einzugehen; warum aber sind Threads notwendig? Stellen Sie sich vor, ein Applet soll laufend die aktuelle Zeit anzeigen. Dazu braucht *paint* zum Beispiel nur die folgende Anweisung auszuführen:

```
g.drawString("Zeit: " + new Date().toString(),10,10);
```

So weit ist das kein Problem. Damit die Zeitanzeige aber ständig aktualisiert wird, müsste diese Anweisung in einer Endlosschleife stehen. Dann wird *paint* aber nicht beendet, und andere Methoden, beispielsweise die Ereignishandler, können nicht aufgerufen werden. Wenn die Zeitanzeige aber von einem anderen Thread ausgeführt würde, dann kann der Hauptthread auf die Ereignisse wie bisher reagieren. Wir brauchen also Multithreading. Die Tatsache, dass zur Erklärung hier Applets benutzt werden, bedeutet aber nicht, dass Threads ausschließlich hier eingesetzt werden können. Auch Java-Applikationen und natürlich andere Programmiersprachen können Threads erzeugen.

10.2 Ein Kaleidoskop

Um zu sehen, wie Threads erzeugt und gestartet werden, soll als Erstes ein Applet erstellt werden, das einen sich drehenden Kreis aus Farbsegmenten zeigt. Im Bild auf der nächsten Seite sehen Sie das fertige Applet. Der Kreis wird nach wie vor vollständig von der Methode *paint* gezeichnet. Damit er sich jedoch ständig drehen kann, wird ein zweiter Thread benötigt, dessen Aufgabe es im Wesentlichen ist, durch *repaint*-Aufrufe eine laufende Aktualisierung zu bewirken.

Programme, die Threads erzeugen, sind auch dafür verantwortlich, diese wieder zu vernichten. Die geeigneten Applet-Methoden (siehe Kapitel 8.4), in denen der Code hierfür untergebracht werden kann, sind

- die Funktion *start*, um Threads zu erzeugen, und
- die Funktion *stop*, um sie wieder zu zerstören.

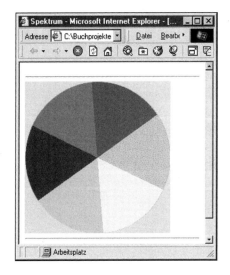

Schauen Sie sich das Programm im Einzelnen an. Es enthält den Code für **beide** Threads, denn sie müssen sich den Arbeitsspeicher teilen.

```
import java.applet.*;
import java.awt.*;
import java.awt.event.*;

public class Spektrum extends Applet
            implements Runnable {                        //(1)
  int start;                                             //(2)
  int width;                                             //(3)
  int height;                                            //(4)
  Thread spektrum;                                       //(5)

  public Spektrum() {
    start=180;                                           //(6)
  }
  public void init() {
    width=getSize().width;                               //(7)
    height=getSize().height;                             //(8)
  }
  public void paint(Graphics g) {
    for (int i=1; i<=6; i++) {                           //(9)
```

208 Multithreading

```java
      switch(i) {                              //(10)
        case 1:
          g.setColor(Color.red);
          break;
        case 2:
          g.setColor(Color.orange);
          break;
        case 3:
          g.setColor(Color.yellow);
          break;
        case 4:
          g.setColor(Color.green);
          break;
        case 5:
          g.setColor(Color.blue);
          break;
        case 6:
          g.setColor(Color.magenta);
      }
      g.fillArc(0, 0, width, height,
            start, -60);                       //(11)
      start -= 60;                             //(12)
      start %= 360;                            //(13)
    }
  }
  public void start() {
    if (spektrum == null) {                    //(14)
      spektrum = new Thread(this);             //(15)
      spektrum.start();                        //(16)
    }
  }
  public void stop() {
    if (spektrum != null) {                    //(17)
//    spektrum.stop();                         //(18)
      spektrum = null;                         //(19)
    }
  }
  public void run() {                          //(20)
    Thread aktThread =
        Thread.currentThread();                //(21)
    while (spektrum == aktThread) {            //(22)
      try {                                    //(23)
        repaint();                             //(24)
        start -= 5;                            //(25)
        aktThread.sleep(30);                   //(26)
```

```
      }
      catch (InterruptedException e) {           //(27)
        stop();                                   //(28)
      }
    }
  }
}
```

(1) Applets, die Threads erzeugen wollen, müssen das Interface *Runnable* implementieren. Dieses definiert nur eine einzige Methode, nämlich *run*, die der Startpunkt für neue Threads ist.

(2) Damit die einzelnen Kreissegmente der Farbscheibe gezeichnet werden können, deklarieren Sie die *int*-Variable *start* für den Startwinkel des ersten Segmentes. Die Bewegung wird später erzeugt, indem dieser Startwinkel verändert wird.

(3) Der Kreis soll genau der Appletgröße angepasst werden. Dazu deklarieren Sie die *int*-Variable *width* für die Breite.

(4) Aus dem gleichen Grunde brauchen Sie die *int*-Variable *height*.

(5) Hier wird ein Objekt der Klasse *Thread* deklariert und automatisch mit *null* initialisiert. Dieses Objekt ist notwendig, da der Systemzustand gespeichert werden muss, wenn die CPU andere Threads bearbeitet. Glücklicherweise brauchen Sie sich darum aber nicht weiter zu kümmern.

(6) Die Winkelangaben für Kreisbögen und -segmente erfolgen in Grad und beginnen mit 0 Grad bei 3 Uhr. Negative Werte laufen im Uhrzeigersinn, positive entgegengesetzt. Das Applet soll willkürlich bei 9 Uhr mit dem Zeichnen beginnen, deshalb wird *start* im Konstruktor mit 180 Grad initialisiert.

(7) In der Methode *init* ermitteln Sie die aktuelle Appletgröße durch die Methode *getSize*. Diese liefert ein Objekt der Klasse *Dimension*, welches über zwei Klassenvariablen für Höhen- und Breitenangabe verfügt. Es wird der Inhalt von *getSize().width* in *width* für die Breite gespeichert.

(8) Ähnlich wird mit *height* für die Höhe verfahren.

(9) In *paint* wird jetzt der Farbkreis gezeichnet. Mit Hilfe einer Zählschleife werden die sechs Farbsegmente nacheinander gezeichnet.

(10) Mit Hilfe der Mehrfachverzweigung *switch* stellen Sie für jeden Durchlauf der Zählschleife mittels *setColor* eine andere Farbe ein.

(11) Die Graphics-Methode *fillArc* zeichnet Tortenstücke. Die ersten

vier Parameter haben die gleiche Bedeutung wie die der Methode *fillOval*. Sie beschreiben das umschließende Rechteck. Der fünfte Parameter gibt den Startwinkel und damit die Lage des Segmentes an. Der sechste beschreibt den Öffnungswinkel, also die Größe. Der Wert −60 bewirkt, dass von 180 Grad (9 Uhr) bis 120 Grad (11 Uhr) gezeichnet wird.

(12) Nachdem ein Segment gezeichnet worden ist, muss *start* um 60 Grad, hier im Uhrzeigersinn, verändert werden, damit das nächste daran angeschlossen werden kann.

(13) Um den Bewegungseffekt zu erzielen, wird *start* später laufend verändert. Dadurch treten Winkel über 360 Grad auf, die durch diese Modulo-Operation auf den Rest von 360 Grad reduziert werden.

(14) Die Methode *start* soll den Thread erzeugen. Dazu wird jedoch vorher überprüft, ob das Objekt *spektrum* noch nicht erzeugt wurde. Nur wenn der Vergleich mit *null* positiv ist, soll das Objekt initialisiert werden.

(15) Dies geschieht durch den Thread-Konstruktor. Der hier benutzte überladene Konstruktor verwendet einen Parameter, nämlich ein Objekt, das das *Runnable*-Interface implementiert, und das heißt, dass es die Methode *run* enthält. Dies ist hier unser Applet selbst. Deshalb lautet der Parameter *this*.

(16) Durch Aufruf der *Thread*-Methode *start* wird jetzt indirekt *run* aufgerufen und damit der Thread *spektrum* ausgeführt. Ab jetzt arbeiten zwei verschiedene Programmabläufe nahezu unabhängig voneinander im gleichen Speicherbereich. Der eine hat beim Konstruktor und der Methode *init* und der andere bei *run* begonnen. Endet die Methode *run*, so endet auch der Thread.

(17) Umgekehrt arbeiten wir in *stop*. Hier muss durch die *if*-Anweisung geprüft werden, ob der Thread auch wirklich existiert.

(18) Dann kann er durch die Methode *stop* abrupt abgebrochen werden. Diese Methode soll jedoch nicht mehr benutzt werden, da sie unsicher arbeitet. Deshalb steht sie hier nach Kommentarzeichen. Eine bessere Lösung benutzt eine Variable, die als Schalter arbeitet und von *run* ständig abgefragt wird.

(19) Das Objekt *spektrum* wird wieder auf *null* gesetzt für den Fall, dass der Browser von anderen Web-Seiten zum Applet zurückkehrt. Dadurch funktioniert die *if*-Abfrage in *start* wieder einwandfrei. Außerdem soll dadurch der Methode *run* signalisiert werden, dass der Thread enden soll.

(20) Wenn ein zusätzlicher Thread gestartet wird, beginnt er immer hier seine Arbeit. Er endet automatisch, wenn *run* beendet wird.
(21) Die Methode *run* kann feststellen, von welchem Thread sie gerade durchlaufen wird. Dies geschieht mit der Klassenmethode *currentThread*.
(22) Oft laufen die Threads in einer Endlosschleife. Dies ist kein Problem, da sie ja separat arbeiten und den Browser nicht blockieren. Um sie jedoch ohne Verwendung der Thread-Methode *stop* abbrechen zu können, testet die Bedingung, ob die Referenz auf den aktuellen Thread noch in *spektrum* gespeichert ist. Hat die Applet-Methode *stop* diese auf *null* gesetzt, wird die Schleife nicht mehr wiederholt, und die Methode *run* wird verlassen. Dadurch endet der Thread.
(23) Das Schlüsselwort *try* leitet einen Anweisungsblock ein, für den eine Fehlerbehandlung eingerichtet ist. Wenn während der Ausführung des Blocks ein Fehler auftritt, wird ein Fehlerobjekt erzeugt, *Exception* genannt.
(24) Durch *repaint* sorgt der Thread dafür, dass der Browser das Applet neu zeichnet, indem dieser *paint* aufruft.
(25) Zusätzlich verändert er die Variable *start*, damit die Scheibe beim nächsten Mal um 5 Grad im Uhrzeigersinn gedreht gezeichnet wird.
(26) Anschließend wird der aktuelle Thread durch die Methode *sleep* 30 Millisekunden lang ausgesetzt. Während dieser Zeit beansprucht er die CPU in keiner Weise.
(27) Durch *catch* wird eine zu *try* gehörige Fehlerbehandlungsroutine festgelegt. Sie ist nur für die Fehlerklasse zuständig, deren Objekt als Parameter angegeben ist. Hier ist es ein Objekt der Klasse *InterruptedException*, das von *sleep* erzeugt werden kann, wenn während dieser Zeit der Thread von anderen Threads abgebrochen wird. Welche Exception eine Methode erzeugen kann, können Sie an ihrer Deklaration sehen, beispielsweise für *sleep: public static void sleep(long millis) throws InterruptedException;*. Sobald ein solcher Fehler auftritt, wird die Verarbeitung hier fortgesetzt.
(28) In einem solchen Fehlerfall wird die Applet-Methode *stop* aufgerufen, womit sichergestellt ist, dass daraufhin der Thread vernichtet wird.

10.3 Threads pausieren

Im nächsten Schritt wird die Möglichkeit hinzugefügt, das Applet mit der Maus anzuhalten und wieder zu starten. Das ist jetzt gar kein großer Aufwand mehr. Zwar verfügt die Klasse *Thread* über die zwei Methoden *suspend* und *resume* zur Steuerung, jedoch sollten diese wie *stop* nicht mehr benutzt werden. Sie sind im API als *deprecated* markiert, weil sie zu so genannten Deadlock-Problemen führen können. Die dargestellte Lösung benutzt einen alternativen Weg und erlaubt es,

- mit der rechten Maustaste zu stoppen und
- mit der linken Maustaste fortzufahren.

Dazu definieren Sie zunächst eine weitere Variable zu Beginn des Applets:

```
boolean pause;
```

Sie dient zum Signalisieren der Pausen und wird hier standardmäßig von Java mit *false* initialisiert.
Außerdem fügen Sie die Methode *processMouseEvent* mit folgendem Funktionskörper der Applet-Klasse hinzu.

```
protected synchronized void processMouseEvent(
        MouseEvent evt) {                              //(1)
    if(evt.getID() == MouseEvent.MOUSE_PRESSED) {
        if (evt.isMetaDown()) {
            pause = true;                              //(2)
        }
        else {
            pause = false;                             //(3)
            notify();                                  //(4)
        }
    }
}
```

(1) Die Methodendefinition enthält hier ein neues Schlüsselwort *synchronized*. Dadurch wird sie synchronisiert, das heißt, sie arbeitet jetzt «im Takt» mit anderen Methoden. Im nächsten Kapitel wird dies genauer erläutert.
(2) Wenn die rechte Taste (siehe Kapitel 9.3.2) gedrückt wurde, wird die Variable auf *true* gesetzt.. Sie muss innerhalb von *run* ausgewertet und daraufhin der Thread angehalten werden.

(3) Die linke Taste sorgt dafür, dass *pause* wieder auf *false* gesetzt wird. Bei der Auswertung in *run* muss der Thread daraufhin wieder laufen.
(4) Die Methode *notify* ist in der Klasse *Object* definiert und reaktiviert einen wartenden Thread.

Abschließend muss die Methode *run* so geändert werden, dass *pause* ausgewertet wird. Fügen Sie daher den folgenden Code direkt hinter der *sleep*-Anweisung ein.

```
...
        synchronized(this) {                    //(1)
            while(pause)                        //(2)
                wait();                         //(3)
        }
...
```

(1) Auch hier wird der Block wieder mit *synchronized* eingeleitet. Dieses Mal arbeitet es als Anweisung und synchronisiert das Objekt, das im Parameter angegeben wird. Durch *this* ist es das Appletobjekt. Mehr dazu im nächsten Kapitel.
(2) Hier wird *pause* ausgewertet. Solange ihr Wert *true* ist, wird *wait* aufgerufen.
(3) Diese Methode ist bereits in *Object* definiert und hält einen Thread an. Aufgehoben wird dies durch den Aufruf von *notify*.

Um zu überprüfen, dass der Thread weiterexistiert, wenn er anhält, können Sie folgende Anweisung in die Funktion *paint* einbauen.

```
showStatus("Threads: "+Thread.activeCount());
```

Dadurch wird die Anzahl aller im Augenblick laufenden, zusammengehörigen Threads in der Statuszeile angezeigt. Lassen Sie sich nicht dadurch irritieren, dass mehr als zwei angezeigt werden. Es sind eben weitere Threads daran beteiligt, ein Applet laufen zu lassen. Entscheidend ist hier, ob sich die Zahl verändert, wenn Sie mit der rechten Maustaste klicken.

Die Gegenprobe können Sie machen, indem Sie, statt den Thread über *pause* zu steuern, die Applet-Methoden *stop* und *start* in *processMouseEvent* aufrufen.

```
protected synchronized void processMouseEvent(
         MouseEvent evt) {
  if(evt.getID() == MouseEvent.MOUSE_PRESSED) {
    if (evt.isMetaDown())
      stop();
    else
      start();
  }
}
```

Jetzt wird der Thread nicht angehalten, sondern beendet, und er wird nicht fortgesetzt, sondern neu erzeugt. In der Statuszeilenanzeige ändert sich entsprechend jedes Mal der Wert um eins.

> *Hinweis*:
> Die Statuszeile ist in jedem Fall im Appletviewer des JDK erkennbar. Jedoch muss unter Umständen das Fenster kurz vergrößert werden.

10.4 Synchronisierung

Ein großes Problem beim Multithreading sind die gleichzeitigen Zugriffe auf Objekte und Variablen. Wer von Ihnen bereits einmal netzwerkfähige Programme erstellt hat, der ist mit diesem Problem in gewisser Weise vertraut. Denn nichts ist fataler als beispielsweise die gleichzeitige Änderung derselben Kundendaten einer Datenbank durch mehrere Prozesse.

Beim Multithreading treten genau die gleichen Probleme auf. Betrachten Sie einmal die Methode *paint*, die vom ersten Thread ausgeführt wird, und die Funktion *run* des zweiten Threads. In der ersten wird *start* benutzt, um die Position jedes der sechs Segmente zu ermitteln. In der zweiten wird *start* um einen festen Winkel verschoben, um den Kreis zu drehen. Es ist wohl leicht einzusehen, dass aufgrund der frei wählbaren Zeitangabe für *sleep* die Möglichkeit besteht, dass der selbständige Thread *spektrum* beim Zeichnen dazwischenfunken kann, indem er *start* verändert, obwohl der Kreis noch nicht fertig gezeichnet ist. Dadurch würden in dem Beispiel «Kerben» im Kreis entstehen.

Dies ist hier kein größeres Problem. Auch die Browser sind gegenüber vielen solcher Kollisionen nicht besonders empfindlich, jedoch sollten Sie von vornherein bei der Entwicklung von Multithreadingprogrammen festhalten, welche Methoden in Hinblick auf die gemeinsamen Datenzugriffe kritisch sind. Ähnlich wie bei Netzwerkanwendungen können Sie auch hier Daten sperren. Diese Sperrung betrifft dann allerdings das gesamte Objekt.

Um beispielsweise zu verhindern, dass irgendetwas mit den Daten unseres Applets passiert, während gezeichnet wird, modifizieren Sie zuerst die Methodendefinition von *paint* folgendermaßen:

```
public synchronized void paint(Graphics g) {
  .
  .
  .
```

Wenn eine solche, durch *synchronized* beschriebene Funktion durchlaufen wird, sperrt Java das Objekt, zu dem die Methode gehört, für alle anderen *synchronized*-Methoden. Dies ist in unserem Fall das Applet. Damit *start* also nicht vom zweiten Thread verändert werden kann, müssten wir nun eigentlich auch *run* synchronisieren. Das geht aber nicht! Das Applet könnte dann, solange der zweite Thread läuft, nicht gezeichnet werden. Statt den Startwinkel aber direkt zu verändern, könnten wir die folgende Methode definieren, die dies übernimmt.

```
private synchronized void moveArc(int m) {
  start-=m;
}
```

In *run* wird diese an Stelle der Zuweisung aufgerufen.

```
moveArc(5);
```

Jetzt können *moveArc* und *paint* nur noch alternativ durchlaufen werden. Eine Kollision der beiden Threads beim Zugriff auf *start* kann nicht mehr auftreten.

Statt die Anweisung jedoch in eine separate Funktion auszulagern, kann eine Sperrung auch mit Hilfe des *synchronized*-Statements erfolgen. Dies sieht innerhalb von *run* so aus:

```
...
      synchronized(this) {
        start -= 5;                              //(25)
      }
...
```

Ähnlich funktioniert das Zusammenspiel zwischen *processMouseEvent*, die *notify* aufruft, und dem Aufruf von *wait* innerhalb von *run*. Nur durch *synchronized* wird das Objekt gesperrt, wodurch der Thread es allein benutzt. Und nur dann kann er per *wait* und *notify* sauber angehalten und wieder gestartet werden. Fehlt die Synchronisierung, dann wird der Thread wahrscheinlich angehalten, reagiert aber auf kein folgendes *notify*, da er das Objekt nicht allein benutzt.

10.5 Anzeige stabilisieren

Sicherlich stört Sie bereits das unangenehme Flackern der Anzeige. Dies liegt daran, dass die Applet-Fläche vor jedem Neuzeichnen erst einmal gelöscht wird. Dies verursacht nicht unsere Methode *paint*; aber die wird ja auch nicht direkt vom Browser aufgerufen. Übernommen wird das Löschen von der Methode *update*, die, als Reaktion auf eine *repaint*-Anweisung, vom Browser zuerst aufgerufen wird und dann selbst *paint* aufruft.

Die Standardimplementierung von *update* sieht folgendermaßen aus:

```
public void update(Graphics g) {
  ...
  g.clearRect(0, 0, width, height);
  ...
  paint(g);
}
```

Die Methode benutzt also das *Graphics*-Objekt, um mittels *clearRect* die gesamte Fläche zu löschen. Das geschieht dadurch, dass das Applet einfach neu in der aktuellen Hintergrundfarbe gezeichnet wird. Dies kommt einem Löschen des vorherigen Inhalts gleich. Danach wird *paint* aufgerufen.

Wenn Sie nun *update* überschreiben, müssen Sie unter anderem entscheiden, wann die Appletfläche gelöscht werden muss, und es dann auch selbst übernehmen. Für das Kaleidoskop ist dies recht einfach. Da keine andere Stelle des Applets beschrieben bzw. auf ihr gezeichnet wird und der Kreis sich selbst immer komplett überlagert, können Sie auf das Löschen verzichten. Deshalb brauchen Sie auch nicht die Hintergrundfarbe zu übernehmen. Auf die Einstellung der Vordergrundfarbe kann ebenfalls verzichtet werden, da ja in *paint* sowieso andere Farben eingestellt werden. Die überschriebene Methode ist also ganz simpel:

```
public void update(Graphics g) {
  paint (g);
}
```

Wenn Sie nun diese Methode der Appletklasse hinzufügen und danach die geänderte Version testen, werden Sie eine eindeutig bessere Darstellung erhalten.

10.6 Bildanimationen

Im vorherigen Beispiel haben Sie den Animationseffekt dadurch erzielt, dass die Grafik ständig vom Programm mit kleinen Veränderungen neu gezeichnet wurde. Dies ist ideal für einfache und geometrische Darstellungen, denn außer der HTML-Seite und dem Appletcode muss nichts im Internet übertragen werden. Wenn aber film- bzw. videoähnliche Animationen vom Applet angezeigt werden sollen, dann müssen die Grafiken bereits als Dateien vorliegen. Das Format dieser Bilddateien kann entweder *GIF* (Graphics Interchange Format) oder *JPEG* (Joint Photographic Experts Group) sein. Andere Formate müssen mit Hilfsprogrammen zuerst konvertiert werden.

Um eine Bildanimation zu erstellen, besteht also Ihre erste Aufgabe darin, den Bewegungsablauf in eine Folge von Einzelbildern zu zerlegen. Dies können Sie entweder wie in den Trickfilmstudios machen, indem Sie jedes Bild einzeln malen, oder Sie verwenden beispielsweise Techniken zur Videobearbeitung. Sie brauchen zwischen 16 bis 25 Bilder für jede Sekunde Spielzeit. Der Wert kann aber auch darunter liegen. Durch Verändern der späteren Anzeigegeschwindigkeit kann man trotzdem flimmerfreie Animationen erhalten. Bedenken Sie aber, dass diese Bilder übers Netzwerk übertragen und alle in den Arbeitsspeicher des Rechners geladen werden müssen. Wenn Sie also nicht wollen, dass der Download Ihrer Dokumente von den Nutzern aus Ungeduld ständig abgebrochen wird, bevor die Animation anlaufen kann, sollten Sie den Speicherbedarf im Auge behalten.

Damit das Applet die Bilder später in der gewünschten Reihenfolge abspielen kann, müssen Sie die Dateinamen auf fortlaufende Nummern enden lassen, also zum Beispiel *Bild01.gif*, *Bild02.gif* usw. Das Applet hat sonst keine andere Möglichkeit, die korrekte Reihenfolge zu ermitteln. Das nächste Beispiel erhält die Angaben zu den Bilddateien über Parameter aus der HTML-Datei. Dadurch kann es ohne Änderungen fast beliebige Bildfolgen und auch Ausschnitte davon abspielen. Als Parameter benötigt das Applet:

- den Namensstamm der Dateien, das heißt den Namen ohne Endnummer (zweistellige Nummern reichen immer),
- die Dateierweiterung (*GIF* oder *JPG*),
- die Anzeigegeschwindigkeit in Bildern pro Sekunde,
- die Nummer des ersten Bildes und
- die Nummer des letzten Bildes.

Der erste Thread des Programms übernimmt die Initialisierung der Parameter, das Starten und Beenden des zweiten Threads und die Anzeige. Der zweite Thread ist für alle zeitintensiven Vorgänge zuständig, um den ersten so früh wie möglich zu entlasten. Er lädt alle Bilder und steuert die Bildfolge, die *paint* dann anzeigt. Während der Ladephase benutzt er ein Objekt einer speziellen Klasse, um den Ladevorgang zu überwachen: den *MediaTracker*.

Das Applet sieht folgendermaßen aus:

```
import java.applet.*;
import java.awt.*;

public class Film extends Applet
            implements Runnable {

  private Thread film;                            //(1)

  private Graphics graphics;                      //(2)
  private Image images[];                         //(3)
  private int currImage;                          //(4)
  private int imgWidth;                           //(5)
```

```java
  private int imgHeight;                              //(6)
  private boolean allLoaded;                          //(7)

  private String bild = "image";                      //(8)
  private String ext = "gif";                         //(9)
  private int bps = 15;                               //(10)
  private int von = 1;                                //(11)
  private int bis = 20;                               //(12)

  private final String FILM_PARAM = "film";           //(13)
  private final String EXT_PARAM = "ext";
  private final String BPS_PARAM = "bps";
  private final String VON_PARAM = "von";
  private final String BIS_PARAM = "bis";

  public String[][] getParameterInfo() {              //(14)
    String[][] info =
    {
      { FILM_PARAM, "String",
            "Präfix der Bilddateien" },
      { EXT_PARAM, "String",
            "Suffix (GIF oder JPG)" },
      { BPS_PARAM, "int",
            "Bilder pro Sekunde" },
      { VON_PARAM, "int", "Erstes Bild" },
      { BIS_PARAM, "int", "Letztes Bild" },
    };
    return info;
  }
  public void init() {                                //(15)
    String param;
    param = getParameter(FILM_PARAM);
    if (param != null)
      bild = param;
    param = getParameter(EXT_PARAM);
    if (param != null)
      ext = param;
    param = getParameter(BPS_PARAM);
    if (param != null)
      bps = Integer.parseInt(param);
    param = getParameter(VON_PARAM);
    if (param != null)
      von = Integer.parseInt(param);
    param = getParameter(BIS_PARAM);
    if (param != null)
```

```java
      bis = Integer.parseInt(param);
  }
  private void displayImage(Graphics g) {             //(16)
    if (!allLoaded)                                   //(17)
      return;
    g.drawImage(images[currImage],                    //(18)
      (getSize().width - imgWidth)  / 2,
      (getSize().height - imgHeight) / 2, null);
  }
  public void paint(Graphics g) {
    if (allLoaded) {                                  //(19)
      Rectangle r = g.getClipBounds();                //(20)
      g.clearRect(r.x, r.y,
            r.width, r.height);                       //(21)
      displayImage(g);                                //(22)
    }
    else
      g.drawString("Bilder werden geladen...",
            10, 20);                                  //(23)
  }
  public void start() {                               //(24)
    if (film == null) {
      film = new Thread(this);
      film.start();
    }
  }
  public void stop() {                                //(25)
    if (film != null) {
      film = null;
    }
  }
  public void run() {                                 //(26)
    currImage = 0;                                    //(27)
    if (!allLoaded) {                                 //(28)
      repaint();                                      //(29)
      graphics = getGraphics();                       //(30)
      images = new Image[bis-von+1];                  //(31)
      MediaTracker tracker =
        new MediaTracker(this);                       //(32)
      String image;                                   //(33)
      for (int i=von; i<=bis; i++) {                  //(34)
        image = bild+((i<10) ? "0" : "")
          + i+ "." + ext;                             //(35)
        images[i - von] =
          getImage(getDocumentBase(),
```

```
        image);                              //(36)
    tracker.addImage(images[i-von]
        ,0);                                 //(37)
  }
  try {
    tracker.waitForAll();                    //(38)
    allLoaded=!tracker.isErrorAny();         //(39)
  }
  catch (InterruptedException e) {
  }
  if (!allLoaded) {                          //(40)
    stop();                                  //(41)
    graphics.drawString("Ladefehler",
         10, 40);                            //(42)
    return;
  }
  imgWidth=images[0].getWidth(this);         //(43)
  imgHeight=images[0].getHeight(this);       //(44)
}
repaint();                                   //(45)
while(film == Thread.currentThread()) {      //(46)
  try {
    displayImage(graphics);                  //(47)
    currImage++;                             //(48)
    if (currImage == bis - von +1)
      currImage = 0;                         //(49)
    Thread.currentThread()
      .sleep(1000/bps);                      //(50)
  }
  catch (InterruptedException e) {
    stop();
  }
}
    }
  }
}
```

(1) Das Thread-Objekt heißt *film*.
(2) Der zweite Thread benötigt ein Grafikobjekt für seine Ausgaben. Dieses müssen Sie selbst erzeugen bzw. ermitteln. Es wird dann in *graphics* gespeichert.
(3) Um alle Bilder speichern zu können, brauchen Sie ein Array von Bildobjekten der Klasse *Image*.
(4) Die Nummer des aktuell angezeigten Bildes aus der Folge wird in *currImage* gespeichert.

(5) Damit die Animation im Applet zentriert werden kann, brauchen Sie die Bildabmessungen. Es wird hier davon ausgegangen, dass alle Bilder gleich groß sind. Daher muss nur eine Breitenangabe gespeichert werden. Dazu dient *imgWidth*.

(6) Für die Höhe wird *imgHeight* verwendet.

(7) Die logische Variable *allLoaded* merkt sich den Ladezustand der Bilder. Anfangs sind sie noch nicht geladen, daher ist die automatische Initialisierung mit *false* richtig. Nach erfolgreichem Laden wird *allLoaded* auf *true* gesetzt. Dadurch kann ein von *start* erzeugter Thread immer feststellen, ob Bilder geladen werden müssen.

(8) Der Parameter *bild* enthält den Namensstamm der Bilder. Wenn er in der HTML-Seite nicht anders festgelegt wird, sucht das Applet Bilder mit den Namen IMAGE*nn*.

(9) Durch den Parameter *ext* werden die Dateinamenserweiterung und damit das Dateiformat festgelegt. Es soll standardmäßig *GIF* sein. Diese Dateien werden am häufigsten benutzt und benötigen auch den geringeren Speicherplatz.

(10) Durch den Parameter *bps* werden die anzuzeigenden **Bilder pro Sekunde** festgelegt. Der Standardwert soll 15 betragen.

(11) Damit auch beliebige Ausschnitte aus einer Bildfolge gezeigt werden können, speichert der Parameter *von* die Nummer des ersten Bildes. Wenn die HTML-Seite jedoch nichts anderes vorgibt, soll mit dem 1. Bild begonnen werden.

(12) Der Parameter *bis* enthält die Nummer des letzten Bildes. Dies ist in der Regel die Anzahl der Bilder, deshalb muss er immer angegeben werden. Nur der Ordnung halber wird auch er hier vorbelegt.

(13) Die Namen der Parameter werden wieder als konstante Zeichenketten definiert.

(14) Die Informationsmethode *getParameterInfo* liefert den HTML-Autoren die Parameterangaben.

(15) Die Methode *init* übernimmt die Parameter (siehe Kapitel 8.2) in gewohnter Weise.

(16) Die Bildanzeige wird in *displayImage* ausgelagert. Diese selbst definierte Funktion wird sowohl von *paint* als auch von *run* aufgerufen und erhält ein Grafikobjekt als Parameter.

(17) Sie prüft zuerst die Variable *allLoaded*, um festzustellen, ob alle Bilder geladen sind. Ist das nicht der Fall, gibt sie die Verarbeitung sofort zurück.

(18) Die Methode *drawImage* zeichnet die Bildobjekte. Als ersten Para-

meter erhält sie über den Index *currImage* aus dem Bildarray das zu zeichnende Objekt. Der zweite und dritte Parameter legen die Position fest. Die x- und y-Koordinate der linken, oberen Ecke des Bildes werden hier aus Applet- (*getSize()*) und Bildgröße (*imgWidth* und *imgHeight*) so ermittelt, dass das Bild zentriert dargestellt wird. Der vierte Parameter gibt ein so genanntes *ImageObserver*-Objekt an, dass den Ladezustand des Bildes kontrolliert. Sie übergeben hier *null*, weil die alternative Technik mit einem *Media-Tracker* genutzt wird.

(19) Da *paint* im ersten Thread sofort nach *start* aufgerufen wird, müssen Sie zuerst prüfen, ob vom zweiten Thread schon alle Bilder geladen worden sind.

(20) Ist das der Fall, dann wird zuerst mit *getClipBounds* ein Rechteckobjekt erzeugt, das in Größe und Position dem Grafikkontext entspricht. Das heißt, es entspricht der Zeichenfläche des Applets.

(21) Die *Graphics*-Methode *clearRect* benutzt nun diese Objektvariablen, um ein ausgefülltes, rahmenloses Rechteck in der Hintergrundfarbe zu zeichnen. Dadurch wird die Appletfläche gelöscht.

(22) Zum Schluss ruft *paint displayImage* auf und übergibt ihr das eigene Grafikobjekt zum Zeichnen.

(23) Sind noch nicht alle Bilder geladen, zeigt *paint* einen Hinweis an. Hier wird ein deutscher Text benutzt. Sie sollten aber überlegen, ob im internationalen Netz englische Meldungen nicht sinnvoller sind.

(24) Der Thread wird wieder in *start* erzeugt.

(25) Von *stop* wird er jedes Mal wieder beendet.

(26) Hiermit startet wieder der zweite Thread. Die Methode *run* besteht, grob betrachtet, aus zwei Teilen: dem Ladevorgang der Bilder ((28) bis (44)) und der Animation ((45) bis (50)).

(27) Die Nummer des aktuellen Bildes wird vor dem Laden mit null initialisiert.

(28) Der Thread prüft zuerst, ob die Bilder bereits geladen sind, denn jedes Mal, wenn der Browser zur Appletseite zurückkehrt, wird von *start* ein neuer Thread erzeugt. Eventuell hat also bereits ein Vorgänger die Bilder in den Arbeitsspeicher gebracht.

(29) Zuerst wird durch *repaint* veranlasst, dass beim ersten Thread *paint* aufgerufen wird. Dadurch kann die Lademeldung angezeigt werden.

(30) Da *run* kein Grafikobjekt übergeben bekommt, muss es sich selbst

eines besorgen. In *graphics* wird das von *getGraphics* ermittelte Grafikobjekt des Applets gespeichert.

(31) Hier wird das Bildarray initialisiert. Die Anzahl der Elemente ergibt sich aus der Differenz zwischen der größten und kleinsten Bildnummer (*bis* − *von*) plus 1. Durch *new* wird das Array vom Typ *Image* mit dieser Anzahl erzeugt.

(32) Hier kommt der *MediaTracker* ins Spiel. Sein Konstruktor benötigt als Parameter ein *Component*-Objekt, auf dem die Bilder gezeichnet werden sollen. Dies ist hier das Applet selbst, daher wird *this* übergeben. *MediaTracker* sind Hilfsobjekte, die den eigentlichen Ladevorgang übernehmen und überwachen. Die Klasse enthält Methoden, um die zu ladenden Bilder festzulegen, den Ladevorgang anzustoßen und den Status abzufragen.

(33) Um die Dateinamen der Bilder aus den Parametern und der Nummer zusammenzusetzen, deklarieren Sie ein *String*-Objekt.

(34) Die Zählschleife soll für jedes durch die Parameter angegebene Bild durchlaufen werden. Daher beginnt die Zählvariable *i* beim Wert von *von* und läuft bis *bis*.

(35) Hier wird der Dateiname zusammengesetzt. Er beginnt mit dem Namensstamm *bild*. Danach wird, falls *i* nur einstellig ist, eine Null, ansonsten ein Leerstring eingefügt. Dahinter kommt die Zahl, gefolgt vom Punkt und der Namenserweiterung.

(36) Hier wird das Bildarray gefüllt, dessen Index bei 0 beginnt. Weil *i* jedoch von *von* bis *bis* läuft, wird hier der Ausdruck *i-von* für den Index benutzt, damit der Anfangswert 0 ist. Die Methode *getImage* liefert die Bildobjekte, lädt aber nicht die Bilddatei. Deshalb tritt auch kein Fehler auf, wenn kein Bild an der durch *getDocumentBase* angegebenen URL mit dem in *image* gespeicherten Namen existiert. Für den Speicherort der Bilder können Sie auch bei lokalen Web-Seiten keinen Pfad angeben, sondern nur eine URL. Wenn die Bilder zusammen mit dem HTML-Dokument gespeichert sind, verwenden Sie *getDocumentBase*, um diese URL zu ermitteln. Befinden die Bilder sich beim Applet, dann benutzen Sie *getCodeBase*.

(37) Jedes Bildobjekt wird anschließend durch die *MediaTracker*-Methode *addImage* dem Tracker hinzugefügt. Der zweite Parameter 0 legt eine ID fest, unter der das jeweilige Bild überwacht wird. Mehrere Bilder, hier sind es sogar alle, können die gleiche ID tragen. Damit ist die Zählschleife abgeschlossen.

(38) Durch *waitForAll* wird der Ladevorgang gestartet. Der Tracker wartet so lange, bis alle Bilder geladen sind. Treten Fehler auf, so wird mit dem nächsten Bild weitergemacht. Sie können für *waitForAll* auch ein Zeitspanne in Millisekunden als Parameter angeben, um eine Höchstwartezeit festzulegen. Neben *waitForAll* gibt es die Methode *waitForID*, um die Bilder einer speziellen ID zu laden. In dem Beispiel haben *waitForAll* und *waitForID(0)* jedoch die gleiche Wirkung.

(39) Wenn kein Fehler vom Tracker festgestellt wurde, liefert seine Methode *IsErrorAny false* zurück. Durch den Negationsoperator *!* wird dann *allLoaded* auf *true* gesetzt.

(40) Es wird nun geprüft, ob danach *allLoaded* immer noch auf *false* steht.

(41) Falls ja, wird die Methode *stop* aufgerufen, die wiederum den Thread beendet.

(42) Zusätzlich wird eine Fehlermeldung ausgegeben. Dazu wird das in *graphics* gespeicherte Grafikobjekt für das Applet benutzt.

(43) Für den Fall, dass der Thread nicht abgebrochen wurde, müssen Sie jetzt noch Breite und Höhe der Bilder bestimmen. Da sie alle gleich groß sein sollen, können Sie zum Vermessen das erste Bild im Array mit dem Index 0 benutzen. Die Breite des Bildes wird von der Image-Methode *getWidth* ermittelt. Als Parameter wird das Objekt angegeben, das darauf wartet, dass die Bilder geladen werden. Das ist hier das Applet. Wenn die Breite nicht ermittelt werden kann, weil das Bild noch nicht geladen ist, gibt *getWidth* −1 zurück, ansonsten die Bildbreite.

(44) In ähnlicher Weise wird die Höhe festgestellt.

(45) Die komplette Animation übernimmt hier der zweite Thread. Daher wird zuerst *repaint* aufgerufen, damit *paint* die Appletfläche löscht.

(46) Hier beginnt die Schleife für die Animation. Über die Variable *film* wird wieder ermittelt, ob der Thread noch gültig ist oder ob er gestoppt werden soll.

(47) Der Aufruf von *displayImage* zeigt das aktuelle Bild (siehe (16)).

(48) Danach wird *currImage* durch den Inkrementoperator ++ für das nächste Bild erhöht.

(49) Falls dadurch der höchste Index des Arrays (siehe (31)) überschritten wird, wird er wieder auf 0 zurückgestellt.

(50) Bevor die Schleife erneut durchlaufen wird, sorgt *sleep* dafür, dass

der Thread entsprechend der Anzeigegeschwindigkeit kurz aussetzt. Die Zeitangabe erfolgt in Millisekunden, daher der Ausdruck *1000/bps*.

Wenn alle Parameter angegeben werden, enthält die HTML-Seite beispielsweise die folgende Marke:

```
<applet
    code=Film.class
    id=Film
    width=320
    height=240 >
    <param name=film value="images/img00">
    <param name=ext value="gif">
    <param name=bps value=45>
    <param name=von value=6>
    <param name=bis value=12>
</applet>
```

Der Dateinamensstamm enthält hier eine relative Pfadangabe bezogen auf das Verzeichnis der HTML-Datei.

Diashow
Wenn dieses Applet auch für Diashows eingesetzt werden soll, muss die Bildfolge unter einem Bild pro Sekunde liegen. Dazu brauchen Sie nur den *sleep*-Parameter mit 10 zu multiplizieren. Er wird dann als Bilder pro 10 Sekunden interpretiert. Für Diavorführungen geben Sie nun beispielsweise in der HTML-Datei für *bps* 2 an, um alle 5 Sekunden ein Bild anzuzeigen. Animationen brauchen jetzt einen zehnfachen Wert, also zum Beispiel oben statt der 45 eine 450.

10.7 Hintergrundmusik

Um dem Applet noch den letzten Pfiff zu geben, können Sie zusätzlich Hintergrundmusik abspielen lassen. Dies kann durch nur wenige Anweisungen eingebaut werden, jedoch ist das Format der Audiodateien eingeschränkt, die Applets abspielen können. Die Musik muss als so genannte AU-Datei vorliegen. Sie benötigen also unter Umständen ein Hilfsprogramm, das die im PC-Bereich eher üblichen WAV-Dateien konvertiert.

Für die Musik brauchen Sie zunächst eine Objektvariable der Klasse *AudioClip*. Fügen Sie dazu die folgende Zeile an den Beginn der Applet-Klasse ein.

```
AudioClip ac;
```

Als Nächstes ergänzen Sie die Methode *stop* um den Aufruf der *AudioClip*-Methode *stop*.

```
ac.stop();
```

Dadurch wird sichergestellt, dass die Musik nicht weitergespielt wird, wenn der Browser zu anderen WWW-Dokumenten wechselt.
Das Laden und Starten der Musik übernimmt wieder der zweite Thread. Dazu fügen Sie an den Anfang der Methode *run* die folgenden drei Anweisungen.

```
String musik = new String("sounds/"+"jamba.au");
ac = getAudioClip(getCodeBase(),musik);
ac.loop();
```

Wie bei den Bildern erzeugen Sie auch hier zuerst ein *String*-Objekt für den Dateinamen. Dieser darf auch relative Pfadangaben enthalten. Ähnlich wie *getImage* ein *Image*-Objekt liefert, gibt *getAudioClip* ein *AudioClip*-Objekt zurück. Der erste Parameter ist wieder eine URL, der zweite der Dateiname. Die dritte Anweisung ruft die *AudioClip*-Methode *loop* auf, um die Musik im Autorepeat-Verfahren abzuspielen. Ohne Schleifenprogrammierung können Sie so ein kurzes Musikstück immer wieder von vorn abspielen lassen.
Außer den beiden Methoden *stop* und *loop*, die wir hier benutzt haben, bietet die Klasse *AudioClip* noch *play*, um die Musik ein einziges Mal abzuspielen. Wenn Musik nur einmal gespielt werden soll, können Sie darauf verzichten, ein *AudioClip*-Objekt anzulegen. Die folgende Anweisung lädt und spielt die angegebene Datei ab.

```
play(getCodeBase(),"sounds/geogoril.au");
```

Diese Methode *play* gehört zur Klasse *Applet*.
Sowohl Audiodateien als auch Animationsbildfolgen finden Sie in den Unterverzeichnissen DEMO bzw. SAMPLES der verschiedenen Java-Entwicklungssysteme.

10.8 Zusammenfassung

- Ähnlich wie Betriebssysteme mehrere Prozesse kontrollieren, kann ein Programm mehrere Verarbeitungsabläufe steuern. Threads sind keine separaten Instanzen eines Programms, sondern sie teilen sich den gleichen Arbeitsspeicher.
- Applets, die zusätzliche Threads erzeugen wollen, müssen das Interface *Runnable* implementieren. Dieses besteht aus der einzigen Methode *run*.
- Die Threads werden durch ihre Methoden *start* und *stop* aktiviert und beendet. Diese Funktionen werden in den gleichnamigen Applet-Methoden aufgerufen.
- Die Applet-Methode *update* ist *paint* vorgelagert und löscht die Appletfläche vor dem *paint*-Aufruf.
- Durch den Zusatz *synchronized* werden Funktionen gesperrt. Von allen Threads kann immer nur einer eine einzige dieser Funktionen durchlaufen.
- Objekte der Klasse *MediaTracker* überwachen und steuern den Ladevorgang von Bilddateien. Dies können GIF- und JPEG-Dateien sein.
- Die Methoden der Klasse *AudioClip* ermöglichen das Abspielen von Musikdateien. Diese müssen das AU-Format besitzen.

10.9 Übungen

Aufgabe 31

Was bedeutet bei Funktionsdefinitionen der Zusatz *synchronized*?

Aufgabe 32

Verändern Sie das Kaleidoskop-Applet derart, dass über einen Parameter die Drehrichtung der Scheibe festgelegt werden kann. Fügen Sie in der HTML-Datei eine zweite Applet-Marke ein und lassen Sie beide Scheiben gegenläufig drehen.

Aufgabe 33

Erstellen Sie ein Applet, dass beim Anzeigen und Verlassen eine andere Audio-Datei spielt. Die Dateinamen sollen per Parameter angegeben werden.

11 Das Package AWT

Applets gehören zum Package *java.awt*. Die Abkürzung *awt* steht dabei für *Abstract Window Toolkit*. Mit Hilfe der Klassen dieses Paketes können Kontrollelemente, Fenster mit Menüs, Dialogfelder usw. realisiert werden. Dieses Kapitel soll Ihnen die Grundprinzipien erläutern, nach denen diese Klassen arbeiten.

11.1 Kontrollelemente

Zunächst wollen wir uns eine Gruppe von Klassen ansehen, die eine ganze Reihe von Bedienungselementen bereitstellt. Dazu gehören Texte, Eingabefelder, Kontrollfelder, Schaltflächen usw. Obwohl solche Kontrollelemente oft direkt durch Scriptsprachen in die HTML-Dokumente eingebaut werden, können sie durch das AWT auch von Applets verwendet werden.

11.1.1 Kontrollelemente erzeugen

Das Bild auf der nächsten Seite zeigt ein Applet mit den verschiedensten Kontrollelementtypen. Das sind im Einzelnen
- eine Beschriftung,
- ein einzeiliges Texteingabefeld,
- eine Auswahlliste,
- ein mehrzeiliges Texteingabefeld mit Bildlaufleisten,
- eine Optionsgruppe,
- drei Rollbalken bzw. Schieberegler,
- zwei Schaltflächen und
- ein Kontrollfeld.

Mit ihrer Hilfe kann das folgende Beispielapplet Anwendereingaben in unterschiedlichen Schriftarten anzeigen und für den Vorder- und Hintergrund eine Farbe einstellen, deren Rot-, Grün- und Blauanteil durch die Schieberegler festgelegt wird.

Das Applet testen Sie am besten im Appletviewer, denn es benutzt Klassen, die etliche Browser noch nicht kennen. Im Anhang (siehe Kapitel 13.6.1) wird erläutert, welche Voraussetzungen erfüllt sein müssen, um Applets des JDK 1.3 in den meisten Browsern anzuzeigen. Bei einer Breite von 320 und einer Höhe von 240 ergibt sich das folgende Bild.

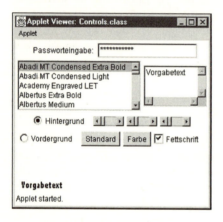

Der folgende Code zeigt zunächst nur, wie solche Kontrollelemente erzeugt werden. Die Funktionalität wird in einem zweiten Schritt hinzugefügt.

```
import java.applet.*;
import java.awt.*;

public class Controls extends Applet {
  private String[] fonts;                           //(1)
  private Color vg;                                 //(2)
  private Color hg;
  private Color currvg;
  private Color currhg;
  private Button std =
    new Button("Standard");                         //(3)
  private Button farbe = new Button("Farbe");
```

```java
  private CheckboxGroup vghg =
    new CheckboxGroup ();                              //(4)
  private CheckboxGroup ovg =
    new CheckboxGroup („Vordergrund",vghg,false;       //(5)
  private Checkbox ohg =
    new Checkbox("Hintergrund",vghg,true);
  private Checkbox fett =
    new Checkbox("Fettschrift",null,true);             //(6)
  private Label beschreibung =
    new Label("Passworteingabe:"
            ,Label.RIGHT);                             //(7)
  private List liste = new List(5,false);              //(8)
  private Scrollbar rot = new Scrollbar(
            Scrollbar.HORIZONTAL
            ,0,10,0,255);                              //(9)
  private Scrollbar gruen =
    new Scrollbar(Scrollbar.HORIZONTAL,0,10,0,255);
  private Scrollbar blau =
    new Scrollbar(Scrollbar.HORIZONTAL,0,10,0,255);
  private TextField eingabe =
    new TextField("Vorgabetext",20);                   //(10)
  private TextArea notiz =
    new TextArea("Vorgabetext",3,12);                  //(11)
  public void init() {
    vg=getForeground();                                //(12)
    currvg=vg;
    hg=getBackground();
    currhg=hg;
    fonts = GraphicsEnvironment
          .getLocalGraphicsEnvironment()
          .getAvailableFontFamilyNames();              //(13)
    resize(320, 240);
    add(beschreibung);                                 //(14)
    eingabe.setEchoChar('*');                          //(15)
    add(eingabe);
    for(int i=0;i<fonts.length;i++)                    //(16)
      liste.add(fonts[i],i);                           //(17)
    liste.select(0);                                   //(18)
    add(liste);
    liste.makeVisible(0);                              //(19)
    add(notiz);
    add(ohg);
    add(ovg);
    add(std);
    add(farbe);
    add(fett);
```

```
   add(rot,5);                                              //(20)
   add(gruen,6);
   add(blau,7);
  }
  public void paint(Graphics g) {
    g.setFont(new Font(liste.getSelectedItem(),
      fett.getState() ? Font.BOLD : Font.PLAIN
          ,14));                                            //(21)
    g.drawString(notiz.getText(), 10, 235);                 //(22)
  }
}
```

(1) Für die verfügbaren Schriftarten definieren Sie ein Array von Zeichenketten, das die Namen der Fonts speichern soll.

(2) Für die Farbeinstellungen werden vier Objekte deklariert: *vg* (Standardvordergrund), *hg* (Standardhintergrund), *currvg* (aktueller Vordergrund) und *currhg* (aktueller Hintergrund).

(3) Kontrollelemente sind Objekte einer speziellen Klasse. Hier wird eine Schaltfläche – sie gehört zur Klasse *Button* – durch den Operator *new* mit Hilfe des Konstruktors erzeugt. Als Parameter wird die Schaltflächenbeschriftung angegeben. Solche *Button*-Objekte werden benutzt, um Aktionen auszulösen: über *Standard* sollen die ursprünglichen Farbeinstellungen und über *Farbe* die des Anwenders angezeigt werden.

(4) Es gibt zwei Varianten für Optionsschaltflächen: sich gegenseitig ausschließende, die meistens als runde, so genannte *Radiobuttons* dargestellt werden, und voneinander unabhängige, so genannte *Checkbuttons*. Radiobuttons müssen als Gruppe zusammengefasst werden. Die Objekte der Klasse *CheckboxGroup* repräsentieren solche Gruppen. Hier wird *vghg* für die Umschaltgruppe zwischen Vorder- und Hintergrund erzeugt.

(5) Jede einzelne Option wird als Objekt der Klasse *Checkbox* erzeugt. Der erste Parameter ist die Beschriftung, die rechts von der Schaltfläche angezeigt wird. Als Zweites wird das Gruppenobjekt angegeben. Durch *true* bzw. *false* wird im dritten Parameter der Optionsstatus ein- bzw. ausgeschaltet. Bei gruppierten Optionen kann nur eine den Status *true* besitzen.

(6) Unabhängige Optionsschaltflächen werden ebenfalls als Objekte der Klasse *Checkbox* erzeugt, wobei als zweiter Parameter statt einer Gruppe *null* angegeben wird.

(7) Beschriftungen gehören zur Klasse *Label*. Stellen Sie sich Labels als

Etiketten mit unsichtbarem Rahmen vor. Ihr Konstruktor erhält hier als Erstes den Text und als Zweites die Textausrichtung innerhalb dieses Rahmens übergeben.

(8) Listen werden durch die Klasse *List* realisiert. Der erste Parameter des Konstruktors gibt an, wie viele Elemente sichtbar sein sollen. Durch den zweiten wird festgelegt, ob immer nur ein (*false*) Element oder ob mehrere (*true*) vom Anwender gleichzeitig ausgewählt werden können.

(9) Die Schieberegler gehören zur Klasse *Scrollbar*. Der erste Parameter ist entweder *Scrollbar.HORIZONTAL* oder *Scrollbar.VERTICAL* und legt die Orientierung des Reglers fest. Die vier folgenden ganzzahligen Werte geben der Reihe nach die Startposition, die Größe, den Minimal- und den Maximalwert des Reglerknopfes an. Die Knopfgröße bestimmt auch gleichzeitig, um welchen Betrag er verschoben wird, wenn man mit der Maus auf den Regelbereich klickt. Da die RGB-Komponenten durch Werte von 0 bis 255 beschrieben werden, sind dies auch die Minimal- und Maximalwerte dieser Regler.

(10) Einfache, einzeilige Eingabefelder werden von *TextField* repräsentiert. Hier wird der überladene Konstruktor benutzt, der als ersten Parameter den Feldinhalt für die Vorbelegung und als zweiten die Feldgröße entgegennimmt. Die Feldgröße begrenzt nicht die Textlänge. Bei Bedarf wird der Inhalt automatisch verschoben.

(11) Mehrzeilige Eingabefelder, oft auch Memo- oder Notizfelder genannt, gehören zur Klasse *TextArea*. Die Parameter geben Feldinhalt, Feldhöhe und -breite an.

(12) Die Farbvariablen werden durch die Funktionsaufrufe mit den aktuellen Werten für Vorder- und Hintergrundfarbe initialisiert. Der Platz hierfür ist wieder die Methode *init*.

(13) Objekte der Klasse *GraphicsEnvironment* beschreiben unter anderem die Schriftarten. Mit Hilfe der Klassenmethode *getLocalGraphicsEnvironment* wird das vorhandene Objekt ermittelt. Es wird nicht neu erzeugt. Seine Methode *getAvailableFontFamilyNames* stellt die verfügbaren Schriftarten fest und gibt ihre Namen als ein Array von Strings zurück. Diese Klasse ist den meisten Browsern noch unbekannt, weshalb der Appletviewer benutzt wird. Spezielle Definitionen im APPLET-Tag der HTML-Datei und ein installiertes Java-Plug-in (siehe Kapitel 13.6.1) sind für Browser notwendig.

(14) Durch *add* müssen alle Kontrollelemente der Reihe nach, so wie sie von links oben nach rechts unten erscheinen sollen, dem Applet hinzugefügt werden. Das erste Element ist die Beschriftung *beschreibung*.

(15) Bevor *add* für das Eingabefeld aufgerufen wird, legen Sie für das Objekt durch die *TextField*-Methode *setEchoChar* ein Maskierungszeichen fest. Egal, welche Taste gedrückt wird, angezeigt wird immer nur dieses Zeichen, üblicherweise ein Sternchen. Im Objekt wird aber die tatsächliche Eingabe gespeichert. Auf diese Weise können Sie beispielsweise Passworteingaben erstellen.

(16) Auch die Fontliste muss noch vorbereitet werden. Innerhalb dieser Zählschleife werden alle Schriftarten in die Liste eingetragen. Die Variable *length* enthält die Anzahl der Arrayelemente. Beachten Sie, dass sowohl der Arrayindex als auch der Listenindex mit 0 beginnen. Daher darf die Zählschleife nur bis *length* − 1 laufen.

(17) Die Methode *add* fügt eine Zeichenkette der Liste hinzu. Mit dem zweiten Parameter kann der neue Eintrag auch an einer bestimmten Stelle eingeschoben werden. Da Sie hier die Fontnamen hintereinander eintragen, kann der Parameter *i* auch weggelassen werden.

(18) Durch die Methode *select* wird über den Listenindex festgelegt, welcher Eintrag bereits ausgewählt sein soll. Dies ist notwendig, da *paint* sonst über keine Schriftart verfügt.

(19) Durch *makeVisible* kann die Liste gerollt werden, bis das markierte Element sichtbar ist. Während die Einträge und Selektion vor dem *add*-Aufruf erfolgen müssen, kann *makeVisible* nur funktionieren, wenn die Liste bereits angezeigt wird.

(20) Diese Version von *add* benutzt einen zweiten Parameter, um an einer bestimmten Position ein Objekt einzufügen. Diese Zahl entspricht der Nummer des Elementes, die sich ergibt, wenn Sie alle Objekte von links oben nach rechts unten abzählen und dabei mit null beginnen. Hier wird *rot* also zwischen *ohg* und *ovg* eingeschoben. Die Positionsangabe muss immer kleiner als die Zahl der bereits eingefügten Elemente sein.

(21) Hier stellt *paint* die gewünschte Schriftart ein. Der erste Parameter des *Font*-Konstruktors ist der Name der Schrift, der zweite ihr Stil und der dritte ihre Größe. Die Methode *getSelectedItem* liefert die markierte Zeichenkette aus einem *List*-Objekt, hier also einen Fontnamen. Von *getState* wird bei angekreuzten Optionsobjekten

true, ansonsten *false* zurückgegeben. Der kompliziert aussehende Ausdruck für den zweiten Parameter hat die Form *Test ? Ja-Wert : Nein-Wert* und ermöglicht *if-then-else*-Anweisungen als Ausdruck. Er bewirkt hier, dass bei angekreuzter Option der Stil *Font.BOLD*, ansonsten *Font.PLAIN* eingestellt wird. Ein weiterer Stil ist *Font.ITALIC*, der durch einfache Addition (+) oder bitweises Oder (|) auch mit *BOLD* kombiniert werden kann.

(22) Zum Schluss zeichnet *paint* den Inhalt des Memofeldes. Wenn dieses Zeilenschaltungen enthält, erscheinen in der Anzeige an diesen Stellen sonderbare Zeichen, da *drawString* keine Sonderzeichen kennt.

Wenn Sie das Applet nun erstellen und aufrufen, erhalten Sie eine Anzeige, wie im vorherigen Bild gezeigt. Das Applet reagiert aber noch nicht sofort auf Veränderungen. Diese Funktionalität muss im nächsten Schritt eingebaut werden. Allerdings können Sie durch einen einfachen Trick bereits die Schrifteinstellung testen. Verändern Sie einmal die Fenstergröße des Appletviewers ein wenig.

11.1.2 Ereignisse behandeln

Wenn Sie diese Kontrollelemente bedienen, treten Ereignisse auf, die den Objekten übergeben werden. Dabei erhält jedes Mal die Methode *processEvent* des Objektes das Ereignis, welche dieses dann an *processComponentEvent*, *processKeyEvent*, *processMouseEvent* usw. weiterreicht. Soll nun die gewünschte Ereignisverarbeitung mit Hilfe dieser Methoden programmiert werden, dann muss man sie überschreiben. Das heißt, statt einfach Objekte der API-Klassen dem Applet hinzuzufügen, wie es im Beispiel Controls geschehen ist, müssten erst einmal Klassen abgeleitet werden. Statt *Button*, *Checkbox*, *Scrollbar* usw. müssten dann also beispielsweise *MyButton*, *MyCheckbox*, *MyScrollbar* usw. verwendet werden. Das bedeutet eine Menge Arbeit und viele neue Klassen, nur um die Ereignisverarbeitung einzubauen.

Hier kommt jetzt der Vorteil des Delegationsmodells (siehe Kapitel 9.5) zum Tragen. Eine einzige Klasse wird benötigt. Sie implementiert alle notwendigen Listener. Die Objekte, die Ereignisse auslösen können, delegieren ihre Aufgabe dann an ein Objekt dieser Klasse. Allerdings taucht dabei ein anderes Problem auf: Wie erhält ein Objekt dieser Klasse Zugriff auf das Applet, um Manipulationen an seinen Eigenschaften vornehmen zu können? Die elegante Lösung stellt Ihnen auch gleich eine neue Art der Klassendefinition vor: die *innere Klasse*.

Um die Funktionalität einzubauen, fügen Sie den nachstehenden Code der Appletklasse hinzu. Im Folgenden ist nicht noch einmal die ganze Klassendefinition aufgeführt, sondern nur die neuen Teile. Zur besseren Orientierung werden jedoch die angrenzenden Anweisungen aufgelistet.

```
import java.applet.*;
import java.awt.*;
import java.awt.event.*;                                    //(1)

public class Controls extends Applet {                      //(2)

  ...

  public void init() {

    ...

    add(blau,7);

    AllroundAdapter a =
              new AllroundAdapter();                        //(3)
    std.addActionListener(a);                               //(4)
    farbe.addActionListener(a);
    rot.addAdjustmentListener(a);                           //(5)
    gruen.addAdjustmentListener(a);
    blau.addAdjustmentListener(a);
    liste.addItemListener(a);                               //(6)
    fett.addItemListener(a);
    notiz.addTextListener(a);                               //(7)
  }

  ...

  class AllroundAdapter implements ActionListener
              ,AdjustmentListener
              ,ItemListener
              ,TextListener {                               //(8)
    public void actionPerformed(
              ActionEvent evt) {                            //(9)
      String befehl =
              evt.getActionCommand();                       //(10)
```

```java
      if (befehl.equals("Standard")) {              //(11)
        currvg = vg;
        currhg = hg;
      }
      else {
        if (ovg.getState()) {                       //(12)
          currvg=new Color(
              rot.getValue()
              ,gruen.getValue()
              ,blau.getValue());                    //(13)
        }
        else {
          currhg=new Color(rot.getValue(),
              gruen.getValue(),
              blau.getValue());
        }
      }
      setForeground(currvg);
      setBackground(currhg);
    }
    public void adjustmentValueChanged(
            AdjustmentEvent evt) {                  //(14)
      showStatus("Farbwert: "
            +evt.getValue());
    }
    public void itemStateChanged(
            ItemEvent evt) {                        //(15)
      repaint();
    }
    public void textValueChanged(
            TextEvent evt){                         //(16)
      repaint();
    }
  }
}                                                   //(17)
```

(1) Die Listener und Ereignisklassen gehören zum Paket *java.awt.-event*. Daher müssen sie extra importiert werden.

(2) Hier beginnt die Definition der Appletklasse. Die Definition der Klasseneigenschaften, die bisherigen Anweisungen von *init* und die Methode *paint* werden zur besseren Übersicht ausgelassen.

(3) Nur ein Objekt der später definierten Adapterklasse wird erzeugt. Diese Anweisung und der folgende Code werden am Ende von *init* nach der letzten Anweisung eingefügt.

(4) Bei den Schaltflächen wird es mit Hilfe der Methode *addActionListener* registriert. Dies setzt voraus, dass die Klasse einen *ActionListener* implementiert. Er definiert nur eine einzige Methode, die für *ActionEvents* aufgerufen wird. Dies sind Ereignisse einer «höheren» logischen Ebene, denn sie beschreiben nicht, **wie** etwas passiert, sondern **was** passiert ist. Das heißt zum Beispiel für eine Schaltfläche, dass es egal ist, ob sie per Tastatur oder per Maus betätigt wurde. Statt mehrerer so genannter *Low-Level*-Ereignisse muss nur das *ActionEvent*-Ereignis verarbeitet werden.

(5) Justierbare Elemente produzieren ebenfalls ein semantisches Ereignis: *AdjustmentEvent*. Durch *addAdjustmentListener* wird ein Adapterobjekt registriert, dessen Klasse den *AdjustmentListener* implementiert hat.

(6) Elemente, die ihren Zustand bzw. Status wechseln können, liefern das semantische Ereignis *ItemEvent*. Listen und Checkboxen sind solche. Daher wird bei ihnen die Methode *addItemListener* zur Registrierung verwendet.

(7) Entsprechend liefern Textfelder *TextEvents*.

(8) Hier beginnt die Definition der Adapterklasse. Sie implementiert die vier semantischen Listener, die nur für Ereignisse der «höheren» Ebene zuständig sind. Das erspart Ihnen, jedes Low-Level-Ereignis beispielsweise von Maus und Tastatur abzufangen. Beachten Sie, dass diese Klassendefinition noch innerhalb der Klasse *Controls* nach der Methode *paint* erfolgt! Dadurch wird sie zur inneren Klasse von *Controls* und steht im Gültigkeitsbereich aller Klasseneigenschaften und -methoden, auch der *private* deklarierten! Dadurch hat sie vollen Zugriff auf alle Elemente der umgebenden Klasse.

(9) Die einzige Methode des Interface *ActionListener* wird hier definiert. Ihr Parameter ist ein Objekt der Klasse *ActionEvent*. Es tritt auf, wenn Objekte Befehle auslösen. Das kann durch Schaltflächen, Menübefehle, Listen und Textfelder geschehen.

(10) Im Ereignis ist der aufgetretene Befehl gekapselt. Er wird durch eine Zeichenkette beschrieben, die per *getActionCommand* abgefragt werden kann. Standardmäßig ist er mit der Beschriftung der Befehlselemente identisch, kann aber auch per *setActionCommand* für Schaltflächen, Menübefehle usw. gesetzt werden. Für die weitere Auswertung wird der Befehlsname in der lokalen Variablen *befehl* gespeichert.

(11) Hier wird der Befehlsname mit *Standard*, der Beschriftung einer der beiden Schaltflächen, verglichen. Liefert dieser Vergleich mittels *equals true*, dann wurde der Button *std* benutzt. In diesem Fall werden die Variablen für die aktuellen Farben wieder auf die Startwerte zurückgesetzt.

(12) Im anderen Fall sollen im *else*-Zweig die Benutzereinstellungen verwendet werden. Dazu wird zunächst an Hand des Radiobuttons geprüft, ob die Einstellungen für den Vorder- oder Hintergrund gelten sollen. Die Methode *getState* liefert *true* (= markiert) bzw. *false* (= nicht markiert) für den Status der Optionsschaltflächen.

(13) Hier wird die Farbe für den Vordergrund eingestellt. Der Konstruktor der Farbklasse *Color* erhält die drei Farbanteile als Parameter. Der Wert wird jeweils durch *getValue* aus den Einstellungen der drei Schiebereglerobjekte ermittelt. Auf Grund der Initialisierung dieser Regler können die Werte nur zwischen 0 und 255 liegen. Für den Hintergrund wird die Einstellung im *else*-Zweig erledigt. Die eigentliche Farbeinstellung für das Applet führen zum Schluss *setForeground* und *setBackground* durch.

(14) Die einzige Methode des *AdjustmentListener* lautet *adjustmentValueChanged*. Sie wird immer mit einem *AdjustmentEvent* als Parameter aufgerufen, wenn die Einstellung justierbarer Objekte wie die *Scrollbars* geändert wurde. Der neue Wert steckt im Ereignisobjekt und kann mittels *getValue* ermittelt werden. Er wird von der Methode in der Statusleiste angezeigt.

(15) Der *ItemListener* deklariert *itemStateChanged*. Sie wird aufgerufen, wenn Kontrollkästchen und Listen benutzt werden. Da im Applet die Methode *paint* bereits die Einstellungen dieser Komponenten abfragt, reicht hier ein einfaches *repaint*, damit die Anzeige mit den neuen Werten aktualisiert wird.

(16) Ähnliches gilt für die einzige Methode des *TextListener*. Wenn der Text im Notizfeld sich ändert, dann reicht auch hier ein einfaches *repaint*.

(17) Hier endet die Definition von *Controls*, an der vorhergehenden geschweiften Klammer die von *AllroundAdapter*. Ihre Definition steckt also vollständig innerhalb der umgebenden Klasse. So entstehen innere Klassen mit vollem Zugriff auf alle Elemente der äußeren.

ActionListener

Die Methode *actionPerformed* wird nicht für alle Kontrollelemente und Ereignisse aufgerufen. Die folgende Tabelle gibt einen Überblick über die von ihr verwalteten Ereignisse und Zielobjekte.

Zielobjektklasse	getActionCommand	Ereignis
Button	Beschriftung	Mausklick
MenuItem	Beschriftung	Mausklick
List	Eintrag	Doppelklick
TextField	Inhalt	⏎-Taste

AdjustmentListener

Die Objekte der Klasse *Scrollbar* lösen ein *AdjustmentEvent* aus, wenn durch irgendeine Technik ihre Einstellung geändert wird.

ItemListener

Die Methode *itemStateChanged* wird für Statusänderungen bei Objekten der Klassen *Checkbox*, *Choice*, *List* und *CheckboxMenuItem* aufgerufen.

TextListener

Die Memo- und Eingabefelder lösen bei jeder Textänderung ein *TextEvent* aus.

11.2 Layoutvarianten

Sie haben sich vielleicht gewundert, dass die verschiedenen Komponenten dem Applet nicht an ganz bestimmten Koordinaten hinzugefügt wurden. Dies war nicht notwendig, denn Applets haben als Großelternklasse die Klasse *Container*, die mittels so genannter *Layout-Manager* die Anordnung der Bedienungselemente selbst übernimmt.
Es gibt verschiedene *LayoutManager*-Klassen, denen jeweils ein anderes Layoutkonzept zugrunde liegt.

- *FlowLayout* ist der Standard-*LayoutManager* für Applets und Panels und ordnet die Komponenten von oben links nach unten rechts an.

Passt ein Element nicht mehr in eine Zeile, kommt es an den Anfang der nächsten Zeile
- *BorderLayout* wird ebenfalls recht häufig benutzt und ordnet die Elemente an den vier Seiten und im Zentrum an. Er ist der Standard-*LayoutManager* für beispielsweise *Frame*-Objekte. Die Methode *add* benutzt in diesem Fall zwei Parameter: als Erstes die hinzuzufügende Komponente und als Zweites eine Klassenkonstante für die Position. Als Position können Sie NORTH, SOUTH, EAST, WEST oder CENTER angeben.
- *GridLayout* ordnet die Komponenten in einem Raster aus gleich großen Zellen an.
- *GridBagLayout* kann Zellen unterschiedlicher Größe für die Anordnung benutzen.
- *CardLayout* platziert die Elemente auf sich gegenseitig verdeckende Karten an. Jeweils eine dieser Karten kann sichtbar gemacht werden.

Im Applet des letzten Beispiels wurde nicht ausdrücklich ein bestimmtes Layout festgelegt, deshalb wird *FlowLayout* verwendet. Das bedeutet, dass das Layout von der Appletbreite abhängig ist. Ändert die HTML-Seite dieses Maß in der *<APPLET>*-Marke, so erhalten Sie unter Umständen eine komplett andere Darstellung. *FlowLayout* ordnet die Kontrollelemente nur relativ zueinander an.

Die anderen *LayoutManager* erlauben es, die Komponenten an festen Appletpositionen zu platzieren. Der mächtigste und auch komplizierteste Manager von ihnen ist *GridBagLayout*. Mit ihm soll das Layout des

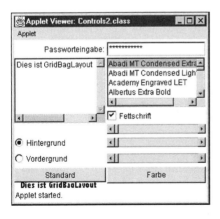

Applets verändert werden. Das vorherige Bild zeigt, wie es später aussieht. Beachten Sie, dass oben und unten im Applet ein wenig Platz übrig bleibt, nicht aber rechts und links.

Um die Programmänderungen besser verstehen zu können, legen Sie zunächst ein Gitter über das Applet, wobei darauf geachtet werden muss, dass zwar Linien durch Komponenten hindurchgehen können, aber niemals mehrere Elemente sich in einer Gitterzelle befinden. Das Ergebnis zeigt das folgende Bild.

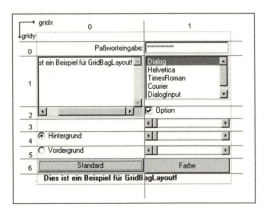

Die Regeln, nach denen *GridBagLayout* die Kontrollelemente im Gitter anordnet, werden von Objekten der Klasse *GridBagConstraints* verwaltet. Dazu legen sie zunächst ein Koordinatensystem an, dessen Nullpunkt oben links im Applet liegt. Die horizontale Position der Komponenten wird in einer Variablen *gridx* und die vertikale in *gridy* gespeichert.

Weitere Variablen von *GridBagConstraints* verdeutlicht das nächste Bild. Breite und Höhe, gemessen in Gitterzellen, werden durch *gridwidth* und *gridheight* angegeben. Ihre Standardwerte sind 1.

Durch *insets*, dies sind Objekte der Klasse *Insets*, wird der freizuhaltende Rand zwischen Komponente und Gitter festgelegt. Die Standardwerte lauten für alle vier Seiten 0.

Die Elemente können zum Teil auch vergrößert werden. Die Pixel, die jeweils rechts und links zuzufügen sind, gibt *ipadx* an. Wie viel oben und unten hinzukommen, speichert *ipady*. Beide enthalten standardmäßig 0.

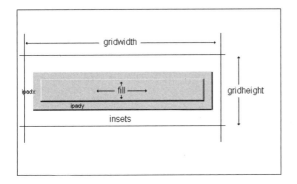

Soll ein Element auf maximale Größe gebracht werden, wird die Variable *fill* benutzt. Auch Sie enthält normalerweise 0.

Ist eine Komponente kleiner als die Gitterzelle, legt *anchor* ihre Lage fest. Der Standard bewirkt ein Zentrieren.

Zum Schluss gibt es zwei weitere Variablen, die festlegen, was mit dem Platz geschieht, der von den Elementen nicht benötigt wird. Dies sind *weightx* und *weighty*. Ihre Werte sind anfangs 0.

Um das neue Layout zu realisieren, brauchen Sie dieses Mal nur die Methode *init* zu verändern. Sie sieht danach folgendermaßen aus:

```
public void init() {
  vg=getForeground();
  currvg=vg;
  hg=getBackground();
  currhg=hg;
  fonts = GraphicsEnvironment
        .getLocalGraphicsEnvironment()
        .getAvailableFontFamilyNames();
  resize(320, 240);
  GridBagLayout design =
        new GridBagLayout();                    //(1)
  GridBagConstraints regel = new
        GridBagConstraints();                   //(2)
  setLayout(design);                            //(3)
  regel.insets=new Insets(0,0,2,2);             //(4)
  regel.anchor=GridBagConstraints.EAST;         //(5)
  design.setConstraints(beschreibung,
        regel);                                 //(6)
  add(beschreibung);
```

```java
      eingabe.setEchoChar('*');
      regel.anchor=GridBagConstraints.CENTER;
      regel.gridwidth=
           GridBagConstraints.REMAINDER;                //(7)
      design.setConstraints(eingabe,regel);
      add(eingabe);
      regel.weightx=1;                                  //(8)
      regel.fill=GridBagConstraints.BOTH;               //(9)
      regel.gridheight=2;                               //(10)
      regel.gridwidth=
           GridBagConstraints.RELATIVE;                 //(11)
      design.setConstraints(notiz,regel);
      add(notiz);
      for(int i=0;i<fonts.length;i++)
        liste.add(fonts[i]);
      liste.select(0);
      regel.weightx=0;                                  //(12)
      regel.fill=GridBagConstraints.BOTH;
      regel.gridheight=1;                               //(13)
      regel.gridwidth=GridBagConstraints.REMAINDER;
      design.setConstraints(liste,regel);
      add(liste);
      liste.makeVisible(0);
      regel.anchor=GridBagConstraints.WEST;
      design.setConstraints(fett,regel);
      add(fett);
      regel.gridx=1;                                    //(14)
      regel.anchor=GridBagConstraints.CENTER;
      regel.fill=GridBagConstraints.HORIZONTAL;
      regel.gridwidth=GridBagConstraints.REMAINDER;
      design.setConstraints(rot,regel);
      add(rot);
      regel.gridx=GridBagConstraints.RELATIVE;
      regel.anchor=GridBagConstraints.WEST;             //(15)
      regel.fill=GridBagConstraints.NONE;
      regel.gridwidth=GridBagConstraints.RELATIVE;
      design.setConstraints(ohg,regel);
      add(ohg);
      regel.anchor=GridBagConstraints.CENTER;
      regel.fill=GridBagConstraints.HORIZONTAL;
      regel.gridwidth=GridBagConstraints.REMAINDER;
      design.setConstraints(gruen,regel);
      add(gruen);
      regel.anchor=GridBagConstraints.WEST;
      regel.fill=GridBagConstraints.NONE;
```

```java
    regel.gridwidth=GridBagConstraints.RELATIVE;
    design.setConstraints(ovg,regel);
    add(ovg);
    regel.anchor=GridBagConstraints.CENTER;
    regel.fill=GridBagConstraints.HORIZONTAL;
    regel.gridwidth=GridBagConstraints.REMAINDER;
    design.setConstraints(blau,regel);
    add(blau);
    regel.gridwidth=GridBagConstraints.RELATIVE;
    design.setConstraints(std,regel);
    add(std);
    regel.ipadx=3;                                          //(16)
    regel.ipady=3;                                          //(17)
    design.setConstraints(farbe,regel);
    add(farbe);
    AllroundAdapter a = new AllroundAdapter();
    std.addActionListener(a);
    farbe.addActionListener(a);
    rot.addAdjustmentListener(a);
    gruen.addAdjustmentListener(a);
    blau.addAdjustmentListener(a);
    liste.addItemListener(a);
    fett.addItemListener(a);
    notiz.addTextListener(a);
}
```

(1) Wenn Sie einen anderen als den Standard-*LayoutManager* benutzen wollen, müssen Sie ein Objekt der gewünschten Klasse erzeugen, wie hier für *GridBagLayout*. Ihr Konstruktor benutzt keine Parameter.

(2) Für diesen *LayoutManager* benötigen Sie zusätzlich mindestens ein Objekt der Klasse *GridBagConstraints*, das die Regeln für das Layout enthält.

(3) Die Großelternklasse der Applets ermöglicht, mit der Methode *setLayout* den neuen *LayoutManager* festzulegen. Er ersetzt dabei den vorherigen Manager.

(4) Die Variable *insets* unseres *GridBagConstraints*-Objektes wird hier durch ein neues Objekt der Klasse *Insets* ersetzt. Die Parameter geben der Reihe nach den Pixelabstand für oben, links, unten und rechts an. Damit die Komponenten sich nicht berühren, reicht es, wenn rechts und unten 2 Pixel frei gelassen werden. Dies gilt so lange, bis etwas anderes festgelegt wird.

(5) Die Lage der Elemente innerhalb einer Zelle wird nach den Himmelsrichtungen benannt und in der Variablen *anchor* gespeichert. Durch *EAST* wird die Beschriftung an den rechten Rand gelegt. Dadurch steht sie direkt vor dem zugehörigen Eingabefeld. Die anderen Ankermöglichkeiten sind neben *CENTER* noch *SOUTHEAST*, *SOUTH*, *SOUTHWEST*, *WEST*, *NORTHWEST*, *NORTH* und *NORTHEAST*.

(6) Durch die Methode *setConstraints* des *GridBagLayout*-Objektes werden die Layoutregeln von ihm übernommen. Danach kann das jeweilige Objekt dem Applet zugefügt werden.

(7) Für die letzten Komponenten einer Zeile wird *gridwidth* immer die Konstante *GridBagConstraints.REMAINDER* zugewiesen. Dadurch belegt sie die übrig gebliebenen Zellen einer Zeile.

(8) Durch *weightx* können Sie steuern, welche Elemente den übrig gebliebenen Platz am rechten und linken Rand des Applets erhalten und dadurch beispielsweise vergrößert werden, wenn das Applet vergrößert wird. Der gesamte restliche horizontale Platz wird auf alle Zellen anteilig nach diesem Gewichtungsfaktor verteilt. Weil *weighty* auf 0 belassen wird, wird der vertikale freie Platz je zur Hälfte am oberen und unteren Appletrand angeordnet. Da die Zelle für *notiz* hier die Gewichtung 1 erhält, wird der gesamten ersten Spalte der restliche horizontale Platz zugewiesen.

(9) Durch *fill* wird das Streckungsverfahren festgelegt, nach dem bis zum Zellenrand vergrößert werden soll. *BOTH* bewirkt sowohl horizontale (*HORIZONTAL*) als auch vertikale (*VERTICAL*) Vergrößerung. Wollen Sie *fill* wieder zurücksetzen, dann weisen Sie *NONE* zu.

(10) Das Memofeld soll sich über zwei Gitterzeilen erstrecken, deshalb weisen Sie *gridheight* hier den Wert 2 zu.

(11) Weil eine neue Zeile begonnen wird und dieses Element nicht das letzte der Zeile ist, wird *gridwidth* auf *RELATIVE* eingestellt. Dadurch wird das Element in die nächste Zelle gestellt.

(12) Für die nächsten Zellen müssen Sie *weightx* wieder zurücksetzen.

(13) Ebenso muss *gridheight* wieder den Standardwert erhalten.

(14) Die erste Zelle (*gridx* = 0) in dieser Zeile soll frei bleiben. Darum wird *gridx* auf 1 gesetzt.

(15) Durch den Anker *WEST* erhalten Sie eine linksbündige Ausrichtung der ungleich langen Optionsschaltflächen.

(16) Nur zur Demonstration wird *ipadx* auf 3 gesetzt. Dies hat wegen

der noch wirksamen *fill*-Einstellung auf *HORIZONTAL* keine Auswirkung.

(17) Durch den Wert 3 von *ipady* ist die Schaltfläche um 6 Pixel höher als die benachbarte, wie Sie in der Abbildung auf Seite 242 erkennen können.

Wenn Sie nun dem Applet unterschiedliche Größen zuweisen, erhalten Sie immer die gleiche Anordnung der einzelnen Komponenten. Bei Vergrößerungen werden der freie Platz oben und unten sowie die erste Spalte größer. Bei Verkleinerungen erscheint nur ein Ausschnitt.

11.3 Panel

Panel ist die Elternklasse der Applets. Sie selbst ist von der Klasse *Container* abgeleitet und kann somit Kontrollelemente aufnehmen und verwalten. Ein Applet kann mehrere *Panel*-Objekte enthalten. Dadurch ist es einerseits möglich, Komponenten zu verschachteln und gruppenweise zu verwalten, andererseits können so auch verschiedene *LayoutManager* für ein Applet eingesetzt werden.

Die Komponenten sollen nun auf drei *Panel*-Objekte verteilt und das Applet-Layout durch zwei verschiedene *LayoutManager* erstellt werden. Dazu müssen im Beispiel aus Kapitel 11.1 sowohl *init* als auch *actionPerformed* geändert werden. Außerdem werden bei den Klasseneigenschaften drei Panelobjekte deklariert:

```
Panel pw, text, schalter;
```

Die Methode *init* sieht jetzt folgendermaßen aus:

```
public void init() {
    pw = new Panel();                          //(1)
    text = new Panel();
    schalter = new Panel();
    setLayout(new BorderLayout(5,5));          //(2)
    vg=getForeground();
    currvg=vg;
    hg=getBackground();
    currhg=hg;
    fonts = GraphicsEnvironment
```

```
      .getLocalGraphicsEnvironment()
      .getAvailableFontFamilyNames();
  resize(320, 240);
  pw.add(beschreibung);                              //(3)
  eingabe.setEchoChar('*');
  pw.add(eingabe);
  for(int i=0;i<fonts.length;i++)
    liste.add(fonts[i],i);
  liste.select(0);
  text.add(liste);                                   //(4)
  text.add(notiz);
  text.add(ohg);
  text.add(ovg);
  schalter.add(std);                                 //(5)
  schalter.add(farbe);
  text.add(fett);
  text.add(rot,3);                                   //(6)
  text.add(gruen,4);
  text.add(blau,5);
  add(pw,BorderLayout.NORTH);                        //(7)
  add(schalter,BorderLayout.SOUTH);                  //(8)
  add(text,BorderLayout.CENTER);                     //(9)
  AllroundAdapter a = new AllroundAdapter();
  std.addActionListener(a);
  farbe.addActionListener(a);
  rot.addAdjustmentListener(a);
  gruen.addAdjustmentListener(a);
  blau.addAdjustmentListener(a);
  liste.addItemListener(a);
  fett.addItemListener(a);
  notiz.addTextListener(a);
}
```

(1) Sie erstellen drei *Panel*-Objekte, *pw* für die Passwortelemente, *text* für die Schrift- und Farbeinstellungen und *schalter* für die Schaltflächen. Der Konstruktor benutzt keine Parameter.

(2) Für das Applet benutzen Sie *BorderLayout* als *LayoutManager*. Der Konstruktor dieser Klasse kann zwei Parameter für die Größe der horizontalen und vertikalen Lücken zwischen den Komponenten benutzen. Die *Panel*-Objekte verwenden weiterhin den Standard-*LayoutManager FlowLayout*.

(3) Um die Kontrollelemente den *Panel*-Objekten zuzuordnen, wird

die *add*-Methode des jeweiligen Objektes benutzt. Dies ist hier das Objekt für die Passwortbeschriftung.
(4) Entsprechend erhält *text* seine Komponenten.
(5) Die Schaltflächen kommen zu *schalter*.
(6) Die Nummern für die Einschiebungen müssen korrigiert werden, da die ersten beiden Elemente nicht mehr dazugehören.
(7) Das erste Objekt kommt an den oberen Rand.
(8) Die Schalter sollen an den unteren Rand.
(9) Durch *CENTER* wird immer der ganze restliche Platz verwendet.

Das Layoutergebnis zeigt das folgende Bild.

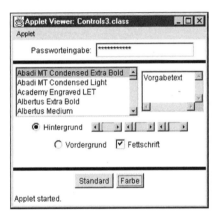

Hier wurde bereits auf die Schaltfläche *Farbe* geklickt, wodurch der Hintergrund schwarz dargestellt wird. Sie können ihn aber nur durch die beim Layout-Konstruktor angegebenen Lücken erkennen. Im Bild erscheinen sie als schwarze Streifen.

Die Schalter verdecken übrigens bei diesem Layout die Textanzeige von *drawString*.

Damit nicht nur die Farbe der Applets, sondern auch die der Panels geändert wird, müssen Sie jetzt nur noch drei Anweisungen an das Ende von *actionPerformed* einfügen.

```
pw.repaint();
text.repaint();
schalter.repaint();
```

Diese *repaint*-Anweisungen sorgen jetzt dafür, dass auch die Panel-Objekte neu gezeichnet werden. Dabei übernehmen sie die Farbeinstellungen.

11.4 Fenster

Ein anderer *Container*-Typ ist *Frame*. Die Objekte dieser Klasse stellen unabhängige, frei bewegliche Fenster mit Rahmen, Titelleiste und gegebenenfalls Menü dar. Java-Applications müssen *Frames* für ihre Anwendungsfenster verwenden, aber auch in Applets sind diese Objekte nutzbar. Sie können ebenfalls Komponenten aufnehmen, wobei sie als Standardlayout *BorderLayout* benutzen. Das folgende Applet erzeugt zwei *Frame*-Objekte mit eigener Cursorform und einer Schaltfläche.

```
import java.applet.*;
import java.awt.*;

public class Controls4 extends Applet {
    Frame std = new Frame("Standardfenster");            //(1)
    Fenster fenster =
            new Fenster("Mein Fenster");                 //(2)
    public void init() {
        resize(320, 240);
        std.setBounds(20,20,300,150);                    //(3)
        std.setCursor(
            new Cursor(Cursor.TEXT_CURSOR));             //(4)
        std.add(new Button("Ja")
            ,BorderLayout.NORTH);                        //(5)
        std.show();                                      //(6)
        fenster.setBounds(100,100,400,200);              //(7)
        fenster.setCursor(
            new Cursor(Cursor.HAND_CURSOR));
        fenster.add(new Button("OK")
            ,BorderLayout.SOUTH);
        fenster.show();
    }
}

class Fenster extends Frame {                            //(8)
    public Fenster(String t) {                           //(9)
        super(t);
    }
```

```
  public void paint(Graphics g) {                    //(10)
    g.drawString("Hallo Welt!",10,10);
  }
}
```

(1) Man kann direkt ein Objekt der Klasse *Frame* erzeugen. Der Konstruktor ist überladen und übernimmt eine Zeichenkette als Parameter, die dann in der Titelleiste des Fensters angezeigt wird.

(2) Sinnvollerweise benutzt man immer eine von *Frame* abgeleitete Klasse, wenn Methoden überschrieben werden müssen. Das ist immer der Fall, wenn im Inneren des Fensters gezeichnet wird.

(3) Die *setBounds*-Methode stellt die Position und Größe des Fensterobjekts ein. Die Parameter bedeuten der Reihe nach: x-und y-Koordinate der linken oberen Ecke, Breite und Höhe. Alle Angaben werden in Bildpunkten gemachten.

(4) Die *Frame*-Methode *setCursor* legt das Symbol fest, in das der Mauszeiger sich verwandelt, wenn er über das Fenster bewegt wird. Als Parameter wird ein neu erzeugtes Cursorobjekt übergeben. Die Klasse enthält auch für die verschiedenen Systemcursor vordefinierte Konstanten: CROSSHAIR_CURSOR, DEFAULT_CURSOR, E_RESIZE_CURSOR, HAND_CURSOR, MOVE_CURSOR, N_RESIZE_CURSOR, NE_RESIZE_CURSOR, NW_RESIZE_CURSOR, S_RESIZE_CURSOR, SE_RESIZE_CURSOR, SW_RESIZE_CURSOR, TEXT_CURSOR, W_RESIZE_CURSOR und WAIT_CURSOR. Mit ihnen wird das Objekt initialisiert, um das gewünschte Erscheinungsbild zu erhalten.

(5) Es wird nur eine Schaltfläche dem Fenster hinzugefügt. Da *Frame* das Layout *BorderLayout* benutzt, verwendet *add* als ersten Parameter die neu erzeugte Schaltfläche und als zweiten ihre Position.

(6) Objekte der Klasse *Frame* werden immer unsichtbar erzeugt und müssen separat sichtbar gemacht werden. Dies geschieht hier durch *show*.

(7) In gleicher Weise wird mit dem Objekt der abgeleiteten Klasse verfahren. Position, Größe, Cursor usw. werden jedoch verändert.

(8) Hier wird die von *Frame* abgeleitete Klasse definiert.

(9) Der Konstruktor wird überschrieben. Er macht nichts anderes, als seinen Parameter an den Konstruktor der Elternklasse weiterzureichen. Dies geschieht durch den Aufruf *super(t)*. Dadurch erhält das Fenster sofort bei der Anzeige eine Bezeichnung in der Titelleiste.

252 Das Package AWT

Das Schlüsselwort *super* bezieht sich immer nur auf die direkte Superklasse.

(10) Die Methode *paint* gibt einen Text im Fenster aus.

Das fertige Ergebnis zeigt das folgende Bild. Im Hintergrund erkennen Sie das Applet im Appletviewer, im Vordergrund das aktive, unabhängige Fenster der abgeleiteten Klasse mit dem eigenen Cursor. Ganz unten im Fenster sehen Sie die Schaltfläche *OK*.

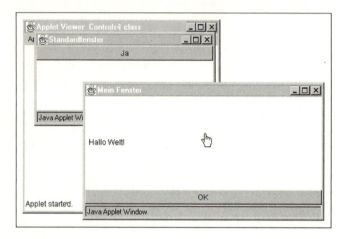

11.5 Menüs

Objekte der Klasse *Frame* können Menüs enthalten, über die Anwender die Verarbeitung steuern können. Um das Grundprinzip zu erläutern, soll das Fenster das folgende Menü erzeugen.

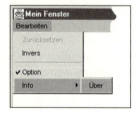

Die Menüleiste enthält ein Menü mit drei Einträgen und einem Untermenü. Einer davon dient als Umschalter zwischen zwei Zuständen: aktiv, durch ein Häkchen verdeutlicht, und inaktiv.

11.5.1 Menüs erzeugen

Für dieses Menü müssen Sie den Code der Fensterklasse ergänzen, wobei das gesamte Menü im Beispiel im Konstruktor aufgebaut wird. Sie sehen im Folgenden den vollständigen Code der Klasse *Fenster*.

```
class Fenster extends Frame {
  MenuBar menue;                                    //(1)
  Menu edit, info;                                  //(2)
  MenuItem zurueck, invers, about;                  //(3)
  CheckboxMenuItem option;                          //(4)
  String test;                                      //(5)
  public Fenster(String t) {
    super(t);
    menue=new MenuBar();                            //(6)
    setMenuBar(menue);                              //(7)
    edit=new Menu("Bearbeiten");                    //(8)
    menue.add(edit);                                //(9)
    zurueck=new MenuItem("Zurücksetzen");           //(10)
    zurueck.setEnabled(false);                      //(11)
    edit.add(zurueck);                              //(12)
    invers = new MenuItem("Invers");
    edit.add(invers);
    edit.addSeparator();                            //(13)
    option=new CheckboxMenuItem("Option");          //(14)
    edit.add(option);
    option.setState(true);                          //(15)
    test=new String("Option an");                   //(16)
    info=new Menu("Info");                          //(17)
    edit.add(info);                                 //(18)
    about=new MenuItem("Über");
    info.add(about);
  }
  public void paint(Graphics g) {
    g.drawString("Hallo Welt!",10,100);
    g.drawString(test,10,120);                      //(19)
  }
}
```

(1) Sie brauchen für die Menüleiste zunächst ein Objekt der Klasse *MenuBar*.
(2) Jedes Menü und Untermenü gehört zur Klasse *Menu*.
(3) Befehle sind Objekte der Klasse *MenuItem*.
(4) Befehle mit Häkchen müssen als *CheckboxMenuItem*-Objekte erzeugt werden. Sie arbeiten anders als normale Befehle.
(5) Um den Zustand des Befehls *Option* anzeigen zu können, wird ein *String*-Objekt definiert.
(6) Zuerst erzeugen Sie im Konstruktor das Objekt für die gesamte Menüleiste, damit anschließend die Menüs eingetragen werden können.
(7) Durch *setMenuBar* wird die im Parameter angegebene Leiste dem Fenster hinzugefügt. Solange sie aber leer ist, wird sie nicht angezeigt.
(8) Hier wird das erste Menü erzeugt. Im Konstruktor wird die gewünschte Menübeschriftung angegeben. Dieser Text sollte in der gesamten Menüleiste eindeutig sein, da über ihn die spätere Verarbeitung gesteuert wird.
(9) Im zweiten Schritt wird das Menü der Leiste *menue* durch die *MenuBar*-Methode *add* hinzugefügt.
(10) Jetzt können die Menüeinträge aufgebaut werden. Im ersten Schritt wird ein Befehl erzeugt. Auch hier ist der Konstruktorparameter die Beschriftung.
(11) Jeder Befehl ist zuerst automatisch aktiv. *Zurücksetzen* soll hier aber erst möglich sein, wenn vorher *Invers* gewählt wurde, daher deaktivieren Sie zunächst diesen Befehl durch seine Methode *setEnabled*.
(12) Im zweiten Schritt werden die Befehle dem Menü *edit* durch die *Menu*-Methode *add* hinzugefügt.
(13) Befehle können durch Trennungsstriche in Menüs gruppiert werden. Diese werden durch *addSeparator* erzeugt.
(14) Auch Ankreuzbefehle werden zunächst mit der Beschriftung als Konstruktorparameter erzeugt und danach dem Menü hinzugefügt.
(15) Anfangs hat ein solcher Befehl immer den Status *false*. Im Beispiel soll er zunächst angekreuzt sein, deshalb ändern Sie mit *setState* den Zustand auf *true*.
(16) Damit der Zustand korrekt angezeigt wird, wird die Zeichenkette ebenfalls eingestellt. Ihre Ausgabe wird später erfolgen.

(17) Das Untermenü wird erzeugt.
(18) Statt es aber der Menüleiste als weiteres Menü hinzuzufügen, tragen Sie es in *edit* ein. Dadurch wird es zum Untermenü.
(19) Um den Zustand des Befehls *Option* anzuzeigen, wird die Zeichenkette *test* im Fenster ausgegeben.

Das Fenster verfügt jetzt über eine Menüleiste, der lediglich die Funktionalität fehlt. Sie können jedoch bereits das Menü öffnen, Befehle auswählen und auch schon den Status von *Option* ändern. Allerdings wird die Anzeige von *test* dadurch noch nicht geändert.

11.5.2 Befehle verarbeiten

Wenn ein Befehl ausgewählt oder auf die Schaltfläche im Fenster geklickt wird, werden unter anderem Ereignisobjekte der Klasse *ActionEvent* erzeugt. Um also die Menübefehle mit Aktionen auszustatten, müssen diese von den Objekten nur an einen Adapter delegiert werden. Dazu sind einige Änderungen an der Klasse notwendig.

```
class Fenster extends Frame {

  ...

  MenueAdapter m;                              //(1)
  public Fenster(String t) {

    ...

    m = new MenueAdapter();                    //(2)
    zurueck.addActionListener(m);              //(3)
    invers.addActionListener(m);
    about.addActionListener(m);
    option.addItemListener(m);                 //(4)
  }

  ...

  public void showInfo() {                     //(5)
    Dialog infodialog =
      new Dialog(this, "Info über", true);     //(6)
    Button closeBttn =
          new Button("Schließen");             //(7)
```

```java
        closeBttn.addActionListener(
                new MenueAdapter());                    //(8)
    infodialog.add(closeBttn
        ,BorderLayout.SOUTH);                           //(9)
    infodialog.setBounds(
                getBounds().x+20
                ,getBounds().y+20
                ,120
                ,80);                                   //(10)
    infodialog.show();                                  //(11)
}
public class MenueAdapter
        implements ActionListener
            ,ItemListener {                             //(12)
    public void actionPerformed(ActionEvent ae) {
      String befehl =
            ae.getActionCommand();
      if (befehl.equals("OK")) {                        //(13)
        toBack();                                       //(14)
      }
      else if (befehl.equals(
            "Zurücksetzen")) {                          //(15)
        setForeground(Color.black);
        setBackground(Color.white);
        zurueck.setEnabled(false);
        invers.setEnabled(true);
      }
      else if (befehl.equals("Invers")) {               //(16)
        setForeground(Color.white);
        setBackground(Color.black);
        invers.setEnabled(false);
        zurueck.setEnabled(true);
      }
      else if (befehl.equals("Über")) {                 //(17)
        showInfo();                                     //(18)
      }
      else if (befehl.equals(
            "Schließen")) {                             //(19)
        Button b = (Button)ae.getSource();              //(20)
        b.getParent().setVisible(false);                //(21)
      }
      repaint();
    }
    public void itemStateChanged(ItemEvent ae) {
      CheckboxMenuItem o =
```

```
      (CheckboxMenuItem)ae.getSource();           //(22)
   if (o.getState())                              //(23)
      test="Option an";
   else
      test="Option aus";
      repaint();                                  //(24)
    }
  }
}
```

(1) Das Adapterobjekt wird als Klasseneigenschaft deklariert, damit es in allen Methoden und im Applet verwendet werden kann.

(2) Am Ende des Konstruktors wird das Objekt erzeugt.

(3) Objekte der Klasse *MenuItem* erzeugen Befehle, also *ActionEvents*. Der Adapter muss daher per *addActionListener* registriert werden.

(4) Die Objekte der Klasse *CheckboxMenuItem* erzeugen *keine* Befehle, sondern nur Statusänderungen! Deshalb ist hier ein *ItemListener* notwendig.

(5) Der Befehl *Info/Über* soll üblicherweise ein kleines Dialogfenster öffnen. Diese Funktionalität gehört zum «Können» der Fensterklasse, sie wird vom Adapter nur ausgelöst. Deshalb wird hier eine neue Methode *showInfo* innerhalb der Klasse definiert.

(6) Dialoge sind so genannte modale Fenster, das heißt, dass sie geschlossen werden müssen, bevor in der Anwendung weitergearbeitet werden kann. Solche Objekte werden von der Klasse *Dialog* beschrieben. Ein solches Objekt wird daher hier erzeugt. Der Konstruktor übernimmt drei Parameter: eine Referenz auf ein kontrollierendes Elternfenster, einen Fenstertitel, und der dritte macht das Fenster zu einem modalen Fenster. Das Elternfenster ist ein Objekt der Klasse selbst, deshalb steht hier *this*.

(7) Auch diesem Fenster fügen Sie eine Schaltfläche hinzu, damit die Möglichkeit besteht, es zu schließen.

(8) Auch Schaltflächen lösen *ActionEvents* aus. Damit diese auch Funktionalität erhält, wird bei ihr ebenfalls ein Objekt der Adapterklasse registriert.

(9) Die Schaltfläche wird dem Dialogfenster am unteren Rand zugefügt.

(10) Die Größe wird festgelegt. Dazu wird die Appletgröße mit *getBounds* abgefragt. Diese Methode liefert ein Objekt mit vier *public*-Eigenschaften: *x, y, height* und *width*. Für das Objekt *infodialog*

wird dann per *setBounds* die linke obere Ecke gegenüber dem Applet um 20 Pixel nach unten und nach rechts verschoben.
(11) Zum Schluss wird das Dialogfenster durch *show* angezeigt.
(12) Die Adapterklasse muss für Menübefehle und Schaltflächen den *ActionListener* und für Menücheckboxen den *ItemListener* implementieren. Sie wird hier wieder als innere Klasse definiert, weil sie Zugriff auf die Elemente der äußeren benötigt.
(13) Durch Zeichenkettenvergleiche wird der Befehl identifiziert.
(14) Durch *toBack* wird das Fenster in den Hintergrund gebracht. Der Fokus geht auf das nächste Fenster über.
(15) Der Befehl *Zurücksetzen* stellt für den Vordergrund schwarz und für den Hintergrund weiß ein. Dann deaktiviert er sich selbst und aktiviert den Befehl *Invers*.
(16) Der Befehl *Invers* soll genau umgekehrt arbeiten.
(17) Der Befehl *Info* soll das Infofenster öffnen.
(18) Dazu ruft der Adapter die Methode *showInfo* auf.
(19) Der Befehl *Schließen* kommt von der Schaltfläche des Dialogfeldes.
(20) Um dieses daraufhin schließen zu können, wird das Dialogobjekt benötigt. Dazu wird zunächst das Ereignisobjekt nach dem Befehlsverursacher abgefragt. Die Methode *getSource* liefert dann die Referenz auf die Schaltfläche.
(21) Danach kann für diese die Methode *getParent* aufgerufen werden. Dadurch bekommt man die Referenz des Containers, dem dieser Button zugefügt wurde. Das ist das Dialogfenster. Per *setVisible (false)* wird es unsichtbar gemacht. Eine andere Methode lautet *dispose*. Sie vernichtet ein Fenster.
(22) Um den Status des Objekts, also sein Häkchen, abfragen zu können, muss es per *getSource* zunächst in der gewohnten Weise ermittelt werden.
(23) Jetzt kann durch *getState* der Zustand festgestellt und zur Demonstration der richtige Text eingestellt werden. Das Umschalten des Befehls muss nicht programmiert werden; es wird automatisch bei der Selektion des Befehls vorgenommen.
(24) Damit der Text sichtbar wird, ist abschließend der Aufruf von *repaint* notwendig.

Der Adapter soll auch auf die Fensterschaltfläche *OK* reagieren, daher muss er bei ihr registriert werden. Ändern Sie daher zum Schluss die *init*-Methode des Applets folgendermaßen:

```
public void init() {
  resize(320, 240);
  fenster.setBounds(100,100,400,200);
  fenster.setCursor(
         new Cursor(Cursor.HAND_CURSOR));
  Button b = new Button("OK");
  b.addActionListener(fenster.m);
  fenster.add(b,BorderLayout.SOUTH);
  fenster.show();
}
```

Die Schaltfläche wird separat erzeugt, damit die Registriermethode aufgerufen werden kann.

Durch diesen zusätzlichen Code können die Menüleiste und die Schaltflächen nun ihre Aufgaben durchführen.

11.6 Appletanwendungen

Bisher haben Sie reinrassige Applets kennen gelernt, die nur von Appletviewern und Web-Browsern gestartet werden können. Dieses Kapitel zeigt, wie Sie ein Applet als Teil einer Java-Anwendung verwenden können. Darüber hinaus kann es ohne Änderungen weiterhin im Internet benutzt werden.

Damit das Applet als Anwendung starten kann, brauchen Sie ein Objekt der *Frame*-Klasse als Ersatz für den Browser. Diese Klasse wird ähnlich wie im vorherigen Kapitel definiert, nur sind diesmal die Rollen vertauscht. Jetzt ist nicht das Fenster Teil des Applets, sondern das Applet wird dem Fenster hinzugefügt. Schauen Sie sich zunächst die Fensterklasse an.

```
import java.awt.*;
import java.awt.event.*;

public class JanusFrame extends Frame {
  public JanusFrame(String str) {
    super (str);
    enableEvents(AWTEvent.WINDOW_EVENT_MASK);
  }
  public void processWindowEvent(WindowEvent evt) {
    switch (evt.getID()) {                              //(1)
```

```
      case WindowEvent.WINDOW_CLOSING:                  //(2)
        dispose();                                      //(3)
        System.exit(0);                                 //(4)
    }
    super.processWindowEvent(evt);                      //(5)
  }
}
```

Nur die *processWindowEvent*-Methode enthält Neues.

(1) Die Ereignisse sind ja numerisch verschlüsselt, also kann der von *getID* gelieferte Wert auch in einer *switch*-Anweisung benutzt werden, um für jeden Ereignistyp die jeweiligen Anweisungen aufzurufen.
(2) Das Ereignis *WINDOW_CLOSING* tritt nur auf, wenn ein Objekt dieser Klasse über das Systemmenü oder die Schaltfläche in der Titelleiste geschlossen werden soll, und das wird hier nur der Fall sein, wenn das Applet als Applikation läuft.
(3) Mit *dispose* wird alles freigegeben, das Fenster wird geschlossen.
(4) Durch *System.exit* wird die Java VM mit dem Status 0 normal beendet.
(5) Alle anderen Ereignisse werden an die gleichnamige Methode der Elternklasse weitergereicht.

Die zweite Klasse, die Sie benötigen, ist wiederum das Applet. Diesmal enthält es zusätzlich die Methode *main*. Sie dient als Startpunkt für die Applikation, während die Browser und Appletviewer bei *init* einsteigen. Ihr Code sieht folgendermaßen aus:

```
import java.applet.*;
import java.awt.*;

public class Janus extends Applet {                     //(1)
  boolean standAlone = false;                           //(2)
  private String p = "Standard";                        //(3)
  private final String P_PARAM = "p";                   //(4)
  String getParam(String name,
            String[] args) {                            //(5)
    if (args == null)                                   //(6)
      return getParameter(name);
    int i;                                              //(7)
```

```java
    String arg= name + "=";                      //(8)
    String value = null;                         //(9)
    for (i = 0; i < args.length; i++) {          //(10)
      if (arg.equalsIgnoreCase(
             args[i].substring(0,
             arg.length()))) {                   //(11)
        value=args[i].substring(
             arg.length());                      //(12)
        if (value.startsWith("\"")) {            //(13)
          value=value.substring(1);              //(14)
          if (value.endsWith("\""))              //(15)
            value=value.substring(
              0,
              value.length() - 1);               //(16)
        }
      }
    }
    return value;                                //(17)
  }
  void getParams(String[] args) {                //(18)
    String param;
    param = getParam(P_PARAM, args);             //(19)
    if (param != null)
      p = param;
  }
  public static void main(String[] args) {       //(20)
    JanusFrame frame =
         new JanusFrame("Janus");                //(21)
    frame.show();                                //(22)
    frame.hide();
    frame.setSize(frame.getInsets().left +
           frame.getInsets().right +
           320,
           frame.getInsets().top +
           frame.getInsets().bottom +
           240);                                 //(23)
    Janus applet_Janus = new Janus();            //(24)
    frame.add(applet_Janus
           ,BorderLayout.CENTER);                //(25)
    applet_Janus.standAlone = true;              //(26)
    applet_Janus.getParams(args);                //(27)
    applet_Janus.init();                         //(28)
    applet_Janus.start();                        //(29)
    frame.show();                                //(30)
  }
```

```
    public void init() {
      if (!standAlone)                              //(31)
        getParams(null);
      resize(320, 240);
    }
    public void paint(Graphics g) {
      g.drawString("Hier ist das Applet!", 10, 20);
    }
}
```

(1) Die Klasse *JanusFrame* wurde als separate Datei erstellt, daher müssen Sie beim Compiler und bei der VM als *classpath* das aktuelle Verzeichnis (*-classpath.*) angeben oder beide Klassen in einer Datei definieren.

(2) Die Variable *standAlone* wird als Schalter benutzt. Sie wird mit *false* initialisiert und später nur von *main* auf *true* gesetzt. Dadurch können andere Methoden bei Bedarf erkennen, ob das Applet als Anwendung oder als Applet läuft.

(3) Da Applikationen anders als die Applets ihre Parameter übernehmen, wird hier ein Parameter definiert, um zu demonstrieren, wie er in beiden Fällen übernommen werden kann. Da Parameter in der HTML-Datei namentlich als NAME/VALUE-Paar angegeben werden, wird für die Application-Variante eine ähnliche Darstellung gewählt. Dabei soll ein Aufruf etwa folgendermaßen aussehen: *java Janus "p=Das ist ein Test"*.

(4) Sein Name wird wieder als konstante Variable gespeichert.

(5) Die Methode *getParam* extrahiert einen einzelnen gewünschten Parameterwert. Als ersten Parameter erhält sie den Namen des zu übernehmenden Appletparameters. Der zweite ist das Array von Zeichenketten, das *main* aus der Kommandozeile übernimmt, oder *null*, wenn das Applet von einer HTML-Seite benutzt wird.

(6) Der Test auf *null* stellt also sicher, dass eine HTML-Seite zur Verfügung steht. Daher kann jetzt der Wert durch die *Applet*-Methode *getParameter* ermittelt und zurückgegeben werden.

(7) Das Beispiel benutzt zwar nur einen Parameter, aber *getParam* soll universell arbeiten. Daher brauchen Sie hier eine Zählvariable, wenn später das *String*-Array nach dem gewünschten Parameter abgesucht werden soll.

(8) Das *String*-Objekt *arg* enthält den Suchbegriff, der aus dem Parameternamen *name* und dem Gleichheitszeichen besteht.

(9) Die Zeichenkette, die gegebenenfalls hinter dem Gleichheitszeichen als Parameterwert gefunden wird, soll in *value* gespeichert werden. Sie wird zunächst mit *null* belegt.

(10) In der Zählschleife werden alle Arrayelemente vom Index 0 bis zum höchsten mit dem Suchparameter verglichen.

(11) Die Methode *equalsIgnoreCase* vergleicht den Parameter mit dem Objekt und liefert *true*, wenn beide gleich lang sind und ohne Berücksichtigung der Groß-/Kleinschreibung aus den gleichen Zeichen bestehen. Weil die Elemente des Arrays um genau den Parameterwert länger sind, wird nur mit der Teilkette von 0 bis zur Länge des Suchparameters verglichen. Diese wird durch *substring* ermittelt.

(12) Wenn die vorherige *if*-Anweisung *true* liefert, wurde der Parameter gefunden. Da der Suchwert mit dem Gleichheitszeichen endet, gehört alles, was diesem folgt, zum Parameterwert. Mittels *substring* wird also die Teilkette, beginnend hinter dem letzten Zeichen des Suchwertes, extrahiert und *value* zugewiesen.

(13) Weil Parameter, die Leerzeichen enthalten, in der Kommandozeile in Anführungszeichen angegeben werden, müssen Sie diese gegebenenfalls noch entfernen. Durch die *String*-Methode *startsWith* wird geprüft, ob der Parameter ein Präfix des Objektes ist. Das Anführungszeichen muss hier als Escapesequenz \" angegeben werden.

(14) Stimmt dies, wird nur die Teilkette ab dem Index 1, also ab dem zweiten Zeichen benutzt.

(15) Zusätzlich prüft *endsWith*, ob der Parameter ein Postfix des Objektes ist, ob es also mit einem Anführungszeichen endet.

(16) Trifft das zu, wird *value* durch *substring* um 1 Zeichen gekürzt.

(17) Die Methode *getParam* liefert *value* zurück. Das Objekt enthält entweder *null* oder den gefundenen Wert.

(18) Die Methode *getParams* ist *getParam* vorgeschaltet und wird von *main* mit dem String-Array und von *init* mit *null* als Parameter aufgerufen. Diese Funktion ruft für jeden benötigten Parameter *getParam* auf. Falls Sie mehrere benötigen, müssen Sie genau an dieser Stelle die Methode ergänzen.

(19) *getParam* liefert entweder eine Zeichenkette oder *null*. Deshalb muss anschließend auf *null* getestet und gegebenenfalls auch umgewandelt werden (siehe Kapitel 4.4.1).

(20) Hier beginnt mit *main* die Verarbeitung als Application. Diese Me-

thode muss also die Aufgabe der Browser übernehmen und alles Notwendige für eine Java-Anwendung durchführen, das Applet erzeugen, es der Anwendung zufügen und die Standardmethoden der Applets aufrufen.

(21) Als Erstes erzeugt sie ein Objekt der Fensterklasse *JanusFrame*. Als Fenstertitel legt der Parameter *Janus* fest, in Anlehnung an den römischen Gott mit zwei Gesichtern.

(22) Damit die Dimensionen des Fensterrahmens ermittelt werden können, lassen Sie mit *show* das Fenster kurz anzeigen, verstecken es aber danach sofort wieder.

(23) Sie stellen hier die notwendige Größe des Fensters so ein, dass das Applet vollständig hineinpasst. Die Breite muss also gleich der Appletbreite (320) zuzüglich der rechten und linken Fensterrahmenbreite sein. Entsprechendes gilt für die Höhe. Die Methode *getInsets* liefert ein Objekt der Klasse *Insets* mit den Variablen *left*, *right*, *bottom* und *top* (Titelleistenhöhe!).

(24) Jetzt wird das Applet erzeugt.

(25) Es wird hier dem Fenster hinzugefügt. Da Fenster den *LayoutManager BorderLayout* verwenden, wird als Parameter für die Position *Center* angegeben. Dadurch kann das Applet den ganzen Fensterraum für sich in Anspruch nehmen.

(26) Die Schaltervariable wird auf *true* gesetzt, um anzuzeigen, dass das Applet als Anwendung läuft.

(27) Danach werden die Parameter übernommen.

(28) Durch *init* wird das Applet initialisiert.

(29) Eventuelle Animationen werden in *start* aktiviert. Diese Methode wurde nicht überschrieben, also wird die Standardmethode benutzt, die gar nichts macht.

(30) Das fertige Fenster wird mit dem Applet angezeigt.

(31) Die Methode *init* holt die Parameter selbst, wenn *standAlone* den Wert *false* besitzt.

11.7 Zusammenfassung

- Applets sind *Container*, die die unterschiedlichsten Kontrollelemente aufnehmen können.
- Die Ereignisse, die für die meisten Komponenten auftreten, werden von der Methode *actionPerformed* des *ActionListeners* behandelt. Für

spezielle Ereignisse stehen weitere semantische Handler zur Verfügung.
- Der Standard-*LayoutManager* für Applets ist *FlowLayout*.
- Die Objekte der Klasse *Panel* können sowohl in Applets eingefügt werden als auch selbst Komponenten aufnehmen.
- Der Standard-*LayoutManager* für Panel-Objekte ist ebenfalls *FlowLayout*.
- Ein weiterer *Container* ist *Frame*. Objekte dieser Klasse realisieren Fenster mit Titelleiste, eigenem Cursor und Menü. Sie können ebenfalls Komponenten aufnehmen.
- Der Standard-*LayoutManager* für *Frame*-Objekte ist *BorderLayout*.
- Die Ereignisse für Menüs werden ebenfalls in *actionPerformed* behandelt.
- Die Klasse *Dialog* benutzt ebenfalls als Standard-*LayoutManager BorderLayout*.
- Modale Dialogfenster müssen geschlossen werden, bevor im Elternfenster weitergearbeitet werden kann.
- Applets können auch als Teil eines *Frame*-Objektes von *main* gestartet werden.

11.8 Übungen

Aufgabe 34

Verändern Sie unser Beispiel aus Kapitel 11.1 derart, dass die Fontliste, das Memofeld und das Optionsfeld für Fettschrift ausgeblendet werden, wenn die Option *Hintergrund* gewählt wird. Die Option *Vordergrund* soll sie wieder einblenden.

Aufgabe 35

Ändern Sie das Beispiel aus Kapitel 11.3 so, dass die Lücken zwischen den Panels verschwinden.

Aufgabe 36

Welche Ereignisse erzeugt ein Objekt der Klasse *CheckboxMenuItem*?

12 Was ist Swing?

Mit den Swing-Klassen wurde die Java-Bibliothek in der Version 1.2 um leistungsfähige GUI-Komponenten erweitert. Sie bieten Alternativen zu den AWT-Klassen und enthalten neue flexible Elemente zur Gestaltung grafischer Oberflächen. Dieses Kapitel soll Ihnen einen Einstieg in das Konzept dieser Klassen bieten und auf ihre wichtigsten Besonderheiten aufmerksam machen.

12.1 Swing und AWT

Was ist Swing? Diese Frage lässt sich zunächst ganz einfach beantworten: Swing ist der Arbeitstitel für ein Teilprojekt des Java Software Development Kit 1.2 gewesen und hat sich darüber hinaus gehalten. Es umfasst weitere Klassen, die zur Gestaltung einer grafischen Oberfläche eingesetzt werden können. Diese bieten nicht nur mehr Flexibilität und Funktionalität, sondern arbeiten auch nach einem anderen Prinzip. Die folgende Abbildung zeigt einen Ausschnitt aus der Swing-Klassenhierarchie.

Die dunkel dargestellten Klassen sind aus dem AWT bekannt, alle an-

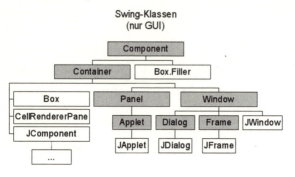

deren, insbesondere die mit J beginnenden Klassennamen, gehören zu Swing. Unter anderem sehen Sie hier die Klasse *Component*, die Superklasse aller grafischen AWT-Komponenten. Dieses Diagramm zeigt zwei wichtige Dinge:

- Einige Swing-Klassen (*JFrame, JApplet* usw.) sind direkt von AWT-Klassen mit gleichen Aufgaben abgeleitet, sind also Erweiterungen bzw. Spezialisierungen von ihnen. Dies sind die so genannten «schwergewichtigen» (engl. heavyweighted) Klassen. Sie erzeugen ihr betriebssystemspezifisches Erscheinungsbild über ihre Superklassen mit Hilfe von Peer-Klassen, die in *Native Code* (C/C++) programmiert sind.

- Die Klasse *JComponent* – sie übernimmt für die Swing-Klassen die Rolle, die *Component* für das AWT spielt – ist eine Subklasse von *Container*. Im Gegensatz zu den AWT-Komponenten können ihre Subklassen also immer Objekte anderer Klassen enthalten. Einer Swing-Schaltfläche könnte man also eine andere Swing-Schaltfläche hinzufügen. Eine solche Komponentenschachtelung ist beim AWT nicht möglich. Diese Subklassen sind die so genannten «leichtgewichtigen» (engl. lightweighted) Klassen. Sie erzeugen kein betriebssystemspezifisches Erscheinungsbild mittels Peers, sondern ein einheitliches *Look & Feel* für alle Plattformen und sind ganz in Java programmiert.

Die Swing-Klassen zeichnen sich durch weitere Merkmale aus, die Sie in den nächsten Kapiteln kennen lernen werden.

Das Klassensymbol mit dem Fortsetzungszeichen ... steht für die folgende Grafik und ein paar direkte Subklassen.

Achtung:
Alle Klassendiagramme zeigen nur die Klassen, die direkt grafische Elemente für die Benutzeroberfläche erzeugen. Die an einigen Stellen unkonventionelle Anordnung der Subklassen wurde aus Platzgründen gewählt.

Im folgenden Bild sehen Sie die Subklassen von *JComponent*, die über weitere Subklassen verfügen.

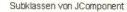

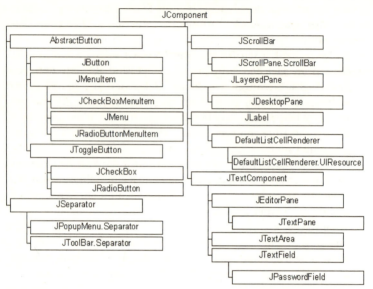

Wie Sie sehen, sind Checkboxen, Radiobuttons, Menübefehle und normale Schaltflächen in Swing alle Subklassen einer Klasse für Schaltflächen. Die Trennlinien in den Menüs sind nun von einer eigenen Klasse *JSeparator* abgeleitet. Außerdem gibt es weitere Textkomponenten, zu denen nun *JPasswordField* als eigenständige Klasse hinzukommt. Im AWT ist es eine Eigenschaft von *TextField*.

Weitere Klassen bieten Tooltipps (*JToolTip*), Symbol- (*JToolBar*) und Menüleisten (*JMenuBar*), Dialogfelder für Datei- (*JFileChooser*) und Farbauswahl (*JColorChooser*), Baum- (*JTree*) und Tabellendarstellung (*JTable*) usw. Diese GUI-Klassen sind Subklassen von *JComponent* und verfügen selbst über keine Subklassen. Deshalb wird auf ein Diagramm verzichtet.

12.2 ContentPane und GlassPane

Die wichtigsten grafischen Komponenten sind die so genannten Top-Level-Fenster. Das sind die Hauptfenster eines Programms, die beim Start zuerst geöffnet werden und Bedienelemente wie beispielsweise Menüs und Schaltflächen enthalten. Dabei gibt es drei Hauptvertreter:
- Einfache SDI-Fenster (Single Document Interface) mit *JFrame*
- MDI-Fenster (Multiple Document Interface) mit *JInternalFrame*
- Applets mit *JApplet*

Im einfachsten Fall einer Java-Anwendung wird beim AWT für das Hauptfenster ein Objekt der Klasse *Frame* oder einer von ihr abgeleiteten Klasse erzeugt. Bei Swing heißt die äquivalente Klasse *JFrame*. Für die Demonstration kann das folgende Beispiel auf eine Ableitung verzichten.

```
import java.awt.*;
import javax.swing.*;                              //(1)

public class SwingApplet1 extends JApplet {        //(2)
  public void init() {
    setSize(400,300);
    setBackground(Color.yellow);                   //(3)
    getContentPane().setBackground(
            Color.cyan);                           //(4)
    /*
    getGlassPane().setBackground(
            Color.green);                          //(5)
    getGlassPane().setVisible(true);               //(6)
    ((JComponent)getGlassPane())
            .setOpaque(true);                      //(7)
    */
  }
}
```

(1) Das Paket, dessen Klassen zu importieren sind, heißt *javax.swing*. Das *x* in *javax* steht für *extension* und soll deutlich machen, dass es sich hierbei um eine Erweiterung der Standardbibliothek handelt.
(2) Die Swingklasse der Applets heißt *JApplet*, eine Subklasse von Applet. Von hier wird jetzt abgeleitet. Alle Methoden von Applet, ins-

besondere die Standardmethoden *init*, *start*, *stop*, *destroy* usw., werden von Applet geerbt und können wie gehabt genutzt werden.

(3) Auch *JApplet* verfügt über die Methode *setBackground*, denn diese Klasse ist ja immerhin eine indirekte Subklasse von *Component*. Hier soll der Hintergrund durch das statische Farbobjekt *Color.yellow* in Gelb gezeichnet werden. Wenn Sie das Programm starten, werden Sie jedoch keine Wirkung feststellen. Das liegt daran, dass der Fensterhintergrund von *JApplet*-Objekten durch ein anderes Objekt verdeckt wird. Das gilt auch für andere Swing-Container wie beispielsweise *JFrame*!

(4) Dieses Objekt wird *ContentPane* genannt. Es übernimmt die Aufgaben, die beim AWT der Fensterhintergrund selbst erledigt. Das heißt, Objekte werden bei Swing nicht dem Fenster direkt, sondern dem *ContentPane* zugefügt. Die Methode *getContentPane* der Klasse *JApplet* liefert die Referenz auf dieses Objekt – es gehört übrigens normalerweise zur Klasse *JPanel* –, sodass es bearbeitet werden kann. Hier wird seine Hintergrundfarbe in Zyan eingestellt.

(5) Diese Anweisung gehört zu einem Block, der auskommentiert wurde, da er so wohl nie programmiert wird. Zusätzlich zur *ContentPane* gibt es bei *JApplet* eine «Glasscheibe», die vor der *ContentPane* liegt. Sie wird *GlassPane* genannt und kann über *getGlassPane* angesprochen werden. Hier wird beispielsweise für ihre Hintergrundfarbe Grün festgelegt.

(6) Standardmäßig ist das Objekt jedoch unsichtbar. Deshalb muss es mittels *setVisible* angezeigt werden.

(7) Last but not least ist dieses Objekt der Klasse *JPanel* durchsichtig. Mittels *setOpaque* kann dies geändert werden. Der Cast (*JPanel*) ist hier notwendig, weil *getGlassPane* «nur» eine Referenz auf Objekte der Klasse *Component* liefert. Jetzt können Sie im Programm diese «Glasscheibe» deutlich erkennen, allerdings nicht mehr die *ContentPane*.

Wenn Sie das Applet im Appletviewer betrachten und die Fenstergröße ein paar Mal verändern, dann können Sie kurzzeitig die einzelnen *Pane*-Objekte erkennen, wenn sie neu gezeichnet werden. Sie können dabei deutlich kurzzeitig den gelben Hintergrund des Fensters erkennen, bevor er wieder von der *ContentPane* verdeckt wird.

> *Hinweis*:
> Sollen Swing-Applets im Browser dargestellt werden, dann muss dieser für das JDK 1.3 geeignet sein. Ansonsten muss das Java-Plug-in installiert sein und die HTML-Datei einen bestimmten Aufbau enthalten (siehe Anhang).

Die Anordnung von Fenster, *ContentPane*, eventuell vorhandener Menüleiste und *GlassPane* zeigt das folgende Bild in einem seitlichen «Querschnitt».

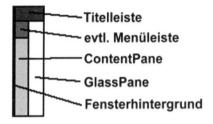

Die *GlassPane* ermöglicht es, oberhalb des Fensters zu zeichnen, weitere Objekte, wie beispielsweise Pop-up-Menüs, einzubinden und Ereignisse der darunter liegenden Objekte abzufangen.

12.3 Komponentenlayout

Swing bietet nicht nur wesentlich mehr und differenziertere Klassen für die Gestaltung der grafischen Oberfläche, sondern erweitert diese auch entscheidend in ihrer Funktionalität. Dabei ist ihr Hauptmerkmal wohl die Tatsache, dass alle Swing-Komponenten Container sind. Ihnen kann also immer auch eine andere Komponente, insbesondere ein Bild, zugefügt werden.
Das folgende Applet zeigt beispielhaft an Schaltflächen, Radiobuttons und Checkboxen einige zusätzliche Möglichkeiten. Außerdem demonstriert es, wie Komponenten einem Swing-Fenster zugefügt werden.

Was ist Swing?

```java
import java.awt.*;

import javax.swing.*;

public class SwingApplet2 extends JApplet {
  JButton okButton = new JButton();                    //(1)
  ButtonGroup g = new ButtonGroup();                   //(2)
  JRadioButton ja = new JRadioButton();                //(3)
  JRadioButton nein = new JRadioButton();
  JCheckBox option = new JCheckBox();                  //(4)
  public void init() {
    setSize(400,300);
    okButton.setText("OK");                            //(5)
    okButton.setToolTipText("Sichern");                //(6)
    okButton.setRolloverIcon(new ImageIcon(
            "ABalt.gif"));                             //(7)
    okButton.setPressedIcon(new ImageIcon(
            "AByes.gif"));                             //(8)
    okButton.setIcon(new ImageIcon(
            "ABno.gif"));                              //(9)
    ja.setText("Ja");
    ja.setToolTipText("Zustimmen");
    ja.setBackground(Color.green);                     //(10)
    ja.setSelected(true);                              //(11)
    nein.setText("Nein");
    nein.setSelectedIcon(new ImageIcon(
            "AutoNo.gif"));                            //(12)
    nein.setIcon(new ImageIcon(
            "AutoOK.gif"));                            //(13)
    nein.setBackground(Color.red);
    nein.setToolTipText("Ablehnen");
    option.setText("Aktiv");
    option.setToolTipText(
        "Aktiviert besondere Optionen");
    getContentPane().add(okButton
        ,BorderLayout.SOUTH);                          //(14)
    getContentPane().add(option
        ,BorderLayout.NORTH);
    getContentPane().add(ja
        ,BorderLayout.EAST);
    getContentPane().add(nein
        ,BorderLayout.WEST);
    g.add(ja);                                         //(15)
    g.add(nein);
  }
}
```

(1) Für Schaltflächen steht bei Swing die Klasse *JButton* zur Verfügung. Wenn Sie ein Swing-Pendant zu einer bestimmten AWT-Klasse suchen, können Sie sich diese Namenskonvention zunutze machen. Suchen Sie zuerst nach einer gleichnamigen mit dem Präfix *J*! Das funktioniert meistens, aber nicht immer.

(2) Für eine Gruppe von Radiobuttons wird nämlich eine neue, spezielle Klasse eingesetzt. Sie heißt *ButtonGroup*. Für jede Gruppe sich gegenseitig ausschließender Optionsschaltflächen benötigen Sie ein Objekt dieser Klasse.

(3) Die Radiobuttons selbst sind jetzt auch keine Objekte der Checkboxen mehr, sondern gehören zu einer eigenen Klasse *RadioButton*.

(4) Für die Kontrollkästchen bleibt wieder (fast) alles beim Alten. Statt *Checkbox* heißt die zugehörige Swing-Klasse *JCheckBox*.

(5) Die Beschriftungen werden für die Komponenten mit einer einheitlichen Methode *setText* festgelegt, wenn sie nicht bereits beim Konstruktor angegeben wurden.

(6) Moderne Programmoberflächen verfügen über kleine Benutzerhilfen. Sobald der Mauszeiger sich über einem Objekt befindet, wird ein kurzer Text für einen Augenblick in einem kleinen Fenster angezeigt. Diese so genannten Tooltipps werden einfach mit Hilfe der Methode *setToolTipText* festgelegt.

(7) Den Schaltflächen können Bilder zugefügt werden, und zwar nicht nur ein einziges, sondern gleich mehrere für unterschiedliche Verwendungszwecke. Einer Schaltfläche wird hier mittels *setRolloverIcon* ein Bild zugeordnet, das immer dann angezeigt wird, wenn der Mauszeiger darüber fährt. Diese Methode benötigt ein Bildobjekt, dass durch den Konstruktor von *ImageIcon* erzeugt werden kann. Er bekommt den Dateinamen der gewünschten Grafik angegeben.

(8) In ähnlicher Weise legt *setPressedIcon* fest, welches Symbol angezeigt wird, wenn die Schaltfläche gedrückt wird.

(9) Und *setIcon* bestimmt schließlich das Standardsymbol des Buttons.

(10) Jede Komponente verfügt wie eine AWT-Komponente über einen eigenen Hintergrund, dessen Farbe natürlich mittels *setBackground* verändert werden kann.

(11) Ob ein Radiobutton oder eine Checkbox markiert ist, wird durch die Methode *setSelected* des entsprechenden Objektes festgelegt. Mittels *isSelected* kann dieser Zustand abgefragt werden.

(12) Auch Radiobuttons können mehrere Bilder aufnehmen. Da sie aber eine andere Funktionalität als normale Schaltflächen besitzen, ist auch der Verwendungszweck der Bilder ein anderer. Hier legt *setSelectedIcon* fest, welches Bild angezeigt wird, wenn die Option markiert wurde.

(13) Das Standardbild wird wieder von *setIcon* angegeben. Werden Bilder benutzt, dann ersetzen sie übrigens die bekannten runden Knöpfe der Radiobuttons.

(14) Komponenten dürfen bei Swing nicht dem Applet bzw. dem Fenster direkt zugefügt werden, sonst sind sie nicht sichtbar. Da die *ContentPane* den Hintergrund verdeckt, werden sie diesem Objekt zugefügt. Die Aufrufe lauten also nicht *add*, sondern *getContentPane().add*. Außerdem muss man beachten, dass diese *ContentPane* nicht wie die Applets das *FlowLayout*, sondern das *BorderLayout* als Standardmanager einsetzen.

(15) Um Radiobuttons zu gruppieren, werden sie einfach dem Objekt der Klasse *ButtonGroup* per *add* zugefügt. Dieses managt dann das Selektieren der ganzen Gruppe.

Die folgende Abbildung zeigt das Erscheinungsbild dieses Applets im Appletviewer.

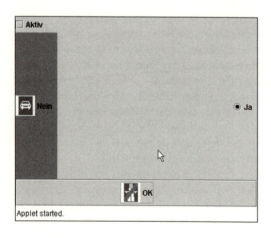

Sie erkennen das Bild beim Radiobutton, das den üblichen Knopf ersetzt, und das Standardsymbol der Schaltfläche unten im Applet.
Wird der Mauszeiger nun auf diese positioniert, werden das Roll-over-Bild und für einen kurzen Augenblick der Tooltipp angezeigt. Das kann folgendermaßen aussehen.

Wird die Taste gedrückt, wird das dritte Bild sichtbar:

Sobald sie aber wieder losgelassen wird, sehen Sie erneut das Standardsymbol.

12.4 Alternatives Design

Swing verfolgt auch ein weiteres Ziel: Anwender sollen Java-Programme immer so bedienen können, wie sie es von ihrer Plattform her gewohnt sind, egal auf welchem System gearbeitet wird. Das heißt, dass ein Unix-Anwender die grafische Oberfläche in gewohnter Weise vorfindet. Jemandem, der mit Windows arbeitet, soll sich das gleiche Programm, aber auf jedem Rechner, also auch auf Unix-Systemen, mit einer Windows-Oberfläche präsentieren. Dieses Konzept heißt *Pluggable Look & Feel*.

Mit dem nächsten Beispiel können Sie zur Laufzeit zwischen zwei verschiedenen Designs der Oberfläche wählen.

```
import java.awt.*;
import java.awt.event.*;                              //(1)
import javax.swing.*;

public class SwingApplet3 extends JApplet
     implements ActionListener {                       //(2)
```

276 Was ist Swing?

```java
    JButton okButton = new JButton();
    ButtonGroup g = new ButtonGroup();
    JRadioButton ja = new JRadioButton();
    JRadioButton nein = new JRadioButton();
    JCheckBox option = new JCheckBox();
    static {
      try {
        UIManager.setLookAndFeel(UIManager
    .getCrossPlatformLookAndFeelClassName());            //(3)
       /*UIManager.setLookAndFeel(UIManager.
           getSystemLookAndFeelClassName());             //(4)
        UIManager.setLookAndFeel(
           "javax.swing.plaf.metal.MetalLookAndFeel");   //(5)
        UIManager.setLookAndFeel(
           "com.sun.java.swing.plaf.motif.MotifLookAndFeel");
       UIManager.setLookAndFeel(
           "com.sun.java.swing.plaf.windows.WindowsLookAndFeel");
        UIManager.LookAndFeelInfo[] i =
           UIManager.getInstalledLookAndFeels();         //(6)
        for(int j=0;j<i.length;j++)
          System.out.println(i[j]
             .getClassName());                          //(7)
       */
      }
      catch (Exception e) {
      }
    }
    public void init() {
      setSize(400,300);
      okButton.setText("OK");
      okButton.setToolTipText("Sichern");
      okButton.setRolloverIcon(new ImageIcon("ABalt.gif"));
      okButton.setPressedIcon(new ImageIcon("AByes.gif"));
      okButton.setIcon(new ImageIcon("ABno.gif"));

      ja.setText("Ja");
      ja.setToolTipText("Zustimmen");
      ja.setBackground(Color.green);
      ja.setSelected(true);
      nein.setText("Nein");
      nein.setSelectedIcon(new ImageIcon("AutoNo.gif"));
      nein.setIcon(new ImageIcon("AutoOK.gif"));
      nein.setBackground(Color.red);
      nein.setToolTipText("Ablehnen");
      option.setText("Aktiv");
```

```
   option.setToolTipText("Aktiviert besondere Optionen");
   getContentPane().add(okButton
           ,BorderLayout.SOUTH);
   getContentPane().add(option
           ,BorderLayout.NORTH);
   getContentPane().add(ja
           ,BorderLayout.EAST);
   getContentPane().add(nein
           ,BorderLayout.WEST);
   g.add(ja);
   g.add(nein);
   ja.addActionListener(this);                            //(8)
   nein.addActionListener(this);
 }
 public void actionPerformed (ActionEvent e) {
   try {                                                  //(9)
      if(e.getActionCommand().equals("Ja"))
         UIManager.setLookAndFeel(
         "com.sun.java.swing.plaf.motif.MotifLookAndFeel");
      else
         UIManager.setLookAndFeel(
         "com.sun.java.swing.plaf.windows.WindowsLookAndFeel");
      SwingUtilities
         .updateComponentTreeUI(this);                    //(10)
   }
   catch (Exception ex) {
   }
  }
}
```

(1) Für die Ereignisverarbeitung werden wieder die Klassen und Interfaces des Paketes *java.awt.event* gebraucht. Daher werden sie hier importiert. Swing verfügt auch über eigenes Paket mit ergänzenden Klassen und Interfaces. Es heißt *javax.swing.event*.

(2) Radiobuttons sind bei Swing auch Schaltflächen und können *ActionEvents* auslösen. Der Einfachheit halber implementiert das Applet den *ActionListener* gleich selbst. Dadurch kann auf alle Komponenten zugegriffen werden.

(3) Eine Klasse *UIManager* organisiert das Design der grafischen Oberfläche. Sie kann das so genannte Look & Feel einstellen und verändern. Dieser Begriff steht nicht nur für das Erscheinungsbild

der Oberfläche, sondern auch für ihr Verhalten. Hier wird ein bestimmtes L&F per *setLookAndFeel* eingestellt. Es ist das Java L&F, das von der Methode *getCrossPlatformLookAndFeelClassName* geliefert wird. Da dieser Aufruf hier potenziell Fehler erzeugt, steht er in einem *try*-Block. Außerdem erfolgt die Einstellung in einem *static*-Block. Das ist ein so genannter *static*-Initialisierer und die einzige Möglichkeit, Methoden außerhalb eines Konstruktors bzw. einer Methode in Klassen aufzurufen.

(4) Auskommentiert werden hier weitere Möglichkeiten dargestellt. Von *getSystemLookAndFeelClassName* wird die plattformeigene Darstellung geliefert.

(5) Wenn ihre Klassennamen bekannt sind, können die L&Fs auch als Zeichenkette angegeben werden.

(6) Welche L&Fs installiert sind, ermittelt die Methode *getInstalledLookAndFeels*. Sie liefert ein Array von Objekten der Klasse *LookAndFeelInfo*.

(7) Die Klassennamen können nun per *getClassName* ermittelt und innerhalb einer Schleife angezeigt werden. Dazu muss natürlich das Konsolenfenster geöffnet sein. Das ist beim Appletviewer der Fall. Beim Browser muss diese Option erst eingestellt werden. Auch das Plug-in kann die Konsole öffnen (siehe Kapitel 13.6.1).

(8) Für die beiden Radiobuttons wird das *ActionListener*-Objekt registriert. Da es die Klasse selbst ist, steht hier *this* im Parameter von *addActionListener*.

(9) Die Umschaltung des L&F steht erneut in einem *try*-Block. Je nach Befehlsname wird ein anderes L&F als Klassenname angegeben.

(10) Durch diesen Aufruf wird das Erscheinungsbild erst aktualisiert. Der Parameter *this* gibt an, dass das Appletobjekt selbst ein neues L&F erhalten hat.

Insgesamt benutzt das Applet nun drei verschiedene Erscheinungsbilder: Eines wird direkt nach dem Start gezeigt und zwei andere dann wechselweise durch die Radiobuttons eingestellt.

Das folgende Bild zeigt, wie das Applet anfangs aussieht. Achten Sie auf die «Farben» und die Darstellung der Schaltflächen. Bei der *Ja*-Option sehen Sie die Markierung als schwarzen Punkt im «flachen» Kreis. Die Schaltfläche unten hat einen schmalen Rand und reicht bis an die Appletgrenzen.

Alternatives Design 279

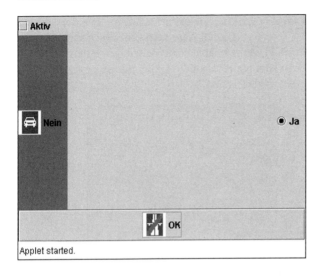

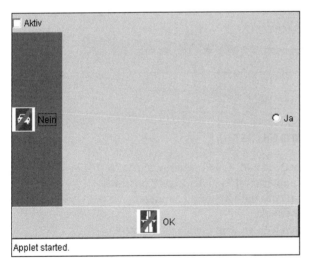

Wird die Option *Nein* angeklickt, dann wird auf ein anderes Design umgestellt. Es entspricht hier den aktuellen Windows-Einstellungen. Vergleichen Sie die «Farben». Auch die Checkbox, die Schaltfläche und der Radiobutton sehen anders aus. Sie haben jetzt eine 3-D-Optik.

Wird erneut *Ja* angeklickt, sehen Sie das dritte Design. Die «Farben» haben sich wieder geändert. Die Objekte verfügen zwar auch über ein 3-D-Erscheinungsbild, ähneln aber eher denen im ersten Bild. Die Schaltfläche reicht jetzt nicht bis an die Appletgrenze.

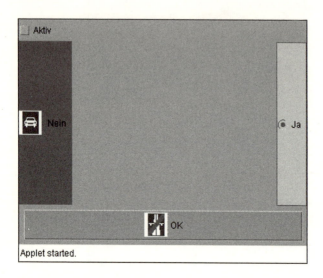

12.5 Zusammenfassung

- Swingklassen sind zum Teil Erweiterungen der AWT-Klassen.
- Swing-Komponenten sind in der Regel Container.
- *JApplet* und *JFrame* enthalten unter anderem ein *GlassPane*- und ein *ContentPane*-Objekt.
- Komponenten werden dem *ContentPane* zugefügt.
- Standardmethoden und Ereignisverarbeitung funktionieren bei *JApplet* genauso wie bei *Applet*.
- Swing kann das Look & Feel einer grafischen Oberfläche zur Laufzeit verändern.

13 Anhang

13.1 Reservierte Wörter

Die folgende Liste besteht aus den für Java reservierten Schlüsselwörtern. Sie dürfen nicht als Variablen-, Funktions- oder Klassennamen verwendet werden:

abstract, boolean, break, byte, case, catch, char, class, const, continue, default, do, double, else, extends, final, finally, float, for, goto, if, implements, import, instanceof, int, interface, long, native, new, package, private, protected, public, return, short, static, strictfp, super, switch, synchronized, this, throw, throws, transient, try, void, volatile, while

Einige Java-Literale sind ebenfalls reserviert:

false, true, null

13.2 Datentypen

Integrale Datentypen

Datentyp	Größe	Wertebereich
boolean	1 Byte	false, true
byte	1 Byte	–128 bis 127
char	2 Bytes	'\u0000' bis '\uffff', d. h. 0 bis 65.535
short	2 Bytes	–32.768 bis 32.767
int	4 Bytes	–2.147.483.648 bis 2.147.483.647
long	8 Bytes	–9.223.372.036.854.775.808 bis 9.223.372.036.854.775.807

Alle lokalen Variablen dieser Datentypen müssen unbedingt initialisiert werden, bevor sie benutzt werden, ansonsten tritt ein Compilerfehler auf. Klassenfelder werden automatisch mit 0 bzw. *false* initialisiert.

Fließkomma-Datentypen

Datentyp	Größe	Wertebereich
float	4 Bytes	1.40129846432481707 E-45 bis 3.40282346638528860 E+38 auf 6–7 Stellen genau
double	8 Bytes	4.94065645841246544 E-324 bis 1.79769313486231570 E+308 auf 15–16 Stellen genau

Bei den Fließkommazahlen sind jeweils der kleinste und größte positive Wert angegeben. Im negativen Bereich gelten die gleichen Werte; kleinere Zahlen um null sind nicht darstellbar.

13.3 Operatoren und Rangfolge

Bei der Auswertung von Ausdrücken geht Java nach einer festen Rangfolge vor. In der Schule haben Sie dies als «Punktrechnung geht vor Strichrechnung» gelernt.
In der folgenden Tabelle finden Sie in der Spalte *Operator* den Namen des Operators, in *Symb* die Operatorzeichen, in *ST* die Rangstufe und in *Grup* die Auswertungsrichtung. Die Rangstufe 1 ist dabei die höchste, sie wird also als Erstes ausgewertet. Bei der Auswertungsrichtung bedeutet *L->R* von links nach rechts.

Operator	Symb	ST	Beispiel	Grup
Klammern	()	1	(a+b)*c	
Qualifizierung	.	1	Font.PLAIN	L->R
Array	[]	1	Int[12]	
Negation	!	2	!true	
Bit-Komplement	~	2	~5	

Operator	Symb	ST	Beispiel	Grup
Vorzeichen	+ −	2	−x	R->L
Inkrement	++	2	a++ ++a	
Dekrement	− −	2	b− − − −b	
Cast	( )	2	(Button) obj	
Multiplikation	*	3	a*b	
Division	/	3	a/b	L->R
Modulo	%	3	a%b	
Addition	+	4	a+b	
Subtraktion	−	4	a−b	L->R
Links-Shift	<<	5	a<<8	
Vorzeichenloses Rechts-Shift	>>>	5	x>>>2	L->R
Rechts-Shift	>>	5	b>>4	
Kleiner	<	6	a<b	
Kleiner/gleich	<=	6	a<=b	
Größer/gleich	>=	6	a>=b	L->R
Größer	>	6	a>b	
Typvergleich	instanceof	6	e instanceof p	
Gleichheit	==	7	b==x	
Ungleichheit	!=	7	b!=x	L->R
Bitweise-UND	&	8	a&\x80	L->R
Bitweise-XOR	^	9	1^1	L->R
Bitweise-ODER	|	10	a|\x20	L->R
UND	&&	11	a && b	L->R
ODER	||	12	a || b	L->R
Bedingung	? :	13	a?b:c	R->L
Zuweisung	=	14	a='s'	
Additionszuweisung	+=	14	a+=3	
Subtraktionszuweisung	−=	14	a−=5	
Divisionszuweisung	/=	14	a/=2	
Multiplikationszuweisung	*=	14	a*=10	
Modulozuweisung	%=	14	a%=7	R->L
Links-Shift-Zuweisung	<<=	14	a<<=3	
Rechts-Shift-Zuweisung	>>=	14	b>>=4	
Vorzeichenlose Rechts-Shift-Zuweisung	>>>=	14	c >>>=2	
Bitweise-UND-Zuweisung	&=	14	c&=\x80	
Bitweise-XOR-Zuweisung	^=	14	c^=\x80	
Bitweise-ODER-Zuweisung	|=	14	c|=\x20	

13.4 Namenskonventionen

Die Java Systemklassen halten sich so weit wie möglich an die Namenskonventionen, die in diesem Kapitel vorgestellt werden. Sie sollten versuchen, diese Vorschläge auch in Ihren Programmen zu beherzigen.

13.4.1 Paketnamen

Namen für Pakete, die mehr oder minder weltweit eingesetzt werden, sollten so gebildet werden, dass sie auf jeden Fall eindeutig sind. Die ersten zwei oder drei Buchstaben stellen eine Internet Domäne wie zum Beispiel, COM, EDU oder DE dar. Ein Beispiel für ein solches Paket könnte wie folgt aussehen:
DE.Rowohlt.Grundkurs.text
COM.Java.jag.Oak
EDU.acc.city.test

Pakete, die nur lokal verwendet werden, sollten mit einem Kleinbuchstaben beginnen. Allerdings darf das Wort *java* nicht verwendet werden, da es für die Standard-Java-Pakete reserviert ist.

13.4.2 Klassen- und Interface-Namen

Klassennamen sollten beschreibende Substantive sein, die in einer gemischten Schreibweise geschrieben werden. Jeder Wortbestandteil sollte mit einem großen Buchstaben anfangen:
MeinErstes
FirmenBankkonto
BufferedInputStream

13.4.3 Methodennamen

Methodennamen sollten Verben oder Verben plus Substantive sein. Der erste Buchstabe sollte kleingeschrieben werden, alle folgenden Wortanfänge groß:
getCelsius
setPriority
toLocaleString

Methodennamen sollten konsistent sein, das heißt, sie sollten gleiche Aufgaben auch gleich bezeichnen.

13.4.4 Namen für Datenfelder

Datenfelder sollten mit einem Kleinbuchstaben beginnen und alle weiteren Namensbestandteile mit einem großen Buchstaben:
bufferedStream
celsius
countDays
monatlicherUmsatz

13.4.5 Namen von Konstanten

Die Namen von Konstanten sollten beschreibend sein und vollständig aus Großbuchstaben bestehen:
MIN_VALUE
MAX_VALUE
ANZAHL
STATUS_BEENDET

13.4.6 Lokale Variablen und Parameternamen

Lokale Variablen und Parameter sollten kurz, aber aussagekräftig sein:
grad
kg
puffer

Variablen mit nur einem Buchstaben sollte man vermeiden, mit Ausnahme von temporären oder Schleifenvariablen, wie zum Beispiel i, j, und k für Integerwerte.

13.5 Listener-Methoden

Die folgende Tabelle enthält die Methoden, die die Listener-Interfaces deklarieren und von Adaptern implementiert oder überschrieben werden müssen.

Interface	API-Adapterklasse	Methode
ActionListener		actionPerformed
AdjustmentListener		adjustmentValue-Changed
ComponentListener	ComponentAdapter	componentHidden componentMoved componentResized componentShown
ContainerListener	ContainerAdapter	componentAdded componentRemoved
FocusListener	FocusAdapter	focusGained focusLost
ItemListener		itemStateChanged
KeyListener	KeyAdapter	keyPressed keyReleased keyTyped
MouseListener	MouseAdapter	mouseClicked mouseEntered mouseExited mousePressed mouseReleased
MouseMotionListener	MouseMotionAdapter	mouseDragged mouseMoved
TextListener		textValueChanged
WindowListener	WindowAdapter	windowActivated windowClosed windowClosing windowDeactivated windowDeiconified windowIconified windowOpened

Die semantischen Listener erkennen Sie daran, dass nur eine einzige Methode und für sie außerdem kein Adapter im API definiert ist.

13.6 JDK-Hilfsprogramme

Das JDK von Sun enthält außer dem Compiler und der VM mehrere weitere nützliche Programme. Drei davon sollen hier wegen ihrer übergeordneten Bedeutung kurz vorgestellt werden.

13.6.1 Java Plug-in

Wenn die Laufzeitumgebung von Java (JRE) installiert ist, findet man unter Windows in der Systemsteuerung das *Java Plug-in Control Panel*.

Java Plug-in

Es ermöglicht dem Browser, auch Applets des JDK 1.3 anzuzeigen, wenn die zugehörige HTML-Datei gewisse Voraussetzungen erfüllt. Zum Plug-in gehört ein Dialogfeld mit mehreren Registerkarten, auf denen Sie verschiedene Einstellungen des Laufzeitverhaltens für Applets verändern können. In der Regel brauchen die Standardeinstellungen jedoch nicht modifiziert zu werden.

Die wichtigsten Optionen sollen jedoch kurz dargestellt werden:

Standard

Java Plug-in aktivieren	aktiviert die Möglichkeit, Applets und Beans zu verarbeiten
Java-Konsole anzeigen	öffnet das Konsolenfenster für Tests, in dem dann Fehlermeldungen sichtbar werden
Zwischenspeicherung von JARs	sollte bei Tests deaktiviert werden, damit Applets immer neu geladen werden
Java-Laufzeitparameter	ermöglicht, Parameter an die VM mitzugeben

Erweitert

Java-Plug-in-Standard verwenden	ermöglicht es, das JRE auszuwählen, falls auf dem Rechner mehrere Versionen installiert sind
Just-In-Time-Compiler aktivieren	Der JIT-Compiler erhöht die Performance bei mehrfacher Verwendung des gleichen Byte Codes.
Fehlersuche aktivieren	aktiviert das Debugging im Windows IE

<APPLET>-Tag

Damit dieses Plug-in benutzt wird, muss das Applet komplexer in die HTML-Datei eingebunden werden. Normaler geschieht dies über die HTML-Marke <APPLET>. Beispielsweise sieht sie für das Applet *Controls* aus Kapitel 11.1 folgendermaßen aus:

```
<APPLET
  CODE=Controls.class
  ID=Controls
  WIDTH=320
  HEIGHT=240 >
</APPLET>
```

Für das Plug-in muss jedoch Controls folgendermaßen eingebunden werden, damit sowohl der Internet Explorer als auch der Navigator das Applet darstellen können.

```
<OBJECT
classid="clsid:8AD9C840-044E-11D1-B3E9-00805F499D93"
WIDTH = 320 HEIGHT = 240
codebase="http://java.sun.com/products/plugin/1.3/jinstall-
13-win32.cab#Version=1,3,0,0">
<PARAM NAME = CODE VALUE = Controls.class >
<PARAM NAME="type"
    VALUE="application/x-java-applet;version=1.3">
<PARAM NAME="scriptable" VALUE="false">
<COMMENT>
<EMBED type="application/x-java-applet;version=1.3" CODE =
Controls.class WIDTH = 320 HEIGHT = 240
scriptable=false
pluginspage="http://java.sun.com/products/plugin/1.3/
plugin-install.html">
<NOEMBED>
</COMMENT>
</NOEMBED>
</EMBED>
</OBJECT>
```

Beachten Sie, dass in den Markierungen Zeilenumbrüche enthalten sind, die nur durch das Druckformat dieses Buches entstanden sind. Es handelt sich jeweils um eine einzige Zeichenkette.

Um diese Tags automatisch zu konvertieren, steht auf der Website von Sun der *HTMLConverter* zur Verfügung. Er kann kostenlos heruntergeladen werden.

13.6.2 Javadoc

Java verfügt über ein Werkzeug (engl. tool), das Ihre Klassen und Methoden aufgrund des Quellcodes dokumentieren kann. Nicht alle Hersteller ergänzen ihre Entwicklungsumgebungen um dieses Tool. Es ist jedoch so mächtig, dass es in diesem Buch nicht ausgelassen werden soll. Dieses Kapitel zeigt, wie Sie durch Kommentare im Quellcode HTML-Dokumentationen erzeugen können, die komplette Klassenhierarchien mit Links zu anderen Dokumenten enthalten. Wenn Sie die Quellcode-Dateien für das API installiert haben, können Sie damit auch die JDK-Dokumentation selbst erstellen.

Javadoc verfügt auch über ein eigenes API, sodass man eigene Erweiterungen programmieren kann. Die so erstellten *Doclets* ermöglichen dann, ganz individuell formatierte Dokumentationen zu erstellen. Die *Doclet*-Programmierung würde jedoch ein eigenes Buch füllen und wird daher hier nicht näher erläutert.

Der Kommentar /**
Die Programmdokumentation sollte mit der Entwicklung parallel verlaufen. Zu diesem Zweck schreiben Programmierer mehr oder weniger umfangreiche Kommentare in den Quellcode. Dazu gehören in der Regel
- der Name der Funktion, Methode oder Klasse,
- die Parameterbeschreibung,
- die Beschreibung des Rückgabewerts,
- der Autor,
- das Erstellungsdatum und
- das Änderungsdatum.

Java kennt verschiedene Kommentarzeichen:
- für die interne Dokumentation // und die Kombination /* ... */
- für die externe Dokumentation die Kombination /** ... */

Mit interner Dokumentation ist diejenige gemeint, die im Code verbleibt und den Dateibearbeitern zur Verfügung steht. Die externe Dokumentation ist später unabhängig vom Code lesbar.
Grundsätzlich steht der Dokumentationskommentar **vor** Klassen, Interfaces, Konstruktoren, Methoden usw. Die Sternchen, Tabulatoren und Leerzeichen am Anfang einer Zeile werden später vom Auswertungsprogramm entfernt. Ansonsten wird der Text wie Fließtext behandelt. Das heißt, er wird so behandelt, als ob er in einer HTML-Datei stehen würde. Zeilenschaltungen und aufeinander folgende Leerstellen werden also auch entfernt. Wenn Sie spezielle Formatierungen vornehmen wollen, so müssen Sie HTML-Marken und Escapesequenzen in den Kommentar einfügen. Außer den Überschriftsmarken *<H1>* bis *<H6>* und der Trennlinie *<HR>* dürfen Sie alles benutzen.
Ein besondere Bedeutung kommt auch dem ersten Satz eines jeden Kommentars zu. Er wird für Definitionslisten extrahiert und sollte daher kurz und prägnant formuliert werden. Verwenden Sie auf keinen Fall Abkürzungen im ersten Satz! Das Dokumentationstool geht nämlich davon aus, dass dieser beim ersten Punkt endet.
Im Kommentar können Wörter benutzt werden, die mit dem @-Zei-

chen beginnen und im Kommentar eine besondere Bedeutung haben. Sie markieren den ihnen folgenden Text bis zur nächsten Marke oder bis zum Kommentarende für spezielle Verwendungen und müssen kleingeschrieben werden. Achten Sie darauf, dass die Marken entweder am Anfang einer Zeile stehen oder Ihnen mindestens ein Sternchen (*) vorangestellt ist, sonst behandelt das Dokumentationsprogramm die Marke wie normalen Text.

Das Tag @author
Autorenangaben werden durch *@author* gekennzeichnet. Wenn Sie die Autorennamen jeweils einzeln mit dieser Marke aufführen, dann erscheinen sie in der Dokumentation als durch Kommas getrennte Aufzählung.
Beispielzeile:
* @author H. Erlenkötter
* @author Mr. X

Das Tag @version
Angaben zur Version oder zum Bearbeitungsdatum werden hinter *@version* geschrieben. Dabei muss der Text nicht wirklich eine Versionsnummer darstellen, sondern kann beliebig formuliert werden.
Beispielzeile:
* @version Rel. 1.0 vom 24.5.01

Das Tag @param
Für jeden Parameter eines Konstruktors oder einer Methode sollte *@param* benutzt werden. Schreiben Sie dahinter zuerst den Namen des Parameters und dann, durch Tabulator oder Leerzeichen getrennt, eine kurze Beschreibung. In der Dokumentation werden alle Parameter unter einer Überschrift zusammengefasst.
Beispielzeile:
* @param x x-Koordinate
* @param y y-Koordinate

Das Tag @return
Wenn eine Methode einen Wert zurückliefert, dann sollten Sie *@return* benutzen, um ihn kurz zu erläutern.
Beispielzeile:
* @return Die Methode liefert eine Referenz auf ein String-Objekt.

Die Tags @exception und @throws

Die Marken *@exception* und @throws sind Synonyme. Sie können mehrmals benutzt werden und stehen für Angaben zur Fehlerbehandlung zur Verfügung. Dahinter muss der Name einer Fehlerklasse, gefolgt von einer Beschreibung, stehen.
Beispielzeile:
* @throws IOException Der Fehler tritt bei Lesefehlern auf.

Das Tag @see

Durch *@see* werden Verweise angegeben. Der Text hinter dieser Marke muss ein Anker in der Dokumentation sein, denn im Dokument erscheint er als Link. Da das Tool automatisch für jede Klasse, jede Methode, jedes Interface und jeden Konstruktor einen Anker definiert, dürfen Sie diese hinter *@see* aufführen. Beachten Sie jedoch, dass Sie die vollständigen Bezeichnungen, inklusive eventuell vorhandener Parameter, benutzen müssen, beispielsweise *java.lang.Object#wait(int)*. Das #-Zeichen trennt dabei die Methode von der Klasse. Alternativ können Sie die HTML-Marke <A> verwenden und selbst einen Link zu einem bekannten Ziel angeben.
Beispielzeile:
* @see java.awt.Frame#Frame(String)

Das Tag @since

Durch @since werden Angaben zur Versionsnummer gemacht, ab der die dokumentierte Funktionalität existiert.
Beispielzeile:
* @since 1.1

Das Tag @deprecated

Oft werden Funktionalitäten als problematisch erkannt und durch bessere ersetzt. Dann kann durch @deprecated darauf hingewiesen werden.
Beispielzeile:
* @deprecated Seit Version 1.1; benutzen Sie besser die Funktion usw.

Beispielkommentar

Der folgende Kommentar kann beispielsweise eine Klassendefinition dokumentieren, das heißt, er steht **vor** einer *class*-Definition.

```
/**
 * Eine Klasse für Schulungszwecke.
 * Die Klasse ist definiert worden, um bestimmte Eigenschaften und
 * Funktionen zu demonstrieren.
 *
 * @author    H. Erlenk&ouml;tter
 * @version   1.0
 * @see       java.awt.Frame
 */
```

Nicht alle Tags können bei jeder Definition verwendet werden. Die folgende Tabelle gibt einen Überblick über die Einsatzmöglichkeiten der aufgeführten Tags.

Tag	Paket	Klasse/ Interface	Feld	Konstruktor/ Methode
@author		X		
@deprecated	X	X	X	X
@param				X
@return				X
@see	X	X	X	X
@since	X	X	X	X
@throws				X
@version		X		

Javadoc benutzen

Das Programm, das Ihren Quellcode zu einer HTML-Dokumentation verarbeitet, heißt JAVADOC.EXE und ist im Java-SDK von SUN enthalten. Javadoc ist ein DOS-Programm und muss von der Kommandoebene gestartet werden. Dazu öffnen Sie also ein Eingabeaufforderungsfenster.

Die Aufrufsyntax sieht folgendermaßen aus:

    javadoc [flags]* [package]* [quelldatei]* [klasse]*

Als Flags können Sie einen oder mehrere der folgenden Schalter angeben (* bedeutet Wiederholmöglichkeit der Angabe):

-version	@version berücksichtigen
-author	@author berücksichtigen
-sourcepath	Suchpfad für Quelldateien; Verzeichnisse durch Kommas getrennt angeben
-classpath	Suchpfad für Bytecode-Dateien; Verzeichnisse durch Kommas getrennt angeben, setzt auch *sourcepath*.
-doctype	Ausgabedateityp; entweder html (Standard) oder mif
-public	Nur *public*-Klassen und -Elemente werden dokumentiert
-protected	Nur *public*- und *protected*-Klassen und -Elemente werden dokumentiert
-package	Nur *package-*, *protected*- und *public*-Klassen und -Elemente werde dokumentiert (Standard)
-private	Alles wird dokumentiert
-noindex	Kein Verzeichnis aller Konstruktoren und Methoden erzeugen
-notree	Keine Java-Klassenhierarchie erzeugen
-nodeprecated	@deprecated nicht berücksichtigen
-nosince	@since nicht berücksichtigen
-d	Zielverzeichnis für Dokumentationsdateien

Dies sind nicht alle, sondern nur die wichtigsten Schalter. Ein Beispielaufruf:

javadoc -author -version -notree -noindex Pgm10.java

Programm und Tool müssen sich hier im gleichen Verzeichnis befinden. Wenn nicht, geben Sie zusätzlich *-sourcepath* oder *-classpath* an, gefolgt vom Verzeichnis der Klasse.
Das Programm erzeugt je nach angegebenen Optionen eine ganze Reihe von HTML-Dateien, die untereinander per Hyperlinks verknüpft sind. Starten Sie mit der Datei *index.html*!

13.6.3 JAR

Die Abkürzung *JAR* steht für Java Archiv. Es ist ein Dateiformat, das auf dem ZIP-Dateiformat basiert und mehrere Dateien in gepackter Form aufnehmen kann. Dies können Byte-Code-Dateien, Bilder und Sounds sein. Diese Archive sind fürs Internet gedacht, um mehrere Applets mit ihren Multimedia-Daten schnell laden zu können, aber auch JavaBeans verwenden dieses Format.

JAR hat folgende Eigenschaften:
- Es ist das einzige plattformübergreifende Archivformat.
- Es kann als einziges Format neben *class* auch Audio und Bilder archivieren.
- Es ist ein offener Standard und in Java geschrieben.

Die JAR-Archive werden von einem Tool erzeugt, dessen Aufruf folgendermaßen aussieht:

jar [optionen] archiv [manifestdatei] zu_archivierende_dateien

Folgende Optionen können benutzt werden:

-c	create – erzeugt ein Archiv
-t	table of contents – zeigt Inhaltsverzeichnis
-x datei	extract – extrahiert angegebene Datei
-f	file – archivdatei ist angegeben
-u	update – aktualisiert Archiv
-v	verbose – detaillierte Informationen
-m datei	manifest – Manifest-Information aus Datei einbinden
-0	zero – ohne Kompression speichern
-M	manifest – keine Manifestdatei erzeugen
-i	index – Indexinformationen für Archiv generieren
-C	change directory – archiviert gesamtes Verzeichnis

Beispiele:

jar cf Aufbaukurs *.class	archiviert alle class-Dateien
jar xf Aufbaukurs Pgm10.class	extrahiert *Pgm10.class*

Das Tool erzeugt auch ein so genanntes *Manifest* mit Informationen über die archivierten Dateien.

Manifest-Auszug:

```
Manifest-Version: 1.0

Name: aauf02.class
Digest-Algorithms: SHA MD5
SHA-Digest: fJiy3Nb1FwiescFOItn+WjmE9hk=
MD5-Digest: B1e2+Bk6XYeyk3DJXxv6Sg==

Name: aauf02_2.class
Digest-Algorithms: SHA MD5
SHA-Digest: CV8991BFKf4lt1TSN6jH8ZUSPXU=
MD5-Digest: vSZ2VE8R32SSbMy73ltB/w==
   .
   .
   .
```

Zu jeder Datei werden hier digitale Signaturen erzeugt und zusammen mit den angewendeten Algorithmen angegeben.

13.7 Lösungen zu den Aufgaben

Lösung zu Aufgabe 1

Die Funktion heißt **main** und nicht **Main**. Auch *String* muss großgeschrieben werden.

```
public static void main(String[] args)
```

Java unterscheidet die Groß-/Kleinschreibung!

Lösung zu Aufgabe 2

Durch Einfügen der Escapesequenz \b (Backspace) wird das jeweils vorherige Zeichen überschrieben.

```
System.out.println("ab\bcd\bef\bg");
```

Lösung zu Aufgabe 3

```
class Aufgabe3 {
  public static void main(String[] args) {
    System.out.print(malNehmen(11,22));
  }
  public static int malNehmen(int x, int y)
  {
    return x * y;
  }
}
```

Lösung zu Aufgabe 4

a) wahr!
b) wahr!
c) wahr!
d) falsch!
e) wahr!

Lösung zu Aufgabe 5

```
class Aufgabe5 {
  public static void main(String[] args) {
    for(int x=1; x<=10; x++) {
      for(int y=1; y<= 5; y++) {
        System.out.print(x*y + "\t");
      }
      System.out.println();
    }
  }
}
```

Lösung zu Aufgabe 6

```
class Aufgabe6 {
  public static void main(String[] args) {
    int summe=0;
    for(int i=1; i<=10; i=i+2) {
```

```
      summe=summe+i;
    }
    System.out.print(summe);
  }
}
```

Lösung zu Aufgabe 7

```
class Aufgabe7 {
  public static void main(String[] args) {
    double produkt=1;
    for(int i=1; i<=4; i++) {
      produkt = produkt * i;
    }
    System.out.print(produkt);
  }
}
```

Der größte Wert, der berechnet werden kann, ist 170!. Darüber tritt ein Überlauf ein.

Lösung zu Aufgabe 8

```
class Aufgabe8 {
  public static void main(String[] args) {
    int n = 25;
    for(int i=1; i<=100; i++) {
      System.out.print("*");
      if (i % n == 0) {
        System.out.println();
      }
    }
  }
}
```

Lösung zu Aufgabe 9

Der Text wird zweimal gedruckt.

Lösung zu Aufgabe 10

a) while(summe != 24)
b) while(zahl >= x)
c) while(x-y != 234)
d) while(a % b !=0)

Lösung zu Aufgabe 11

```
class Aufgabe11 {
  public static void main(String[] args) {
    zeigeTage(7, 1999);
    zeigeTage(12, 2000);
    zeigeTage(2, 1999);
  }
  public static void zeigeTage(int monat,int jahr) {
    int tage = 0;
    if(monat < 1 || monat >12) {
      System.out.println("Ungültiger Monat!");
      return;
    }
    switch(monat) {
      case 4: case 6: case 9: case 11:
        tage = 30;
        break;
      case 2:
        if(jahr % 4 ==0 &&
          (jahr % 100 !=0 || jahr % 400 ==0))
          tage = 29;
            else
          tage = 28;
            break;
      default:
        tage = 31;
    }
    System.out.println(
      "Der Monat "+monat+" hat "+tage+" Tage.");
  }
}
```

Lösung zu Aufgabe 12

```
class Aufgabe12 {
  public static void main(String[] args) {
    System.out.print("Zeichen eingeben: ");
    try {
      char b = (char)System.in.read();
      switch(b) {
        case '0': case '1': case '2': case '3':
        case '4': case '5': case '6': case '7':
        case '8': case '9':
          System.out.println("Ziffer!");
          break;
        case '.': case ',': case ';':
        case '?': case '!': case ':':
          System.out.println("Satzzeichen!");
          break;
        default:
          System.out.println(
            "Buchstabe/Sonderzeichen!");
      }
    }
    catch (java.io.IOException e) {
      System.out.println("Eingabefehler");
      return;
    }
  }
}
```

Lösung zu Aufgabe 13

```
import java.util.*;

class Aufgabe13 {
  public static void main (String[] args) {
    String[] namen = {"Melanie", "Alexander",
        "Fabian", "Leonie", "Christoph",
        "Hagen", "Katharina", "Lorena"};
    Arrays.sort(namen);
    for (int i=0;i<namen.length;i++) {
      System.out.println(namen[i]);
    }
  }
}
```

Lösung zu Aufgabe 14

```
class Aufgabe14 {
  public static void main (String[] args) {
    String key = "Die Zuspätgekommenen bestraft "
        + "schon das Leben";
    key = key.toUpperCase();
    int laenge = key.length();

    // a)
        System.out.println(" "+key.charAt(2-1)
            +key.charAt(laenge-14)
            +key.charAt(33-1)
            +key.charAt(laenge-6)
            +key.charAt(13-1)
            +key.charAt(laenge-8)
            +key.charAt(18-1)
            +key.charAt(laenge-1)
            +key.charAt(4-1)
            +key.charAt(laenge-2)
            +key.charAt(7-1));
    // b)
        System.out.println((key.indexOf('D')+1)
            +" "+(laenge-key.lastIndexOf('A'))
            +" "+(key.indexOf('S')+1)
            +" "+(laenge-key.lastIndexOf(' '))
            +" "+(key.indexOf('I')+1)
            +" "+(laenge-key.lastIndexOf('S'))
            +" "+(key.indexOf('T')+1)
            +" "+(laenge-key.lastIndexOf(' '))
            +" "+(key.indexOf('N')+1)
            +" "+(laenge-key.lastIndexOf('I'))
            +" "+(key.indexOf('C')+1)
            +" "+(laenge-key.lastIndexOf('H'))
            +" "+(key.indexOf('T')+1)
            +" "+(laenge-key.lastIndexOf(' '))
            +" "+(key.indexOf('L')+1)
            +" "+(laenge-key.lastIndexOf('E'))
            +" "+(key.indexOf('I')+1)
            +" "+(laenge-key.lastIndexOf('C'))
            +" "+(key.indexOf('T')+1));
  }
}
```

Auch konstante Zeichenketten sind *String*-Objekte, deren Methoden aufgerufen werden können.
a) Durch *charAt* kann das Zeichen ermittelt werden. Da der Index bei 0 beginnt, muss nur eins abgezogen werden, wenn von vorn gezählt wird. Beim Zählen von hinten reicht es, den Wert von der Zeichenanzahl abzuziehen.
b) Durch *indexOf* wird das erste Zeichen von vorn und durch *lastIndexOf* das erste von hinten gefunden. Das Ergebnis ist aber jedes Mal der von vorn gezählte Index, daher wird bei *indexOf* eins zugezählt und der Wert von *lastIndexOf* von der Zeichenanzahl abgezogen. Die Klammern müssen gesetzt werden, damit zuerst gerechnet und dann in Zeichenketten für die Ausgabe umgewandelt wird.

Am Bildschirm zeigt das Programm die Ergebnisse so an:

```
ICH KANN ES
1 8 7 6 2 7 10 6 18 44 32 13 10 6 41 2 2 14 10
```

Lösung zu Aufgabe 15

```
class Aufgabe15 {
  public static void main(String[] args) {
    double zahl1, zahl2;
    zahl1 = Double.valueOf(args[0]).doubleValue();
    zahl2 = Double.valueOf(args[1]).doubleValue();
    System.out.println(zahl1 + zahl2);
  }
}
```

Lösung zu Aufgabe 16

```
class Aufgabe16 {
  public static void main(String[] args) {
    char vokal = ' ';
    int anzahl = 0;
    String eingabe = args[0];
    for(int x=0; x<eingabe.length(); x++) {
      vokal = eingabe.charAt(x);
      switch(vokal) {
```

```
      case 'a': case 'A':
      case 'e': case 'E':
      case 'i': case 'I':
      case 'o': case 'O':
      case 'u': case 'U':
        anzahl++;
      }
    }
    System.out.println
      ("Dieser Satz hat "+anzahl+" Vokale.");
  }
}
```

Lösung zu Aufgabe 17

```
import java.util.*;

class Aufgabe17 {
  public static void main (String[] args) {
    int jahre, monate, tage, stunden,
          minuten, sekunden;
    SimpleTimeZone d = new SimpleTimeZone(
1*60*60*1000,"ECT");
    d.setStartRule(Calendar.APRIL,1,
        Calendar.SUNDAY,2*60*60*1000);
    d.setEndRule(Calendar.OCTOBER,-1,
        Calendar.SUNDAY,2*60*60*1000);
    Calendar geburt = Calendar.getInstance(d,
        Locale.GERMANY);
    Calendar jetzt = Calendar.getInstance(d,
        Locale.GERMANY);
    geburt.set(1997,Calendar.JUNE,18,10,21,0);
    jahre = jetzt.get(Calendar.YEAR)
         -geburt.get(Calendar.YEAR);
    monate = jetzt.get(Calendar.MONTH)
         -geburt.get(Calendar.MONTH);
    tage = jetzt.get(Calendar.DAY_OF_MONTH)
         -geburt.get(Calendar.DAY_OF_MONTH);
    stunden = jetzt.get(Calendar.HOUR_OF_DAY)
         -geburt.get(Calendar.HOUR_OF_DAY);
    minuten = jetzt.get(Calendar.MINUTE)
         -geburt.get(Calendar.MINUTE);
```

```
      sekunden = jetzt.get(Calendar.SECOND)
            -geburt.get(Calendar.SECOND);
      System.out.println("Ich bin jetzt " + jahre
            + " Jahre, " + monate + " Monate, " +
            + tage + " Tage, " + stunden
            + " Stunden, " + minuten + " Minuten und "
            + sekunden + " Sekunden alt.");
   }
}
```

Das Programm zeigt das Ergebnis in positiven und negativen Zahlen an.

Lösung zu Aufgabe 18

a)

```
public class Aufgabe18 {
   public static void main(String[] args) {
      Temperatur tagestemp;
      tagestemp = new Temperatur();
      tagestemp.setCelsius(77);
      System.out.println(
            tagestemp.getCelsius());
   }
}

class Temperatur {
   private double celsius;
   public void setCelsius(double grad) {
      if (grad < -90)
         grad = -90;
      if (grad > 65)
         grad = 65;
      celsius = grad;
   }
   public double getCelsius() {
      return celsius;
   }
}
```

b)

```
public class Aufgabe18 {
  public static void main(String[] args) {
    Temperatur tagestemp;
    tagestemp = new Temperatur();
    tagestemp.setCelsius(77);
    System.out.println(
            tagestemp.getCelsius());
    System.out.println(
            tagestemp.getFahrenheit());
  }
}

class Temperatur {
  private double celsius;
  public void setCelsius(double grad) {
    if (grad < -90)
      grad = -90;
    if (grad > 65)
      grad = 65;
    celsius = grad;
  }
  public double getCelsius() {
    return celsius;
  }
  public double getFahrenheit() {
    return 9.0 / 5.0 *celsius + 32.0;
  }
}
```

Achten Sie darauf, dass Sie bei der Division **nicht** 9/5 schreiben, da in diesem Fall eine Integer-Division durchgeführt wird, die 1 ergibt und nicht die gewünschte Fließkommazahl!

Lösung zu Aufgabe 19

```
public class Aufgabe19 {
  public static void main(String[] args) {
    Konto meinKonto = new Konto();
    Konto deinKonto = new Konto();
    meinKonto.setZinssatz(3.8);
    meinKonto.einzahlen(2500.0);
```

```java
    meinKonto.verzinsen();
    deinKonto.einzahlen(1200.0);
    deinKonto.verzinsen();
    System.out.println(meinKonto.getKontostand());
    System.out.println(deinKonto.getKontostand());
    meinKonto.auszahlen(2500.0);
    deinKonto.auszahlen(1500.0);
    System.out.println(meinKonto.getKontostand());
    System.out.println(deinKonto.getKontostand());
  }
}

class Konto {
  protected static double zinssatz;
  protected double kontostand;
  public double getKontostand() {
    return kontostand;
  }
  public void einzahlen(double betrag) {
    if(betrag > 0)
       kontostand += betrag;
  }
  public double auszahlen(double betrag) {
      if(betrag > kontostand)
      return 0;
      else {
      kontostand -= betrag;
      return betrag;
      }
  }
  public void setZinssatz(double wert) {
    if(wert > 0.0 && wert <15.0)
       zinssatz = wert;
  }
  public void verzinsen() {
    kontostand += kontostand * (zinssatz/100);
  }
}
```

Lösung zu Aufgabe 20

```java
public class Aufgabe20 {
  public static void main(String[] args) {
    Sparkonto meinKonto = new Sparkonto("Gabi");
    meinKonto.setZinssatz(3.8);
    meinKonto.einzahlen(2500.0);
    meinKonto.verzinsen();
    System.out.println(meinKonto.getKontostand());
    meinKonto.auszahlen(2500.0,"gabi");
    System.out.println(meinKonto.getKontostand());
    meinKonto.auszahlen(2500.0,"Gabi");
    System.out.println(meinKonto.getKontostand());
  }
}

class Konto {
  protected static double zinssatz;
  protected double kontostand;
  public double getKontostand() {
    return kontostand;
  }
  public void einzahlen(double betrag) {
    if(betrag > 0)
       kontostand += betrag;
  }
  public double auszahlen(double betrag) {
    if(betrag > kontostand)
    return 0;
    else {
    kontostand -= betrag;
    return betrag;
    }
  }
  public void setZinssatz(double wert) {
  if(wert > 0.0 && wert <15.0)
      zinssatz = wert;
  }
  public void verzinsen() {
    kontostand += kontostand * (zinssatz/100);
  }
}

class Sparkonto extends Konto {
  private String kennwort;
```

```
  public Sparkonto(String s) {
    kennwort = s;
  }
  public double auszahlen(double betrag, String kw) {
    if(kw.equals(kennwort))
      return auszahlen(betrag);
    else {
      return 0;
    }
  }
}
```

Durch die andere Signatur der neuen Methode *auszahlen* wird nicht überschrieben, deshalb kann *auszahlen(double, String)* die andere Methode *auszahlen(double)* aufrufen, nachdem sie die Vorprüfung erledigt hat.

Lösung zu Aufgabe 21

```
package meinPaket;

import meinPaket.ausgabe.Paketklasse;

class Test2 {
  public static void main(String[] args) {
    Paketklasse.ausgabe();
  }
}
```

Lösung zu Aufgabe 22

Genau genommen benötigen Sie für das kleine Beispiel nur folgende zwei Importanweisungen:

import java.applet.Applet;   für ... *extends Applet*
import java.awt.Graphics;   für *drawString*

Da aber Applets viele Methoden des Abstract Windows Toolkit benutzen, wird meistens *java.awt.** importiert.

Lösung zu Aufgabe 23

Der Java-Code:

```
import java.applet.*;
import java.awt.*;

public class Aufgabe23 extends Applet {
  public void paint(Graphics g) {
    g.drawString("Hier bin ich", 80, 52);
  }
}
```

Der Mittelpunkt wäre x=125 und y=50. Sie müssen jedoch die halbe Schrifthöhe dazu- und die halbe Schriftlänge abrechnen. Daher die Schätzwerte x=80 und y=52.

Die HTML-Seite:

```
<html>
<head>
<title>Aufgabe23</title>
</head>
<body>
<applet
    code=Aufgabe23.class
    width=250
    height=100
</applet>
</body>
</html>
```

Mit den beiden Angaben *width* und *height* werden die Fensterabmessungen festgelegt.

Lösung zu Aufgabe 24

Sie ändern nur den Text zwischen den Titel-Marken:

```
<title>Übungsapplet</title>
```

Lösung zu Aufgabe 25

Die erfolgreiche Nutzung der Applets hängt unter anderem davon ab, ob HTML-Autoren die Namen, Typen und Funktionen der Parameter genau kennen. Deshalb muss sichergestellt sein, dass die Dokumentationsfunktion *getParameterInfo* diese Informationen genauso ausgibt, wie sie vom Applet benutzt werden. Dies wird dadurch garantiert, dass es im Programm nur eine Stelle gibt, an der die Angaben eingetragen werden.

Lösung zu Aufgabe 26

Der Appletcode:

```java
import java.applet.*;
import java.awt.*;

public class Aufgabe26 extends Applet {
  private String text;
  private int appletfarbe;
  private int textfarbe;
  private int hoehe;
  private int breite;
  private Color ctext;
  private Color cpanel;
  private static int count;
  private String msg;
  private final String TEXT_PARAM = "text";
  private final String APPLETFARBE_PARAM =
            "appletfarbe";
  private final String TEXTFARBE_PARAM =
            "textfarbe";
  private final String HOEHE_PARAM = "hoehe";
  private final String BREITE_PARAM = "breite";
  public Aufgabe26() {
    text = "Hier erscheint Text.";
    appletfarbe = 16777215;
    textfarbe = 0;
    hoehe = 240;
    breite = 320;
  }
  public String[][] getParameterInfo() {
    String[][] info =
    {
```

```
      {TEXT_PARAM,"String","Anzuzeigender Text"},
      {APPLETFARBE_PARAM,"int","Hintergrundfarbe"},
      {TEXTFARBE_PARAM, "int", "Farbe für Text"},
      {HOEHE_PARAM, "int", "Applethöhe" },
      {BREITE_PARAM, "int", "Aplletbreite" }
    };
    return info;
  }
  public void init() {
    String param;
    param = getParameter(TEXT_PARAM);
    if (param != null)
      text = param;
    param = getParameter(APPLETFARBE_PARAM);
    if (param != null)
      appletfarbe = Integer.parseInt(param);
    param = getParameter(TEXTFARBE_PARAM);
    if (param != null)
      textfarbe = Integer.parseInt(param,16);
    param = getParameter(HOEHE_PARAM);
    if (param != null)
      hoehe = Integer.parseInt(param);
    param = getParameter(BREITE_PARAM);
    if (param != null)
      breite = Integer.parseInt(param);

    resize(breite, hoehe);

    ctext = new Color(textfarbe);
    cpanel = new Color(appletfarbe);
    setBackground(cpanel);
    setForeground(ctext);
  }
  public void paint(Graphics g) {
    g.drawString(text, 10, 20);
  }
}
```

Die Applet-Marke in der HTML-Datei:

```
<applet
    code=Aufgabe26.class
    id=Std
    width=320
```

```
      height=240 >
      <param name=text
      value="Dieser Text kommt von der HTML-Datei.">
      <param name=appletfarbe value=15600000>
      <param name=textfarbe value=00FF00>
      <param name=hoehe value=160>
      <param name=breite value=480>
</applet>
```

Die *resize*-Funktion wird in der *init*-Methode aufgerufen, damit die Größe vor der Anzeige eingestellt wird.

Lösung zu Aufgabe 27

```java
import java.applet.*;
import java.awt.*;

public class Aufgabe27 extends Applet {
   private String text;
   private int appletfarbe;
   private int textfarbe;
   private int hoehe;
   private int breite;
   private Color ctext;
   private Color cpanel;
   private static int count;
   private static int cinit;
   private static int cstart;
   private static int cdestroy;
   private String msg;
   private final String TEXT_PARAM = "text";
   private final String APPLETFARBE_PARAM =
               "appletfarbe";
   private final String TEXTFARBE_PARAM =
               "textfarbe";
   private final String HOEHE_PARAM = "hoehe";
   private final String BREITE_PARAM = "breite";
   public Aufgabe27() {
      text = "Hier erscheint Text.";
      appletfarbe = 16777215;
      textfarbe = 0;
      hoehe = 240;
      breite = 320;
```

```
    msg=null;
  }
  public String[][] getParameterInfo() {
    String[][] info =
    {
      {TEXT_PARAM,"String","Anzuzeigender Text"},
      {APPLETFARBE_PARAM,"int","Hintergrundfarbe"},
      {TEXTFARBE_PARAM, "int", "Farbe für Text"},
      {HOEHE_PARAM, "int", "Applethöhe" },
      {BREITE_PARAM, "int", "Aplletbreite" }
    };
    return info;
  }
  public void init() {
    String param;
    param = getParameter(TEXT_PARAM);
    if (param != null)
      text = param;
    param = getParameter(APPLETFARBE_PARAM);
    if (param != null)
      appletfarbe = Integer.parseInt(param);
    param = getParameter(TEXTFARBE_PARAM);
    if (param != null)
      textfarbe = Integer.parseInt(param,16);
    param = getParameter(HOEHE_PARAM);
    if (param != null)
      hoehe = Integer.parseInt(param);
    param = getParameter(BREITE_PARAM);
    if (param != null)
      breite = Integer.parseInt(param);
    resize(breite, hoehe);
    ctext = new Color(textfarbe);
    cpanel = new Color(appletfarbe);
    setBackground(cpanel);
    setForeground(ctext);
    cinit++;
  }
  public void destroy() {
    cdestroy++;
  }
  public void paint(Graphics g) {
    g.drawString(text, 10, 20);
    g.drawString(msg,10,35);
    g.drawString("Initzähler: "+cinit,10,50);
    g.drawString("Startzähler: "+cstart,10,65);
    g.drawString("Destroyzähler: "+
```

```
                    cdestroy,10,80);
  }
  public void start() {
    if (count==0)
      msg="Sie sind neu hier.";
    else
      msg="Sie waren "+count+"mal weg.";
    cstart++;
  }
  public void stop() {
    count++;
  }
}
```

Je nach verwendetem Programm – Appletviewer, Internet Explorer oder Navigator – geben die Zähler andere Werte wieder. Daran können Sie feststellen, ob jedes Mal ein neues Appletobjekt angelegt oder das alte immer wieder verwendet wird.

Lösung zu Aufgabe 28

```
import java.applet.*;
import java.awt.*;
import java.awt.event.*;

public class Aufgabe28 extends Applet {
  public void init() {
    enableEvents(AWTEvent.MOUSE_EVENT_MASK);
  }
  public void paint(Graphics g) {
    g.drawString("Achten Sie auf die Statuszeile",
                 10, 20);
  }
  protected void processMouseEvent(MouseEvent evt) {
    if (evt.getID() == MouseEvent.MOUSE_ENTERED)
      showStatus("Herzlich willkommen! "
               +"Bitte klicken Sie hier.");
    else if (evt.getID() == MouseEvent.MOUSE_EXITED)
      showStatus("");
    super.processMouseEvent(evt);
  }
}
```

Lösung zu Aufgabe 29

```java
import java.applet.*;
import java.awt.*;
import java.awt.event.*;

public class Aufgabe29 extends Applet {
  String text;
  public Aufgabe29() {
    text= new String("");
    enableEvents(
      AWTEvent.KEY_EVENT_MASK
      | AWTEvent.MOUSE_EVENT_MASK);
  }
  public void paint(Graphics g) {
    g.drawString(text,10,10);
  }
  protected void processKeyEvent(
             KeyEvent evt) {
    if (evt.getID() ==
             KeyEvent.KEY_PRESSED) {
      char temp = evt.getKeyChar();
      if (temp !=
           KeyEvent.CHAR_UNDEFINED
              && temp != '\0') {
        switch (evt.getKeyCode()) {
          case KeyEvent.VK_BACK_SPACE:
            text=text.substring(0,text.length()-1);
            break;
          default:
            text+=String.valueOf(temp);
        }
        repaint();
      }
    }
    super.processKeyEvent(evt);
  }
  protected void processMouseEvent(MouseEvent evt) {
    if (evt.getID() == MouseEvent.MOUSE_CLICKED
        && evt.getClickCount() > 1) {
      text="";
      repaint();
    }
```

```
      super.processMouseEvent(evt);
   }
}
```

Der Doppelklick kann sowohl mit der linken als auch mit der rechten Maustaste erfolgen.

Lösung zu Aufgabe 30

```
import java.applet.*;
import java.awt.*;
import java.awt.event.*;

public class Aufgabe30 extends Applet {
  Point eintritt;
  Point ausgang;
  public Aufgabe30() {
    eintritt=new Point(159,119);
    addMouseListener(new A30Adapter());
  }
  public void paint(Graphics g) {
    if (ausgang != null)
      g.drawLine(eintritt.x, eintritt.y,
              ausgang.x, ausgang.y);
    else
      g.fillOval(eintritt.x-3, eintritt.y-3,
              5,5);
  }
}

class A30Adapter implements MouseListener {
  public void mouseEntered (MouseEvent evt) {
    Aufgabe30 app = (Aufgabe30) evt.getSource();
    app.eintritt = new Point(evt.getX(),
              evt.getY());
    app.ausgang = null;
    app.repaint();
  }
  public void mouseExited (MouseEvent evt) {
    Aufgabe30 app = (Aufgabe30) evt.getSource();
    app.ausgang = new Point(evt.getX(),
              evt.getY());
```

```
      app.repaint();
   }
   public void mousePressed (MouseEvent evt) {
   }
   public void mouseReleased (MouseEvent evt) {
   }
   public void mouseClicked (MouseEvent evt) {
   }
}
```

Alle Methoden des Listeners müssen definiert werden! Wenn sie nicht benötigt werden, bleibt der Funktionskörper einfach leer.

Lösung zu Aufgabe 31

Wenn ein Thread eine *synchronized*-Methode durchläuft, werden alle anderen *synchronized*-Methoden eines Objektes für alle anderen Threads gesperrt.

Lösung zu Aufgabe 32

Zu Beginn der Klasse definieren Sie eine *int*-Variable:

```
int richtung=1;
```

Auf *getParameterInfo* wird hier verzichtet.
In der Methode *init* übernehmen Sie den Parameter:

```
String param=getParameter("RICHTUNG");
if (param != null)
   richtung=Integer.parseInt(param);
```

In *run* verändern Sie die Winkelanpassung folgendermaßen:

```
start-=5*richtung;
```

Die HTML-Datei enthält zwei <APPLET>-Marken für den gleichen Code.

```
<applet
    code=Aufgabe32.class
    id=A1
    width=240
    height=240 >
<param name="RICHTUNG" value=1>
</applet>
<applet
    code=Aufgabe32.class
    id=A2
    width=240
    height=240 >
<param name="RICHTUNG" value=-1>
</applet>
```

Lösung zu Aufgabe 33

```java
import java.applet.*;
import java.awt.*;

public class Aufgabe33 extends Applet
          implements Runnable {
  Thread audio;
  private String auStart = "";
  private String auEnde = "";
  private final String PARAM_auStart = "auStart";
  private final String PARAM_auEnde = "auEnde";
  public String[][] getParameterInfo() {
    String[][] info =
    {
      {PARAM_auStart,"String","Begrüßungsaudio"},
      {PARAM_auEnde,"String","Abschiedsaudio"},
    };
    return info;
  }
  public void init() {
    String param;
    param = getParameter(PARAM_auStart);
    if (param != null)
      auStart = param;
    param = getParameter(PARAM_auEnde);
    if (param != null)
      auEnde = param;
```

```
      resize(320, 240);
   }
   public void paint(Graphics g) {
      g.drawString("Hallo Leute", 10, 20);
   }
   public void start() {
      if (audio == null) {
         audio = new Thread(this);
         audio.start();
      }
   }
   public void stop() {
      if (audio != null) {
         play(getCodeBase(),auEnde);                        //(1)
         audio = null;
      }
   }
   public void run() {
      play(getCodeBase(),auStart);                          //(2)
      Thread aktThread =
          Thread.currentThread();
//    while (audio == aktThread) {                          //(3)
         try {
            repaint();
            aktThread.sleep(50);
         }
         catch (InterruptedException e) {
            stop();
         }
//    }
   }
}
```

(1) Die Verabschiedung erfolgt in *stop*, weil der zweite Thread immer abrupt beendet wird und somit vor seinem Ende nichts Besonderes mehr spielen kann.

(2) In *run* erfolgt vor der Schleife das Abspielen der Melodie, entweder wie hier einmal oder wie in Kapitel 10.7 als Hintergrundmusik.

(3) Wenn die Musik nur einmal gespielt werden soll und der Thread keine weiteren Aufgaben hat, dann kann auf die Schleife verzichtet werden.

Die HTML-Datei enthält zum Beispiel folgende Marke.

```
<applet
    code=Aufgabe33.class
    id=Audio
    width=320
    height=240 >
    <param name=auStart value="jamba.au">
    <param name=auEnde value="geogoril.au">
</applet>
```

Lösung zu Aufgabe 34

Registrieren Sie für die Checkboxen innerhalb von *init* ebenfalls den Adapter:

```
ovg.addItemListener(a);
ohg.addItemListener(a);
```

Fügen Sie dann folgenden Block an den Anfang der Methode *itemStateChanged* ein.

```
if (evt.getSource() instanceof Checkbox) {
   Checkbox o = (Checkbox) evt.getSource();
      if (o.getLabel().equals("Vordergrund")) {
        liste.setVisible(true);
        notiz.setVisible(true);
        fett.setVisible(true);
      }
      else if (o.getLabel().
           equals("Hintergrund")){
        liste.setVisible(false);
        notiz.setVisible(false);
        fett.setVisible(false);
      }
}
```

Zu Beginn sind allerdings noch alle Komponenten sichtbar, obwohl die Option *Hintergrund* eingestellt ist. Dies können Sie ändern, indem Sie die logischen Parameter bei den Konstruktoren der beiden *Checkbox*-Elemente vertauschen.

Lösung zu Aufgabe 35

Ändern Sie nur den Konstruktor für das *BorderLayout*:

```
setLayout(new BorderLayout(0,0));
```

oder

```
setLayout(new BorderLayout());
```

Lösung zu Aufgabe 36

Die Objekte der Klasse *CheckboxMenuItem* sind nur Checkboxen im Menü und erzeugen *ItemEvents*.

Hinweis:
Ein *ActionListener* lässt sich bei ihnen registrieren, ohne dass der Compiler einen Fehler erzeugt. Es passiert aber nichts.

13.8 Glossar

.AU	Audiodatei im Internet; für Java geeignet
.BMP	Bitmap File
.CLASS	Datei mit ausführbarem Java Byte Code
.GIF	Graphic Interchange File; Bilddatei im häufig verwendeten Grafikformat
.HTM	HTML-Datei im 8.3-Namensformat
.HTML	Hypertext-Markup-Language-Datei fürs WWW
.JAVA	Java-Quellcode-Datei
.JPEG	Joint Photographic Experts Group; Bilddateiformat für hohe Qualitäten
.JPG	JPEG-Datei im 8.3 Format
.RTF	Rich Text Format; Format der Eingabetextdateien für den Helpcompiler
.WAV	einfaches Audiodateiformat; liefert große Dateien
ANSI	American National Standards Institute
API	Application Programming Interface
ASCII	American Standard Code for Information Interchange
AVI	Audio Video Interleaved
AWT	Abstract Window Toolkit; Klassen für grafische Oberflächen
Bean	Wiederverwendbare Softwarekomponente
BLOB	Binary Large Objects
CGI	Common Gateway Interface; Scriptsprache für Server
CLSID	Class Identifier; eine eindeutige Identifikation für OLE-Objekte in der Registrierungsdatenbank
CMYK	Cyan Magenta Yellow Black; Methode der Farbdarstellung aus Pigmenten der vier Farben für z. B. Drucker
COM	Component Object Model; eine von DEC und Microsoft entwickelte Architektur für plattformübergreifende Client-Server-Anwendungsentwicklung
CORBA	Common Object Request Broker Architecture; ermöglicht heterogen verteilte Anwendungen
CRC	Cyclic Redundancy Check; Methode, um Dateifehler festzustellen
CUA	Common User Access; Richtlinien für den standardisierten Aufbau von Benutzeroberflächen
DBCS	Double Byte Character Set; Zeichensatz für z. B. China

DBMS	Database Management System
DDE	Dynamic Data Exchange; Datenaustausch zwischen Anwendungen; wird von OLE abgelöst
DPI	Dots Per Inch; Maßeinheit für Bildschirm- und Druckerauflösung in Punkten pro Zoll
DSA	Digital Signature Algorithm
DSN	Data Source Name; Name für den ODBC-Zugriff einer Anwendung
DTD	Document Type Definition; formale Definition einer Markup Language
FIFO	First In First Out
FTP	File Transfer Protocol
GUI	Graphical User Interface (grafische Benutzerschnittstelle)
GUID	Globally Unique Identifier; siehe UUID
HEAP	Freier Speicher, der von Programmen nach Bedarf angefordert und freigegeben wird
HTML	Hypertext Markup Language; plattformunabhängige Sprache für Textformatierung; wurde von Tim Berners-Lee am CERN in Genf entwickelt.
HTTP	HyperText Transfer Protocol
ICC	International Color Consortium
IDE	Integrated Development Environment
IDL	Interface Definition Language
IIOP	Internet Inter-ORB Protocol; Kommunikationsprotokoll für CORBA
JAR	Java Archive; ein Dateiformat für komprimierte Ordner
Kapselung	Daten werden in Klassen als *private* definiert und können nur über als *public* definierte Methoden gelesen und verändert werden
Klasse	Klassen sind eine Abstraktion von Objekten; eine Klasse definiert die Eigenschaften einer Gruppe gleichartiger Objekte
Konstruktor	Ein Konstruktor ist eine Methode zur Initialisierung eines Objektes
LIFO	Last In First Out
LUID	Locally Unique Identifier
MBCS	Multibyte Character Set; Zeichensatz für zum Beispiel China

Methode	Eine Methode ist eine Mitgliedsfunktion einer Klasse, die als *public* definiert wurde; Methoden bilden die Schnittstelle einer Klasse zur Umwelt
MIME	Multipurpose Internet Mail Extensions
Modal	Restriktive, begrenzte Methode für z. B. Dialogfelder
Objekt	Ein Objekt ist eine Instanz einer Klasse
ODBC	Open Database Connectivity; neutrale Datenbankschnittstelle für Programme
OLE	Object Linking and Embedding (Verknüpfen und Einbetten von Objekten)
OOP	Object-Oriented Programming (objektorientiertes Programmieren)
OOS	Object-Oriented Software (objektorientierte Software)
Polymorphie	Funktionen werden in abgeleiteten Klassen redefiniert und können über einen einzigen Aufruf benutzt werden; für jedes Objekt wird die zugehörige Funktion gestartet
RGB	Red Green Blue; Methode, Farben auf Monitoren als Mischung der drei Grundfarben zu definieren; besteht aus drei 8-Bit-Werten von Schwarz (0,0,0) bis Weiß (255,255,255)
RGBA	Red Green Blue Alpha; wie RGB, jedoch wird durch die vierte Komponente Alpha die Farbmischung dargestellt: von transparent (0.0) bis undurchsichtig (1.0)
RLE8	Ein Komprimierungsverfahren für DIB-Bilder
RMI	Remote Method Invocation; ermöglicht verteilte Java-Anwendungen
SDK	Software Development Kit
SGML	Standard Generalized Markup Language; ein Standard zur Beschreibung von Markup Languages
Socket	Ein Objekt, über das eine Anwendung Datenpakete via Netzwerke sendet und empfängt
Stack	Speicherbereich für Funktionsparameter und lokale Variablen; wird automatisch freigegeben, wenn die Funktion endet
TCP/IP	Transmission Control Protocol/Internet Protocol
TLS	Thread Local Storage
Überladen	Für eine Klasse werden mehrere Funktionen mit unterschiedlichen Parametern und gleichem Namen defi-

	niert; beim Aufruf wird anhand der Parameter die passende Funktion gestartet
UDP	User Datagram Protocol; wie IP, jedoch mit User-Interface
UDT	Uniform Data Transfer; OLE-Datentransfermethode
URL	Uniform Resource Locator; Adresse im WWW für Dateien mit dem Aufbau *service://host/pfad*
UUID	Universally Unique Identifier; 128-Bit-Wert, der Objekte eindeutig identifiziert
Vererbung	Objekte einer abgeleiteten Klasse besitzen alle Daten und Funktionen der Basisklasse
WAIS	Wide Area Information Servers
WOSA	Windows Open Services Architecture
WWW	World Wide Web
WYSIWYG	What You See Is What You Get
ZIP	Dateiformat für komprimierte Ordner von z. B. Win 98 Plus! und Win ME

13.9 Zeichensatztabelle

Java benutzt Unicode. Dieser Zeichensatz stimmt in den ersten 128 Zeichen mit dem Zeichensatz ISO Latin-1 überein.

Dez.	Hex.	Zeichen	Dez.	Hex.	Zeichen	Dez.	Hex.	Zeichen	Dez.	Hex.	Zeichen
0	00		32	20		64	40	@	96	60	`
1	01	☺	33	21	!	65	41	A	97	61	a
2	02	☻	34	22	"	66	42	B	98	62	b
3	03	♥	35	23	#	67	43	C	99	63	c
4	04	♦	36	24	$	68	44	D	100	64	d
5	05	♣	37	25	%	69	45	E	101	65	e
6	06	♠	38	26	&	70	46	F	102	66	f
7	07	•	39	27	'	71	47	G	103	67	g
8	08	◘	40	28	(	72	48	H	104	68	h
9	09	○	41	29	)	73	49	I	105	69	i
10	0A	◙	42	2A	*	74	4A	J	106	6A	j
11	0B	♂	43	2B	+	75	4B	K	107	6B	k
12	0C	♀	44	2C	,	76	4C	L	108	6C	l
13	0D	♪	45	2D	-	77	4D	M	109	6D	m
14	0E	♫	46	2E	.	78	4E	N	110	6E	n
15	0F	☼	47	2F	/	79	4F	O	111	6F	o
16	10	►	48	30	0	80	50	P	112	70	p
17	11	◄	49	31	1	81	51	Q	113	71	q
18	12	↕	50	32	2	82	52	R	114	72	r
19	13	‼	51	33	3	83	53	S	115	73	s
20	14	¶	52	34	4	84	54	T	116	74	t
21	15	§	53	35	5	85	55	U	117	75	u
22	16	▬	54	36	6	86	56	V	118	76	v
23	17	↨	55	37	7	87	57	W	119	77	w
24	18	↑	56	38	8	88	58	X	120	78	x
25	19	↓	57	39	9	89	59	Y	121	79	y
26	1A	→	58	3A	:	90	5A	Z	122	7A	z
27	1B	←	59	3B	;	91	5B	[	123	7B	{
28	1C	∟	60	3C	<	92	5C	\	124	7C		
29	1D	↔	61	3D	=	93	5D	]	125	7D	}
30	1E	▲	62	3E	>	94	5E	^	126	7E	~
31	1F	▼	63	3F	?	95	5F	_	127	7F	⌂

13.10 Sachwortregister

- 38
- 55
! 50
!= 48
" 28
% 38
&& 50
* 38
*/ 32
/ 38
/* 32
/** 33, 290
@author 291
@deprecated 292
@exception 292
@param 291
@return 291
@see 292
@since 292
@throws 292
@version 291
|| 50
+ 38
++ 55
< 48
</applet> 159
<= 48
Alt -Taste 199
<APPLET> 168, 288
<H1> 290
<HR> 290
<PARAM> 169
<title> 162
== 48
> 48
>= 48
2-Tier-Modell 14
3-Tier-Modell 14

About-Dialog 166
ActionEvent 238, 255
ActionListener 238, 240
activeCount 213
Adapter 201
Adapterklasse 237
add 116, 234, 254
addActionListener 238
addElement 190
addFocusListener 201
addImage 224
addItemListener 238
Addition 38
addMouseListener 201
addSeparator 254
AdjustmentEvent 239
AdjustmentListener 239, 240
adjustmentValueChanged 239
Aktualisieren 176
ALIGN 161
allLoaded 222
ALT 160
anchor 243, 246
Anfangskapazität 190
Animationen 173, 175, 205
Ankermöglichkeiten 246
ANSI 322
ANSI-Zeichensatz 326
Anzeige stabilisieren 216
Anzeigegeschwindigkeit 217
API 322
append 91, 92
Applet 18, 24, 157
Appletanwendungen 259
Appletviewer 17, 270
Application 18, 24
applyLocalizedPattern 112
applyPattern 112
args 27, 30
Array 79, 82, 167
initialisieren 82
sortieren 83
ArrayIndexOutOfBoundsException 80, 95
ASCII 322
AU 226
AudioClip 227
Audiodateien 226
Aufrufreihenfolge 173
Ausrichtung 246
Auswertungsrichtung 282
Autorepeat 227
AVI 322
AWT 229
AWTEvent 178

backslash 29
Bedingungsschleifen 59
Beenden 176
Befehle 257
Befehle verarbeiten 255
Beschriftungen 233
Bewegen 186
Bewegungseffekt 210
Bildanimationen 217
binäre Null 116
BLOB 322
Block 27
BMP 322
boolean 36
Boolean 97
booleanValue 97
BorderLayout 241, 248, 250, 264
BOTH 246
break 64, 67
Browser 161
BS 29
Button 240, 232

ButtonGroup 273
byte 36, 42
Byte Code 17, 26

Calendar 102, 109
capacity 91
CardLayout 241
case 64
cast 36, 42, 43, 191
catch 74, 211
char 36
Char 40
Character 99
charAt 87
Checkbox 232, 240
CheckboxGroup 232
CheckboxMenuItem 240, 254
Checkbuttons 232
checked Exception 71
Choice 240
class 27
ClassLoader 128
Classpath 154, 262, 294
clearRect 216
CLSID 322
CMYK 322
CODE 160
CODEBASE 160
Color 170
COM 322
compareTo 88, 104
Component 158, 179, 267
Computeruhr
   abfragen 103
concat 85
Container 240, 247
ContentPane 269, 271
continue 67, 69
CORBA 14, 150
CR 29
CRC 322
CUA 322
currentThread 211
Cursorform 250

Date 102, 104, 106
DateFormat 105, 106
Datenfelder 120
Datenkapselung 323
Datenklassen 79
Datentypen 34, 281
   Fließkomma 282
   integrale 281
Datum
   aktuelles 104
   formatieren 112
Datumsangaben 102
Datumsbestandteile 110
Datumsformate 105
DBCS 322
DBMS 323
DDE 323
default 64
Dekrement 55
Dekrementoperator 55
Delegationsmodell 200, 235
delete 92
deprecated 212
destroy 175
Dialog 257
Diashow 226
Diavorführungen 226
dispose 258, 260
Division 38
do 62
Doclets 289
doctype 294
Dokumentationen 289
Dokumentationstool 290
Doppelklick 195, 179
double 37, 40, 96
Double 96, 98
Download 23
DPI 323
drawImage 223
drawLine 184, 191
drawString 158

DSN 323
Duke 13

ECT 103
Eigenschaften 172
Eingabefelder 229
elementAt 191
elementCount 191
else 47
Elternklasse 132
enableEvent 181, 187
endsWith 87, 263
ensureCapacity 91
Entwicklungsprozess 16
equals 87, 104
equalsIgnoreCase 88, 263
Ereignis 178, 235, 240
   aktivieren 181
   delegieren 199
Ereignisfolge 197
Ereignishandler 179
Ereignisklasse 178
Ereignisverarbeitung 180
Error 70
Escapesequenz 28, 166, 263
EVENT_MASK 181
Exception 70, 211
extends 134

false 36
Farbeinstellungen 232
Farben 170
Farbobjekte 170
Fehler
   behandeln 73
   deklarieren 71
Feld 79
Feldgrenzen 80
Feldgröße 233
Feldhöhe 233

Sachwortregister

Fenster 250
  modales 257
Fensterrahmenbreite 264
FF 29
FIFO 323
fill 82, 243, 246
fillArc 209
fillOval 184
final 41, 81, 142, 167, 171
finally 75
Flackern 216
Fließkommazahlen 37
float 37, 40
FlowLayout 240
FOCUS_GAINED 182
FOCUS_LOST 182
FocusEvent 180
focusGained 201
focusLost 201
Fokus 180, 188
Fokuserhalt 182
Font.PLAIN 235
Fontnamen 234
Fonts 232
for 52
format 107, 109
Formate
  festlegen 110
Formatkonventionen 33
Frame 250
Freihandobjekte 186
FTP 323
Funktion 46
  definieren 43

Ganzzahlen 40
Garbage Collection 142
gc 143
getActionCommand 238
getAppletInfo 165
getAvailableFontFamilyNames 233
getBounds 257
getClickCount 179, 195
getClipBounds 223
getCodeBase 224
getContentPane 270
getDateInstance 106, 107
getDateTimeInstance 106
getDocumentBase 224
getFirstDayOfWeek 114
getGlassPane 270
getGraphics 224
getID 115, 179, 182, 260
getInsets 264
getKeyChar 179, 198
getKeyCode 179, 199
getLocalGraphicsEnvironment 233
getMinimalDaysInFirstWeek 115
getModifiers 179
getParameter 169
getParameterInfo 166, 167, 171, 222
getParent 258
getSelectedItem 234
getSize 209
getSource 178, 201, 258
getState 234, 239, 258
getTime 105
getTimeZone 115
getType 102
getValue 239
getWhen 178
getWidth 225
Gewichtungsfaktor 246
GIF 217
Gitterzelle 242
GlassPane 269, 271

Gleichheitsoperator 48
Gleitkommazahlen 40
Glossar 322
GMT 103
goto 67, 77
Graphics 191
GraphicsEnvironment 233
GregorianCalendar 102, 114
GridBagConstraints 242, 245
GridBagLayout 241, 245
gridheight 242, 246
GridLayout 241
gridwidth 242, 246
gridx 242
gridy 242
Großschreibung 31
GUI 323
GUID 323

Handler 180
Handlerfunktionen 180
HEAP 323
height 160
Hilfsprogramme 287
Hintergrundfarbe 170, 182, 217
Hintergrundmusik 226
HORIZONTAL 233, 246
HotJava 13
HSPACE 161
HT 29
HTML 19, 159
HTMLConverter 289
Hüllklasse 61, 95
  Grenzwerte 98

ID 161
IDE 323
IDL 323
if 47, 210

if-then-else-Anweisungen 235
Image 221
ImageIcon 273
ImageObserver 223
implements 145, 146
import 30, 81, 153
indexOf 88
init 172, 173
Initialisierung 140, 172
Inkrement 55
Inkrementoperator 55
insert 91, 92
Insets 242, 245, 264
instanceof 48, 320
Instanz 119, 120
Instanzenmethode 100
int 35, 36
Integer 171
Integer.parseInt 94
Interface 143
   definieren 144
   implementieren 145
Internet 19
Internetadresse 22
InterruptedException 211
IOException 71
ipadx 242, 246
ipady 242, 247
isAltDown 179
isAltGraphDown 179
isControlDown 179
isDaylightTime 115
isErrorAny 225
isLeapYear 114
isMetaDown 179, 194
isSelected 273
isShiftDown 179
ITALIC 235
ItemEvent 238

ItemListener 240, 258
itemStateChanged 239

JApplet 267
JAR 295
Java 12
Java Archiv 295
Java Plug-in 271, 287
Java Virtual Machine 17
java.applet 158
java.awt 158, 229
java.awt.event 181, 237
java.io.IOException 61
java.lang 151
java.lang.Math 38
java.text 106
java.util 189
Java-Anwendung 259
Java-API 15
JAVAC 17
Javadoc 289
   benutzen 293
Javadoc-Tags
   Einsatzmöglichkeiten 293
Java-Konsole 288
JavaScript 15
Java-VM 15
javax.swing 269
javax.swing.event 278
JButton 273
JCheckBox 273
JComponent 267
JDK 24
JDK 1.3 Standard Edition 149
JDK-Versionen 14
JFrame 267
JInternalFrame 269
JIT 21
JIT-Compiler 21, 288
JPasswordField 268

JPEG 217
JRE 15, 154, 287
JScript 15
JSeparator 268
JVM 17, 26

Kalenderobjekte 114
Kettenaufruf 115
Kettenausdrücke 91
KEY_PRESSED 197
KEY_RELEASED 197
KEY_TYPED 197
KeyEvent 180, 198
Kindklasse 132
Klasse 27, 119, 120, 323
   Dateiname 123
   definieren 119
   Eigenschaften 137
   erweitern 132
   heavyweighted 267
   innere 236
   ligthweighted 267
   public 123
Klassenbibliotheken 154
Klassendiagramme 267
Klassenmethode 101, 140
Kleinschreibung 31
Klickanzahl 179
Klicken 192
Kollisionen 215
Kommandozeilenparameter 26, 27
Kommentar 26, 32
Konstante 41, 82
Konstruktor 125, 172, 323
   definieren 126
   parameterlos 128
   Rückgabetyp 127
   überladen 128
Kontrollelemente 229
Kontrollfelder 229
Koordinatensystem 158

Label 67, 233
Laden 176
Ladezustand 222
lastIndexOf 89
Latin-1 326
Laufzeitfehler 72
Laufzeitparameter 288
LayoutManager 240
Layoutregeln 246
Layoutvarianten 240
Leerstring 85
length 82, 85, 90, 94, 234
length() 94
LF 29
LIFO 323
List 233, 240
Listener 201
Listenermethoden 285
Literale 40
Locale 106, 107
Logische Operatoren 50
long 36
Look & Feel 14, 278
LookAndFeelInfo 278
loop 227
Lösungen 296
Lücken 248
LUID 323

main 26, 27, 30, 173, 260
makeVisible 234
Malen 185
Maltechniken 185
Manifest 296
Math.abs 39
Math.floor 39
Math.max 39
Math.pow 39
Math.sqrt 39
Mausereignisse 180, 195
MAX_RADIX 99
Maximum 38

MBCS 323
MediaTracker 218, 224
Mehrfachverzweigungen 63
Memofelder 233
Menu 252, 254
MenuBar 254
MenuItem 240, 254
Menüleiste 254
Methode 46, 120, 324
 überladen 129
 überschreiben 135
MIN_RADIX 99
Minimum 38
Modal 324
Modifiziertasten 199
Modulo 38, 210
Mosaic 12
MOUSE_DRAGGED 187
MOUSE_ENTERED 183
MOUSE_EXITED 183
MOUSE_MOTION_EVENT_MASK 187
MOUSE_MOVED 188
MOUSE_PRESSED 193
MOUSE_RELEASED 193
MouseEvent 180
move 185
Multiplikation 38
Multiplikationszuweisung 43
Multiprocessing 205
Multitasking 205
Multithreading 205
Musikstück 227
must be caught 73

NAME 161, 169
Namen
 Datenfelder 285
 Klasse 284
 Konstanten 285

Methode 284
Paket 284
Namenskonventionen 31, 284
NaN 99
native 21
new 83, 84, 124
NICHT-Operator 50
noindex 294
NONE 246
notify 213, 216
notree 294

Oak 12
Object 135
Objekt 119, 120, 324
ODBC 324
ODER-Operator 50
OLE 324
OOP 119, 324
OOS 324
Operator 38, 48, 282
 überladen 132
Optionsschaltflächen 232
overriding 135

Package 152
 Überblick 149
paint 158
Paket 149
 anlegen 152
Panel 247
PARAM 161
Parameter 168
Parameter übernehmen 262
Parameterliste 131
Parameterübernahme 171
parseInt 72, 97, 171
parseShort 97
Passworteingaben 234
pause 213
Peers 267
Platzhalter 110

Platzhaltersymbole 110
play 227
Pluggable Look & Feel 275
Point 184, 189
Polymorphismus 324
Postfix 56
Potenzrechnungen 39
Präfix 56
private 121, 129
processEvent 179
processFocus 181
processFocusEvent 180
processKeyEvent 180, 198
processMouseEvent 180, 184, 212
processMouseMotionEvent 180, 187
processWindowEvent 260
Programm
  aufrufen 25
  erstellen 24
  kompilieren 25
Programmdokumentation 290
Programmklasse 29
Programmparameter 92
protected 121, 129, 134, 191
Prozess 205
public 27, 121, 129
Punktkoordinaten 184
Punktobjekt 184
Punktschreibweise 31

Quadratwurzelberechnung 38, 39

RadioButton 232, 273
Rangfolge 282
read 61
Rechte Maustaste 194
Referenz 124, 143
Regelbereich 233
regionMatches 88
Registrierfunktion 201
RELATIVE 246
REMAINDER 246
removeAllElements 191
repaint 182, 187, 194, 206, 250, 258
replace 88
reverse 91
RGB 172, 324
RGBA 324
RGB-Komponenten 233
RLE8 324
RMI 150
roll 116
Roll-over 275
RTF 322
Rückgabewerte 45
Rückkehr 176
run 209
Rundungsverfahren 39
Runnable 209

Schaltjahr
  ermitteln 114
Schleifen
  aussetzen 67
Schleifenkörper 54
Schlüsselwörter 281
Schnittstelle 143
Schriftarten 232, 233
Scrollbar 233, 239, 240
SDK 324
select 234
setActionCommand 238
setBackground 172, 239
setBounds 251, 258
setCharAt 91
setConstraints 246
setCursor 251
setEchoChar 234
setEnabled 254
setEndRule 109
setForeground 172, 239
setIcon 273
setLocation 185
setLookAndFeel 278
setMenuBar 254
setOpaque 270
setPressedIcon 273
setRawOffset 109
setSelected 273
setSelectedIcon 274
setStartRule 109
setState 254
setToolTipText 273
short 36
showStatus 187, 196
SimpleTimeZone 102, 107, 108
size 191
sleep 211, 225
Socket 324
Sommerzeit 108
  umstellen 109
sourcepath 294
Speicherform 189
Sprungbefehl 67
Stack 324
Stacktrace 72
Standardkonstruktor 125
start 173, 206
startsWith 87, 263
Startwert 54
static 27, 137, 174
static-Initialisierer 278
statische Variablen
  initialisieren 140

Sachwortregister

Statusänderungen 257
Statuszeile 186
Statuszeilenanzeige 214
stop 173, 206, 227
Streckungsverfahren 246
StrictMath 40
String 83, 84
StringBuffer 83, 89
String-Literal 85
subString 89, 263
Subtraktion 38
Sun 12
super 251
Superklasse 134
Swing 266
switch 63, 209, 260
Synchronisierung 214
synchronized 212, 215
System.currentTimeMillis 104
System.err 75
System.exit 260
System.out.print 30
System.out.println 28, 30

Tastatur 197
Tastaturanschlag 71
Tastaturereignisse 179
Tastencode 179
TCP 324
TextArea 233
TextEvents 238
TextField 233, 240
Textlänge 233
TextListener 240
this 257, 278
Thread 175, 209
  aktueller 211
  pausieren 212
throws 73

TimeZone 102, 107
Titelleistenhöhe 264
TLS 324
toBack 258
toLowerCase 89
Tooltipps 268
toString 100, 105
toUpperCase 89
trim 89
true 36
try 74, 211
Typumwandlungen 41

Überladen 129, 324
Überschreiben 135
UDP 325
UDT 325
UIManager 278
Umwandlungen 95
UND-Operator 50
Unicode 31
Unicodezeichen 37
unnamed package 152
Untermenü 254
update 216
useDaylightTime 109, 115
UUID 325

VALUE 169
valueOf 96, 171
Variable 35
  konstante 171
  Namen 37
Vector 189
Vererbung 132, 325
Vergleichsoperator 48
version 294
VERTICAL 233, 246
Virtual Keys 199
VM 14
void 27
Vordergrundfarbe 217
VSPACE 161

Wait 213, 216
waitForAll 225
waitForID 225
WAV 226
WebRunner 13
Wechseln 176
WEEK_OF_MONTH 116
weightx 243, 246
weighty 243, 246
while 59
width 160
WINDOW_CLOSING 260
Winkelangaben 209
Winkelfunktionen 38
World Wide Web 19
WOSA 325
wrapper class 61, 79, 95
WWW 19, 157

X-Koordinate 179

Y-Koordinate 179

Zahlensystem 99, 101, 171
Zählintervall 54
Zählschleife 52, 224
Zeichenkette
  umwandeln 72
Zeichenketten 41, 83
Zeichenkettenliteral 84
Zeichenwiederholungen 197
Zeitanzeige 206
Zeitvergleiche 112
Zeitverschiebung 109
Zeitzonen 107
Zeitzonenobjekt 108
zentrieren 222
Ziehen 186
Zielobjekte 240
Zugriffsmodifikator 123

Stefan Klein
Die Glücksformel

oder Wie die guten Gefühle entstehen
Experimente offenbaren, wie in unseren Köpfen das Phänomen «Glück» entsteht – und sie eröffnen zugleich neue Möglichkeiten, das Glücklichsein zu lernen. Denn Glück ist trainierbar.
rororo 61513

Expertenrat bei rororo
Glück, Zufall, Angst – und wie wir ein gutes Leben führen können

Stefan Klein
Alles Zufall

Die Kraft, die unser Leben bestimmt
In einer zunehmend unübersichtlichen Welt scheint das Leben zum Spielball des Zufalls zu werden. Während Wissenschaftler früher vor dem Chaos im Universum erschraken, erkennen sie jetzt die schöpferische Seite des Zufalls.
rororo 61596

Borwin Bandelow
Das Angstbuch

Woher Ängste kommen und wie man sie bekämpfen kann
Wie kommt es, dass Menschen von Angst zerfressen werden? Borwin Bandelow informiert anschaulich darüber und stellt die wichtigsten Strategien gegen die Angst vor.
rororo 61949

Weitere Informationen in der Rowohlt Revue *oder unter* www.rororo.de

1, 2, 3, 4 oder 5 Sterne?

Wie hat Ihnen dieses Buch gefallen?

Bewerten Sie es auf

Die Online-Community für alle, die Bücher lieben.

Klicken Sie sich rein und
bewerten Sie Bücher,
finden Sie Buchempfehlungen,
schreiben Sie Rezensionen,
unterhalten Sie sich mit Freunden
und entdecken Sie vieles mehr.